特殊需求學生

音樂 教學活動

系 列 教 材 （I）

[黃榮真 著]

作者簡介

黃榮真

現職
· 國立花蓮教育大學特殊教育學系教授

專長
· 特殊教育課程設計與教學、特殊學生音樂活動設計、
　身心障礙福利論題、特殊幼兒教育、重度與多重障礙教育

學歷
· 國立台灣師範大學特殊教育研究所博士
· 國立彰化師範大學特殊教育研究所碩士

經歷
· 國立花蓮教育大學及花蓮師範學院特殊教育學系副教授
· 國立花蓮師範學院初等教育學系講師及助教
· 國立花蓮師範學院國民教育研究所研究助理
· 國中小特教班教師、國小教學組長兼音樂暨自然科任教師

在國立花蓮教育大學服務已第十五個年頭了，回首來時路，處處是感恩！1995年8月有幸能以國科會全職進修的機會，進入國立台灣師範大學特殊教育研究所攻讀博士學位，並且完成「『發展遲緩幼兒課程』應用成效之研究」博士論文。在撰寫論文過程中，發現自己對於先天較為弱勢的特殊需求學生，有種難以言喻之使命感，激勵自己朝相關課程編製的方向鑽研；其中最大的感觸，就是國內課程編製相關單位，對於一般教育體系之課程編製，付出極大的心力，反觀特殊需求學生也與一般學生享有同樣的教育權利，然而相關課程仍不多見，有些特教老師也會在特教研討會議中表達出缺乏適合相關教材之感嘆，此一議題實在是值得學術單位重視。身為學術研究一份子的自己，雖然渺小，總希望在有生之年，能為特殊需求學生盡己所有的心力，並且藉此能夠拋磚引玉，此責也實無旁貸。

作者對於音樂教學活動編製與教學之投入，起因於從小生長在一個音樂生活化的家庭，自小至今，對於音樂總是有著那份情有獨鍾的喜好。作者自幼深受父母音樂教育薰陶，及接受多年的音樂教育，同時也累積二十多年音樂教師及特教班教師之實務經驗，並於歷年在系上開設「特殊兒童音樂與律動」相關之課程，藉由經年累月與授課學生分享多元型態之音樂活動設計內涵，師生共同發現音樂活動方案確實能夠開啟特殊需求學生學習動機與學習潛能。在努力進行教學與研究的背後，特別是有感於對於較為弱勢特殊需求學生之音樂教育的關懷，於是開始著手進行相關教學活動編製與實施長期實驗教學，透過一系列實務教學中不斷反思的過程，開展出更多創新教學活動與適性教學的空間；也希望藉由自己用心的耕耘與付出，能為推動特殊需求學生音樂教育盡一份心力，並且希冀從長期深入的研究裡，累積更多特殊需求學生音樂教學活動實踐的成果，唯有將本土的音樂教育理論予以實施與分享，才能將音樂教學活動落實化、音樂教學行動化。

本書主要是作者將本身對於特殊需求學生已有二十多年音樂方面之課程設計的理論與實務經驗加以整合，並且長期以學前融合班特殊需求學生的音樂教學活

動編製，以及音樂教學活動實際應用，作為研究的核心。此本書主要是針對學前融合班幼兒之身心特質，以及教師教學需要，由多元智能觀點切入，編製一套最能引發學生學習動機的音樂活動課程，係以音樂教學活動作為媒介，藉由多元智能理論之語文、邏輯數學、空間、肢體動覺、音樂、人際、內省與自然觀察等八種智能內涵架構，融入多元化的音樂活動編製之中，以達到擴展學前融合班幼兒之多元潛能。

　　作者回顧自己在參與 2003 至 2008 年這九個學期學前融合班臨床音樂教學心得，首先，非常感謝花蓮教育大學提供及鼓勵校內教師至國民學校進行臨床教學，以及特殊教育系主任補助臨床教學之研究經費，讓作者的教學場域能從校內學術殿堂延伸至校外教學實務現場，不但由作者負責編製音樂教學活動，而且還親自擔任每節音樂教學活動方案的教學者；自覺不斷透過每次教學的構想，可以累積更多研發新教材之實驗經驗。其中，作者認為獲得最珍寶的收穫，就是在整個教學歷程中，深刻地感受到教學成長的喜悅，與回應自我奉獻於身心障礙學生教育之生命價值，自覺展現更多生命活力與赤子之心；同時，也藉由教學省思中，發現自己創思之經歷，從其中不斷激盪出更多元的音樂教材。基於此，也讓作者在系上所開設的「特殊兒童音樂與律動」相關課程中，能與修課同學有更多寶貴實務經驗的傳承，以及分享許多臨床教學的靈感和感動，深覺受益良多。基於此，作者將 2004 年、2005 年四個學期共四十八節一百六十個音樂教學活動先加以彙整成書，並且陸續研發新的系列教材，希冀能繼續彙整成續集。

　　整個音樂實驗方案編製得以成功，感謝生命中的每一位貴人與恩師。衷心感謝碩士與博士階段指導教授何東墀教授、盧台華教授兩位恩師，針對本論文提供許多卓見，以及感激進修期間研究所裡每位教授之悉心教誨及提攜——感謝王天苗教授、吳武典教授、郭靜姿教授、王振德教授、林寶貴教授、林幸台教授、洪儷瑜教授、張蓓莉教授、王文科教授、周台傑教授、林惠芬教授、許天威教授、曾淑容教授、蕭金土教授、張勝成教授、杞昭安教授等；以及感謝特殊教育前輩提供本研究許多具體的建議，有邱上真教授、何素華教授、張英鵬教授、陳昭儀教授、孟瑛如教授、林坤燦教授、洪清一教授等，以及感謝相關領域的劉唯玉教授、陳添球教授、張明麗教授等提供心得分享；同時，要感謝參與本研究審查與提供專家效度的學者專家及實務工作教師，給予許多剴切的意見，以及匿名評審委員所提供的卓見與指導；另外，感謝接受本研究實驗的國小學校校長、幼稚園園長，以及所有參與整個研究的老師們之付出與協助，謝謝他們提供多元觀點間的效度，以及隨時將資料回饋給作者，藉以作為每次教學實踐的重要參考指標；同時也與作者共同看見音樂教學活動的需要性，一起秉持著「只要有開始，永遠

不會太遲」、「雖然微小，但是仍能彰顯其無限的可能性」、「將我們對於特殊需求學生的關愛化為行動，落實於音樂教學活動方案之中幫助他們成長」的信念，一步一腳印地跨出了我們的每一步。此外，還有一群令人寶貝與關愛的孩子們，基於關心他們成長之情，而讓本研究建構長期而有意義的音樂教學活動，並且繼續抱持著努力不懈的精神，永續地研發與開創更多元的音樂教學活動內容，以激發孩子們多面向的潛能。值得一提的是，作者從內心發出對他們的關愛之心，激發無限創作的原動力，一共為他們創作了許多首說白節奏及兒童歌曲，其中，「我愛我的家」大單元中的兒童歌曲，成為學生最喜愛的歌曲之一，歌詞是「我可愛寶貝喔，我心永遠愛你，喔！我甜蜜寶貝喔，我心永遠愛你，喔！希望你天天健康又快樂、勇敢有愛心；希望你天天帶著我對你的愛，和周圍的人分享」；每當看到學生快樂地唱著這首歌時，臉上洋溢著幸福的神情，就覺得好感動，也非常欣慰；尤其是班上的特殊需求學生大多來自寄養家庭、單親家庭，但是從這首歌曲中，似乎讓他們感覺到有人如此地寶貝、疼惜他們；作者十年前也曾經以「給特別的你──寶貝」為曲名，為特殊需求學生寫了一首歌曲，歌詞是「孩子，可愛寶貝，你是我最愛寶貝，看你純真笑容，閃爍心事眼神，又疼惜，又愛憐，我心肝寶貝。孩子，可愛寶貝，你是我最愛寶貝，雖然你不擅表達，我卻知道你心千言萬語，我親愛寶貝。孩子，可愛寶貝，你是我最愛寶貝，雖然一天天長大，我們的心永遠依偎在一起，我甜蜜寶貝。我願意全心用眼睛窺探你心靈世界，用耳朵來聆聽你心情故事，用雙手懷抱你一切需要，哦！寶貝，甜蜜寶貝」。從上述兩首歌曲，也正詮釋了作者「將愛化為行動」、「將自己對於特殊需求學生的關愛，以長期具體行動來實踐，落實於音樂教學活動之中，幫助他們成長」信念的印證，亦即將關愛孩子的理念加以實踐之最佳寫照。

　　2000 至 2002 年間，雖然自己曾經一度經歷雙親重病、長期住院陪伴，以及備嚐痛失摯親之苦的處境；然而，自 2003 年開始，再次又從特殊需求學生學習需要中自我鞭策。由於長時間沉浸於音樂教學活動方案編製之創思歷程及長期撰寫論文中，這些年以來，每日挑燈夜戰，強忍全身多處疼痛與煎熬，時常不眠不休、廢寢忘食、足不出戶，每週睡眠總時數不足十個小時，有時身心已出現後繼無力之感，眼睛直盯著電腦螢幕，已到白茫茫一片的境界，然而迴盪與燃燒於心中的使命感和赤子熱忱，卻是再次激勵自己抱病盡全心力來完成此項任務。

　　最後，也要感謝這二十多年以來，師長們的指導與鼓勵、好友同事們的關心與加油、母親與外子長期的支持與體諒，成為本研究背後的動力，在此致上最深的敬意與謝意。

　　在長期撰寫的過程中，幼子的年齡與學前融合班幼兒的年紀相仿，總是最好

助手，每次作者在到學前融合班之前，總是會先以他為試教對象，看他認真、開心、滿足地參與在本研究所設計的音樂教學活動時，似乎也給予整個研究最大的肯定，讓自己更有信心面對未完成的挑戰。單純的他總是一臉稚氣地提問：「媽媽，妳為什麼每天總是有寫不完的電腦作業呢」、「為什麼妳都不能多陪我呀」、「媽媽，妳是不是念星期三我讀的私立幼稚園，為什麼每天作業寫不完」、「媽媽，我都告訴別人說『我的媽媽工作是打電腦』」、「媽媽，妳帶電腦出去打作業，讓爸爸陪我玩，不然，我都必須整天在家」，並且提醒我：「媽媽，怎麼好久沒時間回外婆家了？我好想她喔」……等。其實每次聽到他心中的期望，自己心中也是百感交集、百般不忍、身心俱疲；由於自己長期與時間賽跑，在親情、自己身體健康、研究論文之間產生極大的拉鋸戰，仍自勉能在僅有的生命歲月中，百折不撓地捨命向前奮戰。

　　作者在進行拙文的過程當中，雖然努力以赴力求正確、嚴謹、完整，也虛心接受十多位學者專家的中肯建議，並且小心翼翼地進行多次的修改與校正；但作者仍戰戰兢兢、唯恐有未察之處，懇請方家不吝惠予指正，使拙文得以繼續改善，更臻於周延。

　　作者期望透過這本書之撰寫，除了能為特教班教師提供音樂教學活動方案之教學指引，同時，更希冀在自己有限的生命年日裡，能告慰父親在天之靈，完成父親的心願。

黃榮真　謹識

2008.3.25 於花蓮教育大學

目次

表次

I
理論篇

　　本書四學期縱貫式音樂教學活動編製，作者乃多方考
量學前融合班幼兒的現有能力，以進一步由學前融合班幼兒
之學習基準點出發，作為音樂教學活動方案編製之重要參考
依據。本書音樂方案編製特點有：結合發展性與功能性兩種課程
模式、兼顧特殊幼兒之一般幼兒階段的身心特質與特殊的教育需要、徵
詢各學者專家與教師之建議、教學內容全部取自日常生活之題材、運用
多元智能理論、音樂教學活動類型多元化、設計基本教學活動及進階教
學活動、掌握趣味化原則、運用課程本位評量等。

　　此外，本書音樂實驗方案乃根據學前融合班兩類幼兒於四至六歲階段
在各大領域的發展指標及幼稚園年齡應學會之必備能力所編擬；統整 Bruner 的表
徵系統論和 Piaget 的學習階段等文獻中，有關兒童音樂能力發展之內容，找出一
般四至六歲的幼兒具有進行與音樂速度、音值、音高、聆聽、律動、歌唱、創作、
表情、樂器彈奏等有關的音樂活動的能力；歸納若干位國外學者提出兒童音樂能
力之發展順序等相關文獻資料，發現一般四至六歲的幼兒能漸從模仿的層次到主
動參與多樣化的音樂活動，同時也由四歲前的聲音探索、簡易動作仿做等型式，

逐漸能參與具有結構性質、遊戲化的團體音樂活動。

　　作者於音樂教學活動編製方面，參考原班學前融合班教師之教學需求，與原班級課程的大單元加以結合，進一步延伸同一單元所設計的主題，進行相關音樂活動之設計；同時，針對學前融合班特殊幼兒普遍在認知功能、口語表達、肢體動作發展等某一方面或幾方面較一般幼兒落後之學習情形，提供適合其學習的基本教學活動，以作為替代方案。

　　除此之外，作者也邀請相關學者專家及實務工作者共同針對本書各項音樂教學內容適合度提出理論及實務層面之看法，讓本書學前融合班幼兒音樂教學活動內容，更具有專家效度。

　　綜上所述，本書音樂教學活動之編製流程、編製特點、教學活動方案架構及其內容分析等項，可作為學前融合班幼兒音樂教學活動方案設計參考之要點。

　　作者已陸續完成學前融合班一系列之音樂實驗教學，而有關音樂教學活動方案研發之相關研究，最好以縱貫的模式最佳；職是之故，作者希冀透過長期多元智能理論融入音樂實驗方案之實施，針對學前融合班兩類幼兒設計更多適性化、變通而多元化的音樂教學活動，俾使更多第一線教師在音樂教學活動設計上受惠，以及讓更多特殊需求的幼兒受益。

第**1**章

音樂教學活動編製之緣起

從嬰兒具有節奏性的哭聲裡、手舞足蹈的律動中，發現人類最初始的行為模式，乃是以音樂為生活核心；由此觀之，音樂是由人類本能所發展而成的一種藝術與科學（黃榮真，1994，2005a；Barksdale, 2003）。

若干位國內外學者皆提到音樂在特殊教育上的貢獻，Davis、Gfeller 和 Thaut（1992）對於音樂在特殊需求學生身上所產生的教學與輔導成效，給予正向的肯定；Giacobbe、Graham 和 Patrick（1984）強調運用音樂來進行教學，實具有其特殊價值；吳昆壽（1991）也認為音樂最重要的貢獻乃是透過各種活動，使學生的學習多樣化。

作者在研究所進修期間及撰寫相關論文過程中，發現自己對於先天較為弱勢的特殊需求學生，有種難以言喻的使命感與教學熱忱，由於本身具有音樂教育方面的專長，時常激勵自己以編製音樂相關教學活動為研究目標；內心最大的感觸，就是國內音樂課程相關編製單位，對於一般教育體系之音樂課程，付出極大的心力編製，反觀特殊需求學生也與一般學生享有同樣的教育權利，然而相關課程仍不多見（吳白琦，2000；黃榮真、王識敦，2005；黃榮真、楊漢一，2005），有些特殊教育老師也會在特教研討的會議中，表達出缺乏適合有關音樂方面之教材；對於特殊需求學生而言，音樂可讓學生在愉悅的情境中，放鬆自我的防衛機制，運用肢體動作、手勢、表情、聲音、樂器、唱歌、各種音樂活動等多樣化的方式，自然地表達自己的情緒、意念與想法，由此可見，音樂是一種結合視、聽、觸、動等多感官的教學媒介；若是教師能巧妙地使用音樂在教學上之特點，將可以藉此開啟特殊需求學生潛在的能力與特長；由上所述，缺乏適合的音樂教材，勢必會影響特殊需求學生多種能力被開展之可能性，所以，此一議題實在值得學術相關單位予以重視。

由於作者特別有感於對弱勢特殊需求學生之音樂教育的關懷，於是開始著手進行相關音樂教學活動方案編製與實施長期實驗教學，透過一系列實務教學之不斷省思的過程，開展出更多創新音樂教學活動方案與適性教學的空間；作者在整個音樂教學活動編製與實施的過程中，認為獲得最珍寶的收穫，就是在整個教學歷程中，深刻地感受到教學成長的喜悅，與回應自我奉獻於身心障礙學生教育之生命價值，自覺在整個研究與教學的過程中，展現更多生命活力與赤子之心。

同時，也藉由研發音樂教學活動方案之歷程中，深刻地感受到愈是從特殊需求學生的學習需要著眼，則愈能從其中激盪出更多元的音樂教材。也希望藉由自己用心的耕耘與付出，能為推動特殊需求學生音樂教育盡一份心力，並且希冀從長期深入的研究裡，累積更多特殊需求學生音樂教學活動方案實踐的成果；唯有將本土的音樂教育理論予以實施與分享，才能將音樂教學活動方案落實化、音樂

教學行動化。

　　自 1984 年開始，作者曾受邀義務指導臨近學校國小學生之合唱比賽，1986 年擔任國小音樂科任老師之後，負責教導全校學生之音樂課程，同時負責指導校內國小學生合唱比賽、節奏樂比賽；自 1987 年擔任國小特教班教師起，開始思考如何運用本身的音樂專長，來教導班上中重度障礙學生進行一系列的音樂教學活動，當時觀察班上特殊需求學生每次在進行音樂教學活動之際，臉龐總是綻放著快樂的眼神，同時也展露出喜歡上音樂課、樂此不疲的神情；作者透過長期的觀察記錄，也發現班上學生漸漸地在語言溝通、人際互動關係、肢體動作發展方面，表現出不斷進步的成效。

　　由上所述，作者從相關的音樂理論與實務之中，發現若是能運用適性而多元的音樂教學活動於特殊需求學生身上，將可開展他們多方面之學習潛能，作者乃歸納本書撰寫之動機有三項，茲分別敘述如下：

▶壹、音樂教學活動對特殊需求學生扮演重要學習媒介之角色

　　音樂具有多元化之特質，是人類表情達意之重要媒介。Boxhill（1985）主張音樂是一種融合各種文化模式，是全世界共通表達的方式。音樂是有力的教育和治療工具（張英鵬，1991），最能引發兒童學習動機的教學活動（黃榮真，2005b；Barksdale，2003），尤其對於特殊需求學生來說，雖然他們的發展稍微延後，但從作者多年實徵性的研究中（黃榮真，1994，1999，2004a，2005a，2006a；黃榮真、陳美月、張雅麗，2004；黃榮真、陳孟群，2005a，2005b）發現，他們對於音樂喜愛的程度，並不遜於相同年齡的一般學生。Howery（1968）提出特殊需求學生對於音樂的反應比其他活動還敏銳，同時也比其他人使用音樂的成效來得大。

　　由於特殊需求學生在認知功能、口語表達、肢體動作發展等某一方面或幾方面，較一般學生落後，Boxhill（1985）表示以音樂作為媒介，透過聲音來刺激感官，可以喚起深層的感情，引發心靈的回應。所以，音樂對特殊需求學生而言，比一般學生更是具有刺激與慰藉的功能，可與他們進行內心的對話，藉以表達心靈深處難以言喻的情感，作為他們非口語的溝通工具（黃榮真，2004a）。Nordoff和 Robbins（1971）則是表示音樂能讓學生突破他們的身心困擾與限制，使其超越智能或體能上之障礙，得到豐富的學習經驗與反應。

　　音樂對於特殊需求學生的學習會產生哪些影響呢？根據國外學者 Alley（1977）的研究指出，當音樂介入活動之中，特殊需求學生的知覺反應及活動水準，會立

即受到促進的影響，同時，音樂也會帶給特殊需求學生正向的學習影響，提高他們的學習動機，增進其知覺動作、口語表達及社會技能等方面的能力。Lathom 和 Eagle（1982）認為音樂教學活動可讓學生透過視、聽、觸、動等多感官之音樂經驗增進社會互動，藉由安全接納的音樂情境，激勵學生參與各種學習；故此，多感官刺激對於特殊需求學生而言，具有教育上的果效。國內學者莊素月和謝麗娟（2000）一致地認為音樂能提升特殊需求學生正向的學習反應，尤其是運用音樂、聲響、色彩與圖案的特性，較能引起特殊需求學生學習的興趣。郭美女（1998）提及音樂活動乃運用聲音刺激，能夠加強學生記憶力，促進知覺發展。故此，任何學習若能回歸至音樂領域，將所學事物與音樂連結，則可重整我們的思考、情緒，啟發人類無限的原創力（黃榮真，1994）。

　　特殊教育教師該如何運用音樂於特殊需求學生的教學活動中呢？作者認為老師若能在課堂中營造愉悅而有趣的音樂情境，將可協助學生突破本身平日因學習而有的挫敗心結，而達到學習上的成功（黃榮真，1994）。同時，在音樂教學活動中可以有多樣化的規畫：藉由學唱一首簡易歌曲，可加強學生的語彙表達、聽覺記憶與發出適當的聲音；透過彈奏樂器可增進手眼協調之能力及動作的發展；而律動音樂活動能讓學生適時地在規律的節奏中全方位地統合全身（Boxhill, 1985; Hanser, 1987）；亦即藉著整體音樂活動歷程，能夠同步改善學生的視線接觸、專注時間、遵循指示、口語模仿、記憶力、精細動作的靈巧度與聽覺區辨能力（Hanser, 1987）。

　　綜上所述，音樂教學活動運用於特殊需求學生身上，實在有其重要性。音樂教學活動在各領域教學上扮演哪些角色呢？Jellison（1977）指出非音樂抽象教材可以融入音樂活動之中，例如認知（形狀、大小、顏色）、語言（口語理解、語言與非語言之表達）、社交技巧（人際互動）、知覺動作（視線接觸、手眼協調）、生活自理（穿脫衣物）等，基於此，音樂教學活動成為特殊需求學生與外界接觸之重要管道，透過唱歌、音樂律動、簡單的節奏樂器敲擊及多元化之音樂活動，可以進一步地詮釋其內在的想法與深層的情緒，促進特殊需求學生於各領域的能力，讓其潛能充分地被發展出來。

　　由於音樂本身能夠展現出多元化的教學活動型態，所以，對於特教班的教師而言，倘若在教學時能靈活運用多元的音樂活動，將可巧妙地激發特殊需求學生運用身體視覺（觀察樂器的顏色、形狀、大小、重量、長度；觀察教師示範操作樂器的動作）、聽覺（聆聽與區辨不同樂器聲音與人聲、模擬動物與環境的聲音）、觸覺（觸摸與敲打各式樂器、與人握手示意等互動）、體覺（音樂律動、即興表演）等多重感官，同時也激發本身聯合使用感覺統合與視動協調等模式，

將能藉此提供特殊需求學生全方位的學習內涵。

　　由上可知，音樂教學活動對於特殊需求學生而言，扮演著重要學習媒介之角色；透過系統化的音樂活動，讓學生用心去感覺，用感情去聽，啟發學生對環境事物之認知，喚起內在的想像力，獲得知覺動作與身體平衡能力之發展；並且讓特殊需求學生重拾自信心，建立語言與非語言的溝通管道，提供自我表現機會，學習自我接納、自我肯定，發掘內在深層情感，將潛藏在內心的意識疏導於外，培養其在滿足與接納的情境中，享受圓滿豐富的音樂經驗；同時也藉由與同儕間快樂的互動，導向社會性之發展，學習如何尊重自我與他人，促進個人正向的人際關係，發展其自我實現的目標，發揮其最大內在學習潛能，此乃本書撰寫的主要動機之一。

貳、音樂教學活動能夠開展特殊需求學生多元化的潛能

　　許多相關的研究證實，音樂的效果在於能增強一般學生一些非屬於音樂性質的行為，例如學業技能（Register, 2001）、注意力（Greer, Randall, & Timberlake, 1971）、模仿行為（Darrow, Gibbons, & Heller, 1985）、社會技能（Reid, Hill, Rawers, & Montegars, 1975）、適應行為（范靜蘭，1997）、自信心（Johnson, 1981）、語彙表達（Boxhill, 1985）、聽覺區辨（Hanser, 1987）、自我概念（呂佳璇，2002；林素秋，2002）、記憶力（郭美女，1998），以及人際互動（呂佳璇，2002；林素秋，2002；黃千芸，1999；黃金玥，2002；Gunsberg, 1988）等能力。

　　然而，對於特殊需求學生而言，音樂是否也具有相關的功能呢？於是，作者從國內外文獻及本身實徵研究中歸納發現，音樂可以增進特殊需求學生的認知能力（李玲玉、詹乃穎、何函儒、鄭如晶、蘇秀娟，2005；林婉瑜，2005；黃榮真，1994，1999；黃榮真、盧台華，2003）、注意力（李玲玉等，2005；林貴美，1991；康恩昕，2004；黃榮真，2005a；楊甘旭，2003；鄭立群，2004；Gregory, 2002）、記憶力（Hanser, 1987）、溝通能力（李玲玉等，2005；吳璇玉，2001；洪瑟勵，2000；柴蘭英，2003；黃榮真，1994，1999，2004a，2005a，2006a，2006c；黃榮真、盧台華，2003；黃榮真等，2004；黃榮真、陳孟群，2005a，2005b；簡子欣，2005；Braithwaite & Sigafoos, 1998; Cassidy, 1992）、自我概念（李玲玉等，2005；黃榮真，1994）、動作發展（李玲玉等，2005；黃榮真，1994，2006a，2006c；黃榮真、陳孟群，2005a，2005b；Gfeller, 1987; Rudenberg, 1982）、社會技能（洪瑟勵，2000；黃榮真，1994，1999；Hairston,1990）、社會規範行為

（Coates, 1987; Spencer, 1988）、教學活動參與程度（李玲玉等，2005；洪瑟勵，2000；黃榮真，2004a；黃榮真等，2004；黃榮真、盧台華，2003；Kern & Wolery, 2001）、社會及情緒的適應（黃榮真，2005a；黃榮真等，2004；Braithwaite & Sigafoos, 1998），同時，減低學生攻擊他人之負向行為（胡仁惠，2005；康恩昕，2004；張心馨，2003；黃榮真等，2004），以及增進人際互動（李玲玉等，2005；吳璇玉，2001；胡仁惠，2005；洪瑟勵，2000；陳宣蓉，2003；陳鈺玫，2005；黃榮真，1994，2005a，2006a，2006c；黃榮真、陳孟群，2005a，2005b；楊甘旭，2003；Johnson & Kaiser, 2000）等。綜上所述，足以看出音樂對於特殊需求學生來說，極具有多方面的教育功能。

歸納言之，音樂教學活動對於特殊需求學生具有六大主要功能，茲分別敘述如下：

一、增廣認知水準

葛守真（1993）認為針對特殊需求學生所設計的音樂教學活動，能發展其右腦潛能。此外，音樂對於特殊需求學生而言，能夠增加其注意力，促進知覺正確之表現（McDonald, 1979）。

Wolfe 和 Hom（1993）認為藉由音樂可提升學習記憶和字彙訊息的保留能力，特別是運用唱詠方法，較容易將成串的語句牢記起來；亦即以音樂作為學習刺激，可增進特殊需求學生之記憶保留（Orff, 1984; Shehan, 1981），旋律愈短的音樂，學生愈容易學習，每段歌詞在不斷重複當中容易熟練，並設計同樣內容多種活動，可使每一次的學習是有趣的（黃榮真，1994），此乃符合記憶訓練原則，也就是說運用音樂可以讓學生之警覺性獲得改善，進而幫助學生記憶與學習；故此，可將課文加入音樂旋律，以利於學生背誦（張心馨，2003）。綜合上述所言，藉由音樂的方式，可以讓學生容易保留其所經驗過的事物，同時能增進學生基本概念之認知能力。

總而言之，音樂能夠刺激學生主動參與團體的學習，更讓學生易於表達自己內心的情感；同時，每一種音樂刺激具有喚起的作用，可擴大學生能力（林貴美，1992），提高學生欣賞音樂的能力（江上秋，1990），豐富其理解力，發展美感經驗，進而增加學生的聽覺辨識能力、記憶力、注意力，發展其想像力與創造力。

二、激發溝通能力

　　音樂是一種溝通及自我表達的方式（Storr, 1992），透過彼此的溝通互動，可增進彼此意念、思想、情感之交流（黃榮真，1999），由於音樂與語言具有聲音之共同的元素，若是透過歌曲一問一答的方式，音樂也可以成為語言的最佳提示媒介；所以，音樂是一項很適合發展學生語言的工具（Hoskins, 1988）。由於有些特殊需求學生語言發展未臻成熟，在表達和溝通方面會受到限制，而音樂即是一種自我表達的方式，同時也具有非語言的溝通功能（Michel, 1979），所以，音樂能夠提供學生學習溝通技巧的環境（Gfeller, 1988）。

　　特殊需求學生對音樂所產生的正面反應，通常可成為他們與人接觸的橋樑，音樂可作為非語言的溝通工具，提供特殊需求學生一個有意義之傳遞感情的表達方法，藉由音樂與節奏活動也能表達自我當時的想法和情緒。Seybold（1971）的研究結果顯示，音樂活動能激發特殊需求學生更多自發性的語彙，增進溝通能力，增強聽覺區辨能力，有助於特殊需求學生正確語言出現的頻率，並且能提升特殊需求學生口語交談的次數；此外，Cohen（1992）研究發現語言障礙者接受歌唱、節奏的教學，有助於其口語表達；Hoskins（1988）認為使用音樂活動可強化語言發展遲緩學生的表達技巧，尤以歌唱教學活動的成效最佳；亦即，藉由音樂能改善障礙學生之口語互動、聽覺辨識及表達方式，增進其語彙能力，提升溝通技巧（吳璇玉，2001；McDonald, 1979）。故此，音樂活動能增進學生的語言發展，亦能針對口語表達能力不足的學生進行補救教學（Cassidy, 1992; Colwell, 1991; Harding & Ballard, 1982）。

　　Loven（1987）曾針對一位七歲無口語能力之重度智障學生進行個案研究，研究結果發現，運用無意義的母音進行唱歌活動，再配合律動之後，個案開始能說出有意義的字彙，同時字彙量逐漸增加；由上可知，音樂可視為一種語言復健的工具（Cohen, 1992）。透過不同的音樂經驗，可拓展他們對事物情感反應的感受，當學生對環境警覺愈敏銳，其自我表達能力也相繼提高（江上秋，1990）。

　　Hoskins（1988）認為團體音樂活動可增進成員語言表達技巧及自發性語言，利用聽音樂、唱歌、音樂說白或律動活動，每個人可說出自己對於樂曲中的感覺、生活經驗、處事態度，以及針對每天發生的事物提出看法，藉此可促進彼此之間情感的表達，達到團體相互接納之功能。故此，音樂活動能透過團體互動，以增進口語字彙，加長學生談話的時間，使其所表達的句子結構更為複雜，且具有意義化之內涵（Gfeller, 1988）。

三、強化自我觀念

　　特殊需求學生可在經過設計的音樂活動中得到滿足和成功的經驗（黃榮真，1994），亦即透過音樂活動可以建立學生積極的自我經驗（Kivland, 1986）；同時，自我的音樂表現，會帶來本身內心的滿足感，進而產生個人價值感與能力感，激勵每個人能從參與活動之中，獲得成長與改變。

　　Hairston（1990）認為音樂能引發特殊需求學生的學習興趣，減低預期失敗的心理因素，以增強自信心。許多特殊需求學生經由所參與的音樂活動歷程中，可獲得某種補償，由於音樂活動能提供障礙學生社會接納、自尊、自我表達等機會（Schulberg, 1981），故此，學生藉由參與音樂活動，能提高其創造力，而使生命更富有活力（Gfeller, 1987）。

　　雖然某一學生只負責音樂最後一聲的鈸聲，但他已能感覺到自己對全組成員的貢獻，成就感因此而來，而自信心亦可從中慢慢建立（江上秋，1990），因而減少挫折及不良情緒之再生，且有益其學習動力（葛守真，1993）。Hughes、Robbins和King（1988）研究發現，參與音樂活動的特殊需求學生，其在自信、自我態度、自我形象、自律及自我實現之向度上，分數有顯著提升。由此看來，音樂教學活動可提高特殊需求學生的自我概念，突破其學習挫敗感，獲得學習的滿足感，增強其自信心，進而有益於心理健康。

四、促進動作發展

　　Gfeller（1988）指出音樂活動係為音樂與動作兩項之結合，能促進知覺發展（Orff, 1984），可增進動作技巧與視動能力（Holloway, 1980; James, Warver, Clemens, & Plaster, 1985），協助特殊需求學生注意力更為集中，動作反應更為敏捷，具有促進身體機能協調的功效。

　　DeBedout和Worden（2006）從實徵性研究中發現讓特殊需求學生透過唱歌與參與音樂活動，可提升其肢體動作的表現；而 Holloway（1980）表示提高知覺動作能力之最佳方式，就是要結合音樂或節奏樂器的方式進行。透過樂器操作、觸摸遊戲、肢體動作，來改善其原本僵硬乃至萎縮不用之四肢肌肉；藉由肢體動作與節奏韻律之結合，激發大腦與肢體動作之間的交流（葛守真，1993），提升其偏低的感覺閾（Jacob, 1987）。歸納言之，音樂教學活動可運用身體不同部位，發展其方位能力，促進感覺動作之協調功能。

五、提升適應行為

音樂有使憤怒胸膛得以平靜之魅力（康裕，1992），音樂具有撫慰的作用，使人感到安寧、鎮靜（林貴美，1988）；由於音樂內在的規律與秩序，可帶給學生很大的安全感，同樣的音樂活動加以變化，可繼續多次而不覺得沉悶，重複變成可掌握的經驗；節奏的延續和旋律的一再出現，使學生產生一種預知的感覺，而這種感覺可消除他們對「不知」的恐懼（江上秋，1990）。

Goldstein（1980）發現 96 ％的人認為在日常生活各種情況中，音樂對他們的震撼最大，可影響一個人情緒以及對事物之知覺；亦即在放鬆的音樂情境中，可減少緊張與焦慮。郭美女（1998）提及特殊需求學生透過音樂活動，得到多種感官刺激與反覆練習的機會，促進身心協調發展，更能適應社會環境。

有些特殊需求學生常有情緒困擾的情形，藉由音樂活動的介入，可以取代其不良的頑固行為，並使其感情獲得必要發洩（Jacob, 1987），整合其動作與情緒之發展，培養符合社會規範的行為。Steele 和 Jorgenson（1971）表示在特殊需求學生未表現固執化行為之際，介入其喜歡的音樂作為條件性增強物，則其固執化行為顯著減少，同時，也能夠明顯改善學生衝動、自我中心之行為，並且建立與人合作、聽從指示等正向的社會行為；Hanser（1974）曾針對情緒障礙學生進行研究，當其表現適宜行為之時，則給予聽音樂作為條件，結果減少了不合宜的口語及動作反應；Gunsberg（1988）研究中也指出音樂是助長學生社會學習之一項工具；綜上所述，音樂能夠發展特殊需求學生正向的適應行為，建立他們社會適應能力，讓其更能適應社會相關之規範。

六、擴展人際互動

Humpal（1990）認為音樂活動能助長學生人際互動的能力，Saperston、Chan、Morphew 和 Carsrud（1980）發現音樂活動能夠延長學生與人眼神接觸的時間。故此，音樂活動是凝聚向心力之來源，同時也是善意、溫柔的情緒表達，可讓團體成員具有歸屬感，形成感覺、動作、情緒及社會層面的一種完形作用，進而增進自我改變，並與社會產生更有意義的結合。

由於有些特殊需求學生受到本身智能之限制，再加上外表的特徵，通常都缺乏社交機會，與人接觸非常不足（江上秋，1990），Cartwright 和 Huckaby（1972）則指出音樂可增進學生社會化，激發其語彙，發展身體形象觀念。McDonald

（1979）陳述音樂活動能穩定學生情緒，提高參與團體活動之動機，增進其社會化。因此，黃榮真（1994）認為特殊需求學生參與群體活動對於其生活適應是非常重要的，而音樂則是極適當的媒介，能提供一個沒有威脅性的環境，讓他們成功地參與群體互動活動；亦即提升個人與團體之間相處合作的經驗，有助於社會正向之人格發展。

Hughes 等人（1988）發現音樂活動有助於發展團體成員凝聚力，以及增進成員在團體中的互動與溝通。陳惠齡（1989）提出在音樂合奏中，學生彼此間學習如何互相呼應，藉此培養分工合作的社會精神。故此，透過音樂活動可增進學生的自信心與自我覺察力，提供其情緒慰藉和溝通能力，強化人與人之間的互動行為（Anshel & Kipper, 1988），提升團體合作之精神。基於此，音樂教學活動可促進特殊需求學生表現出符合社會化的行為（Gfeller, 1987; McCloskey, 1985; Palmer, 1977），發展其社交技巧（Bunker, 1991），增進人際之間的互動，並且能夠協助其達到自我實現。

從上述音樂教學活動具有激發特殊需求學生多元化潛能之成效看來，音樂教學活動實具有其系統性研發的必要性，以提供特教班教師相關之教學資源，此乃本書撰寫的主要動機之二。

▶ 參、國內少有針對特殊需求學生行長期系統的音樂活動編製

綜上所述，音樂教學活動對於特殊需求學生而言，扮演著重要學習媒介之角色，同時，也能夠開展特殊需求學生多元化的潛能；然而，作者檢視當前國內音樂教材與研究，大多以一般學生為主，針對特殊需求學生所設計的音樂教學活動不多，著實有待學術相關單位予以研發。

針對特殊需求學生進行課程的編製，必須顧及受教者心智發展的程度，教學內容設計必須適合所學，切合所需（何東墀，1986），充分考慮其身心發展階段及能力（陳英三，1995），以提供系統化的課程為考量的重點（Mastropieri, White, & Fecteau, 1986）；國內特殊教育在特殊教育法及其施行細則相繼頒布後，各項發展均有顯著進步，唯教材編選工作仍多賴教師自編，致有品質良莠不齊且未必符合特殊需求學生身心發展與未來生活之需要，是以編製有組織、系統的教材甚為必要（盧台華，1996）。回顧過去特教班之教材，一向強調以教師自編為原則，然衡量特教班教師之能力與時間，教材要完全自編實有其困難。

盧台華（1998）曾針對國內身心障礙教育課程與教材提出若干看法：(1)無論

各類自編或出版之教材，在組織與系統性上仍有許多值得斟酌之處，前後難易程度與邏輯一致性的控制均有疑問；(2)教材實用與適用性更是一大困境，教師自編者常流於採用與其實齡不符之教材，且教材的編選亦未重視其後的試用，而未能有確實的資料，以驗證教材之實用與適用性；(3)教材普遍有練習與複習不當或不足的現象，或有以集中學習同一類教材而造成類化過度的現象，而無法順應特教班學生注意力易於分散、記憶力短絀、辨別力弱之學習特質；與(4)多數教材之設計未能重視教學目標、教學活動設計與教學評量三者間之配合與銜接，以至於無法達成評量與教學配合的課程本位評量精神。

以當前特殊教育發展趨勢而言，特教班學生亦須與普通教育課程相互銜接，並且配合其日常生活與未來生涯發展需要而設計課程。一般而言，特教班學生因每位學生的個別差異較大，且學習速率、能力、學習需要等各方面，與一般學生可能有異，因此在教學目標、教學內容、教學策略、教學環境以及教學評量上應做調整，以適應其個別差異與需要。

而對特教班的學生進行課程設計，其原則大致包括：(1)應符合學生的能力、需要與興趣；(2)應著重實用性，宜採實際操作方式設計；(3)教材內容的介紹應是漸進的，新教材的內容應建立在舊經驗的基礎上，並應著重類化應用到不同的人及情境上；(4)容易混淆的教材應分開教，等其皆熟悉後再同時呈現，增進其辨別力；(5)同一類的教材不應集中教，以避免過度推論或教新忘舊的缺失，並應按難易程度循序漸進的方式，進行小步驟的教學；(6)給予學生充分練習的機會，以達精熟水準；(7)採累積複習之方式，不斷複習舊教材；(8)以不同的教學方式來呈現教材，注重多元感官的學習；(9)多採取實物教學，著重從做中學，以補救其抽象力差的缺失；(10)教學活動的進行宜採多種教學策略，諸如個別、小組、協同、校外參觀、示範模仿、角色扮演等方式進行，以符合學生之需要與興趣（盧台華，1994）。

多元化的音樂教學活動是未來兒童音樂教育的新趨勢，強調創意、遊戲化、本土化的教學內涵（賴美鈴，1996），作者歸納 Broadman 和 Andress（1981）、Campbell 和 Scott-Kassner（1994）、Graham 和 Beer（1980）、Hargreaves（1986）、Mary（1992）、McDonald 和 Simons（1989）、Serafine（1980）等學者，針對兒童提出音樂能力之發展順序，找出適合學前特殊幼兒之音樂活動內容，以及參照目前台灣常用之諾朵夫・羅賓斯音樂教學法、高大宜音樂教學法、達克羅士音樂教學法、奧福音樂教學法等理論，作為編製音樂教學活動方案之參考，其中高大宜音樂教學法、達克羅士音樂教學法、奧福音樂教學法等理論，為一般音樂教師較常使用的學派，而諾朵夫・羅賓斯音樂教學法著重為特殊兒童設計適合其學習的

音樂活動內涵；故此，本書以諾朵夫‧羅賓斯音樂教學法、高大宜音樂教學法、達克羅士音樂教學法、奧福音樂教學法等四種音樂教學法理論，作為音樂教學活動編製之參考依據。

此外，作者多年的實證研究（黃榮真，1994，1999，2004a，2005a，2006a，2006b，2006c；黃榮真、陳孟群，2005a，2005b；黃榮真等，2004）係結合此四種教學風格，再加入作者二十多年在音樂方面之音樂教學活動方案設計與教學經驗，進行相關課程研發；作者從參與音樂教學活動編製及教學的研究結果中發現，對於特殊需求學生而言，靈活運用此四種音樂教學法之理論特點，相較於其他文獻單採一種音樂教學理論者之教學成效較佳，而且也較能符合教師教學需要，同時，更能因應各類特殊需求學生之個別差異，設計適性的學習替代方案。

基於此，作者綜合以上所述之理論，及本身的實務資歷，建構出本書學前融合班幼兒音樂教學活動類型及其內涵。在其音樂教學活動內容設計方面，乃以說白節奏、音樂溝通遊戲、手指音樂遊戲、音樂律動、即興表演、打擊樂器、歌曲教唱、音樂故事聯想、布偶音樂劇場為主。

另外，就本書學前融合班的音樂教學活動方案核心內涵，加以分析與論述如下：作者從相關文獻中發現，Gardner 提出多元智能理論之後，特別是在幼兒教育方面，美國有多所學校或研究計畫運用多元智能的觀點來進行相關研究。其中1984 年所實施的「光譜計畫」（Spectrum Project），能有效發揮幼兒長處（Armstrong, 2000; Campbell, Campbell, & Dickinson, 2004）；而「以藝術為核心的多元智能課程」實驗，也將多元智能成為藝術核心課程理論之依據，藉此讓學生開展多向度之智慧潛能（Campbell, Campbell, & Dickinson, 1996, 2004）。

反觀國內將多元智能理論運用於不同就學階段對象及各類科目之實徵性研究相當多，然而運用於音樂教學的研究僅有四篇；另一方面，當前國內針對身心障礙學生所進行之多元智能理論的相關研究有十篇，為數仍不多；而運用於學齡前階段的研究也有限，目前有十二篇。

其中，「參與『學前資優幼兒多元智能與問題解決方案』幼兒語文特質之研究」（任恩儀，2004）係結合多元智能、幼兒教育、特殊教育三個議題加以論述；而「幼兒音樂多元智能教學之實驗研究」（郭淑菁，2004）乃是集結多元智能、音樂教學、幼兒教育等三個議題予以深究。

本書則是彙集多元智能、音樂教學、幼兒教育、特殊教育之四個議題，進行相關研究之探討。職是之故，作者擬以學前融合班級的幼兒為研究對象，進行一系列「音樂為核心之多元智能活動方案」編製與實驗教學，並且陸續將部分研究心得加以發表與分享（黃榮真，2004a，2004b，2005a，2005b，2005c，2006b，

2006c；黃榮真等，2004）。

　　吳白琦（2000）曾提及有關國內特殊需求學生之音樂教育研究有如鳳毛麟角，反觀作者由國內外相關文獻比較中，卻發現國外學者集結各種音樂活動及實施方法成書，提供對音樂教學活動有興趣者，極多的參考來源；惟目前國內已透過實驗與驗證之特殊教育音樂教材仍然闕如，國內特教老師經常在特教研討會表達出缺乏適合音樂教材之感嘆，此議題著實成為特殊教育學術單位與實務工作教師極為關心之課題。

　　由於作者十五年來訪視各個學校特教班之教學現場，能夠感同身受實務工作教師在教學上缺乏適合教材的困境，也能體會特殊需求學生之成長不能再等待；於是，透過多次與教學現場的教師懇談，我們共同都看到特教班級相關教學活動編製之需求性。然而，一套具有適用性的教學活動，是需要經過使用、驗證與修正，這件看似極為龐大的工程，經常讓一些具有教學熱忱之教師卻步，實在令人覺得可惜；基於此，作者與共同看見教學活動需要的實務工作者之間凝聚共識，秉持著「將我們對於特殊需求學生的關愛化為行動，落實於音樂教學活動方案之中幫助他們成長」之信念，一步一腳印地跨出了我們的每一步。這也是激發作者將自己本身對於特殊需求學生已有二十多年音樂方面之教學活動設計的理論與實務經驗加以整合，並且長期以學前融合班特殊需求學生的音樂教學活動，作為課程編製及實驗教學的重點，並且以系列性模式進行探究，讓此一音樂活動能夠在特殊教育的教學現場生根、發芽與結果，亦成為本書撰寫的主要動機之三。

　　綜合以上所述，本書主要是依據作者本身音樂專長的優勢，有系統地將音樂相關的理論與實務加以結合，並且根據特殊需求學生之學習特質與受教場域，長期在學前融合班發展一套以多元智能為觀點之自編「學前融合班幼兒音樂教學活動方案」，並且以音樂課程本位評量表、音樂活動學習行為檢核表、音樂活動學習行為觀察紀錄表，作為特殊需求學生學習結果的依據；以多重角度來檢視音樂教學活動方案內容應用於特殊需求學生之適用性，以及多元驗證特殊需求學生是否藉由音樂教學活動方案之介入，能夠開展其學習潛能。

　　本書將是國內首創將多元智能理論融入學前融合班音樂活動之教學模式，採以系統化教學與評量方式，針對各類特殊幼兒提供更多替代方案之考量，並徵詢原班教師之教學需求，共同討論音樂教學活動內容，並與原班課程進行統整，融入原班單元主題之教學設計；同時，也邀請相關學者專家及實務工作老師針對學前融合班幼兒音樂教學活動方案內容提供寶貴的建議，讓此套音樂教學活動方案內容更具有專家效度，作者並將此一成果，與所有實務工作教師分享，俾使更多第一線教師受惠。

　　此外，本書藉由作者與實務工作老師共同組成音樂教學活動方案研究小組，將可統整學術理論與實務教學現場之情境，從學生之優勢能力出發，研發與編製更多的多元化音樂教學活動，以開展學生更大的學習潛能；特別在學前階段，乃是學生學習的關鍵期，尤其需要掌握此一有效學習之階段；整體言之，就整個音樂教學活動編製過程來說，將讓作者與實務工作老師更加熟練地將多元智能理論及音樂教學法理論分別融入學前音樂活動設計之中；作者也衷心希望藉由編擬適切的音樂教學活動方案，讓特殊需求學生在接受特殊教育之後，能激發其多元潛能，施展其長才，更能適應學校生活與社會環境，此乃極為迫切的課題。作者也希冀以花蓮地區為先導，提升特殊教育教學品質與績效，並建立一套完整的音樂教學活動方案模式，提供其他縣市作為參照。

　　睽諸國外文獻有較多的音樂教學活動方案編製及實驗教學等相關研究，反觀目前台灣有關特殊教育音樂教學活動方案之系統化研究甚少，更遑論於國際間發表與交流，此一情形非常值得國內學術界加以重視；展望未來能更多以「全球視野」、「社會關懷」的角度出發，並且能與國際學術界相互交換研發此一音樂教學活動方案之心得。

第**2**章

特殊需求學生學習特質及
音樂能力之探討

壹、學前融合班特殊幼兒之學習特質

特殊幼兒係指學齡前兒童在認知、溝通、身體動作、適應行為、社交或情緒等方面出現任何一種或一種以上之發展遲緩情形者（Bowe, 1995; CEC, 1998）。

學前融合班之特殊幼兒乃是具有特殊需求的學齡前幼兒，兼含有一般幼兒的發展特質，以及特殊化的身心發展差異。在特殊化發展差異上具有以下特點：(1)感覺—動作能力方面：感官能力缺陷、粗大動作發展緩慢、精細動作發展遲緩；(2)認知方面：概念化與抽象化之能力不佳、辨認學習的能力較弱、反射機制不足、注意廣度較為狹窄、注意力不集中、短期記憶功能較差、不善組織學習內容、學習動機低落、學習速度稍慢；(3)生活自理方面：自我照顧及生活自理能力不足；(4)社會適應能力方面：缺乏自信心、臨機應變能力不足、缺乏自信、與人互動少、不知如何與人維持良好的互動、伴隨負向行為（攻擊行為、自我傷害行為）；(5)語言及溝通方面：語言理解及溝通表達的能力不佳、語言發展較一般幼兒慢（黃榮真，1999；Kirk, Gallagher, & Anastasiow, 2003）。由於特殊幼兒受到生理因素的限制，以致在認知能力、身體感官及行為上有所缺陷，而影響他們的學習（Wehman, Renzaglia, & Bates, 1985）。倘若能掌握特殊幼兒發展的可塑期，則其學習能力與行為是可以被訓練與改變的（Barnett & Escobar, 1987; Kirk, et. al., 2003; Ysseldyke, Algozzine, & Thurlow, 1992）。

由上所述，在學前融合班中，特殊幼兒安置在一般幼稚園的學習環境中，教師及課程編製者必須先了解特殊幼兒之生理、心理特質，同時考量特殊幼兒具有幼兒階段普遍化的身心發展序階，以及異質化之特殊教育需求，才能提供適當之課程內涵（黃榮真，1999，2004a）。

貳、一般學生與特殊需求學生音樂能力發展之探討

一般來說，每位特殊需求學生之間個別差異大，其學習速率、能力、學習需要等方面，與一般學生可能有異；對於特殊需求學生而言，其仍兼含有一般學生的發展特質，以及可能伴隨有特殊化之身心發展差異。在兼含一般學生的發展特質方面，可能會在某方面出現發展較為落後的現象，雖然如此，作者仍認為可先從一般學生之能力發展指標加以探討，再依照每位特殊需求學生之個別發展情形

及障礙類型、程度，進一步了解特殊需求學生的能力現況，以作為音樂教學活動方案編製參考之重要依據。

　　本書主要是探討特殊需求學生音樂教學活動編製與應用，實有必要先針對一般學生之音樂能力發展情形加以說明。就兒童音樂能力發展觀之，一般學生很自然地會隨著年齡增長，其音樂能力逐步進展；雖然因著每位學生的個性、能力、環境，而有個別差異產生的可能性，但從相關研究文獻中，可以看出一般學生在音樂能力發展上，存在著許多共適性與階段性，將使從事兒童音樂作者及教師可以參考依循，並設計出適合一般學生發展的音樂教學活動。

一、一般學生音樂能力之探討

　　關於兒童音樂能力發展順序而言，有許多的研究報告在敘述每位學生發展時間與進度上，存有其個別差異，但是學生的年齡仍是一項重要的參考指標。於是，作者將若干位國外學者（Broadman & Andress, 1981; Campbell & Scott-Kassner, 1994; Graham & Beer, 1980; Hargreaves, 1986; Mary, 1992; McDonald & Simons, 1989; Serafine, 1980）所提出針對兒童音樂能力之發展順序，整理如表 2-1 所列。

表 2-1　兒童音樂能力發展順序表

年齡	音樂能力發展
一歲	1. 對聲音有所反應。 2. 會自己製造聲音。
二歲	1. 大人模仿孩子聲音時，他會試著重複模仿大人的聲音。 2. 能探索聲音的來源，如周遭環境聲音及音樂聲音。 3. 能模仿唱出片段的歌曲及學習簡短的歌曲。 4. 會運用身體感受音樂，並且身體左右搖擺。 5. 喜歡敲打樂器，並感覺音色的差異。 6. 會分辨歌曲的不同。
三歲	1. 能模仿所聽到歌曲的樂句及動作。 2. 能在樂器上奏出單一的音。 3. 即興的舞蹈動作漸增。 4. 喜歡與別人一起唱歌，但彼此調性可能不一致。 5. 可以玩聲音「捉迷藏」遊戲，並且根據聲音線索，發現聲音來源。 6. 能運用較正確的拍手方式，以模仿節奏型態。 7. 能以簡單動作表演出歌曲。
四歲	1. 喜愛戲劇性的律動。 2. 喜歡按壓鋼琴鍵盤。 3. 能以人聲或樂器，進行旋律或節奏的模仿。 4. 能進行有規則可循的歌曲遊戲。 5. 學唱歌的順序：先是歌詞，再依序是節奏、樂句、曲調。 6. 能理解簡單的曲調。 7. 能進行手指謠遊戲及簡單的音樂遊戲。 8. 參與音樂遊戲之群性增加。 9. 能運用樂器，將短的節奏型式再現。 10.開始有音高概念，如旋律高低。
五歲	1. 能區別不同的音域。 2. 能打出簡單的節奏。 3. 能憑記憶或指示，正確地演奏樂器。 4. 能以樂器進行簡單的合奏或伴奏。 5. 能唱出完整或大部分主要的歌詞，唱歌時全曲具有調性，且能配合歌曲轉換表情。 6. 可以將律動和節奏相互配合。 7. 喜歡團體式的音樂活動。

續表 2-1

年齡	音樂能力發展
六歲	1. 能隨著較特殊或創造性的節奏模式做動作。 2. 能區別簡單的節奏型式。 3. 喜歡結構化的音樂活動，如歌曲、舞蹈。 4. 能適當使用簡單樂器。 5. 與他人一起唱歌時，能更正確地配合歌曲的音高與節奏。 6. 對音樂遊戲感到興趣。 7. 能進行與音樂術語相關的音樂活動（如聽音樂做出快／慢；大／小；高／低的動作）。 8. 會分辨快慢及長短。 9. 會唱出較快或較慢的歌曲。 10.會唱讀及寫出四分音符、八分音符及二分音符的節奏。
七歲	1. 能閱讀歌詞。 2. 對調性音樂的理解比無調性音樂多。 3. 能比較三種以上的聲音或音高。 4. 經常用拍手來回應音樂。 5. 能具有拍子的能力。 6. 以律動回應音樂的變化。 7. 能在鼓上打拍子。
八歲	1. 能辨別協和音或不協和音。 2. 喜愛大家唱，或和其他友伴從事音樂活動。 3. 喜愛團體活動：如歌唱遊戲、樂器表演。
九歲	1. 會唱讀及寫出附點四分音符及切分音節奏。 2. 會分辨並指揮 2/4、4/4、3/4、6/8 拍的曲子。 3. 能透過肢體動作模仿節奏。
十歲	1. 能掌握拍子和曲調。 2. 喜歡與同學進行輪唱的遊戲。 3. 具有和聲的概念。
十一歲	1. 經由訓練能認譜。 2. 經由訓練能具有基礎的音感能力。 3. 能建立音階與調式的概念。
十二歲	1. 能創作簡易歌曲。 2. 能掌握歌唱的技巧。 3. 能培養欣賞音樂的能力。

作者歸納表 2-1 所列內容，發現一般四至六歲的幼兒能漸從模仿的層次到主動參與多樣化的音樂活動；同時也由四歲前的聲音探索、簡易動作仿做等型式，逐漸能參與具有結構性質、遊戲化的團體音樂活動；學齡階段的兒童，則進階到能閱讀歌詞，學習具有對比概念之複雜化的團體音樂活動。

Broadman 和 Andress（1981）、McDonald 和 Simons（1989）等學者根據 Bruner 的表徵系統論，就動作表徵期、形象表徵期、符號表徵期等三個時期，分別提出各時期會表現出的音樂能力，作者整理如表 2-2 所示。

表 2-2　兒童音樂行為發展表

表徵期	音樂能力
動作表徵期	1. 靠感官、動作的方式，來獲得音樂方面的經驗。 2. 透過動態的肢體動作、模仿或表情來回應他所感受到的音樂。 3. 將自己所聽到的音樂，以動作姿勢或舞蹈律動展現出來。 4. 能經由即興彈奏樂器或是運用簡易的口語，來組合自己的音樂意念。
形象表徵期	1. 保留心象的能力漸增，能與視覺表徵做連結，如「♩」是代表聲音愈來愈高；「｜｜｜｜」（小節線）表示規則的拍子。 2. 能將自己所看到的形象，以音樂演奏來詮釋。 3. 將自己所聽到的音樂，運用自創的形象符號或言詞加以表達。
符號表徵期	1. 能將自己所聽到的音樂，以更多正式的音樂符號方式來呈現。 2. 會運用音樂符號或音樂術語來描述音樂。 3. 藉由演奏把抽象符號轉為聲音表達出來。 4. 能用正式的音樂符號來組織、記錄自己的音樂意念。

高大宜教學作者 Sinor 於 1979 年則根據 Piaget 的學習階段，以知覺、反應、概念三部分來分析兒童音樂能力發展，如表 2-3 所示（吳舜文，2002）。

表 2-3　兒童音樂能力發展分析表

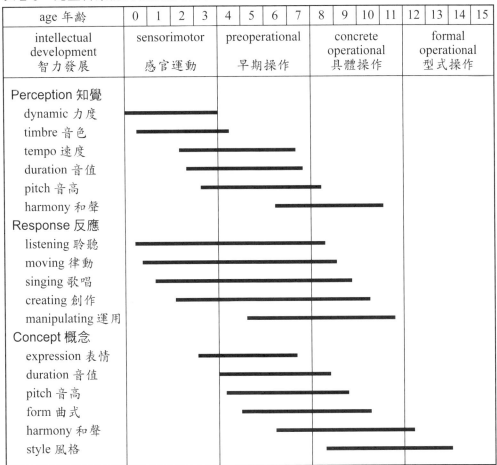

作者統整表 2-2 與表 2-3 之文獻資料，其中表 2-2 係根據 Bruner 的表徵系統論來分析學生的音樂能力，以及表 2-3 乃依據 Piaget 的學習階段，探討兒童音樂能力發展；作者歸納上述內容，發現一般四至六歲的幼兒有能力進行與音樂速度、音值、音高、聆聽、律動、歌唱、創作、表情、樂器彈奏等有關的音樂活動；而學齡階段的兒童則可進階學習有關和聲、曲式、運用音樂術語、使用音樂符號、音樂風格分析等相關的音樂活動。

二、特殊需求學生音樂能力之探討

特殊需求學生同時具有一般學生的發展特質，以及伴隨有特殊化之身心發展差異。由於每位特殊需求學生受到個別發展情形及障礙類型之不同，以至於在學

習表現上也有所不同；作者歸納花蓮地區學前融合班之特殊需求學生類型，大多數特殊需求學生常在認知功能、口語表達、肢體動作發展等某一方面或幾方面，較一般學生落後。作者除了彙整上述學者（Broadman & Andress, 1981; Campbell & Scott-Kassner, 1994; Hargreaves, 1986; Mary, 1992; McDonald & Simons, 1989; Serafine, 1980）針對一般學生所提出有關音樂能力之論點外，再加上作者本身多年進行相關音樂實徵性的研究結果（黃榮真，1994，1999，2004a，2005b，2006a；黃榮真、陳孟群，2005a，2005b；黃榮真等，2004），茲分別將學前融合班特殊幼兒之音樂能力敘述如下：

　　由於學前融合班特殊幼兒年齡分布於四至六歲之間，作者歸納相關文獻與實務觀察經驗，列出其音樂能力如下：

㈠在歌曲學習方面

　　1.喜歡與別人一起哼唱歌曲。

　　2.能模仿哼出所聽到歌曲的部分旋律。

　　3.能哼唱出已學習過的片段歌曲。

　　4.能學習簡短的歌曲。

　　6.能進行有規則可循的歌曲遊戲。

㈡在律動方面

　　1.喜歡活潑的曲子，並隨著音樂跳舞。

　　2.能模仿做出歌曲中的部分動作。

　　3.能跟著教師或同儕做出簡易的即興律動。

　　4.能以簡單動作表演出簡短的歌曲。

㈢在使用樂器方面

　　1.能在樂器上，奏出單一的音。

　　2.喜歡敲打樂器，並感覺音色的差異。

　　3.能以人聲或樂器，進行簡易旋律或節奏的模仿。

　　4.能運用樂器，將一小節的節奏型式再現。

　　5.能打出簡單的節奏。

　　6.能在教師指導與協助下，演奏簡易的節奏樂器。

　　7.能以簡易的節奏樂器，進行簡單的合奏。

㈣在參與相關音樂活動方面

　　1.能根據聲音線索，發現較明顯的聲音來源。

2.能運用拍手方式，模仿節奏型態。

3.喜愛參與戲劇性的布偶音樂活動。

4.能進行簡單的手指謠及音樂遊戲。

5.喜歡與同儕共同參與音樂遊戲。

6.能在教師指導與協助下，進行與音樂術語相關的音樂活動（如聽音樂做出快／慢；大／小；高／低的動作）。

7.對於音樂的呈現，能表現出正向、積極、愉悅之反應。

　　綜上所述，作者歸納一般學生與特殊需求學生之音樂能力，發現兩者之共同點，在於兩類學生皆喜歡參與音樂相關活動，亦即特殊需求學生在喜愛音樂的程度上，並不遜於一般學生，此一論點也與黃榮真和王識敦（2005）、黃榮真和楊漢一（2005）研究中共同發現「所有受訪教師所任教的特殊需求學生，對於音樂的反應都是正向、積極、愉悅」之結果相互呼應。

三、對於特殊需求學生在音樂教學活動方案設計上的考量

　　作者也進一步關注特殊需求學生之間，存有其生理特質上的相異點，在音樂教學活動方案設計上，應考慮到有些特殊需求學生在認知功能、口語表達、肢體動作發展等某一方面或幾方面，較一般學生落後，教師進行教學之際，需要提供較多的指導與協助，所以，作者在整體音樂教學活動方案規畫時，已考量依據每位特殊需求學生個別差異的情形，提供以下適性的教學內容：

　　㈠對於認知功能較弱的學生，則提供適合其認知理解的音樂活動，歌曲盡量簡短，旋律以不複雜為主，節奏型態採取基本型式，安排有規則可依循的音樂遊戲活動，教師則是提供較多的教學示範、口語指導、圖片、簡易的角色扮演及表演活動等。

　　㈡針對口語表達不佳的學生，可以鼓勵其改用哼唱、手勢、指認、動作的方式進行，並且透過歌唱活動，漸進提升其發出聲音的能力，建構有意義的簡單語句表達，同時建立更多詞彙之理解力。

　　㈢面對動作發展落後學生，教師宜提供較多的肢體協助，在規畫律動與舞蹈之音樂活動時，必須以學生易於學習、模仿的動作為基礎，亦即以學生原有的能力作為教學活動設計的基準，強調以變通設計的方式，讓學生能樂於參與此項活動；對於走路容易跌倒的學生，則在舞蹈活動中結合物理治療的動作；在節奏樂器演奏方面，也須考量其手功能的現況，提供適合每位學生的簡易樂器。

　　㈣對於自閉症學生，則是提供結構化的音樂活動，有利於其依照既定的音樂

活動順序來學習；特別是在結構性的點名歌活動中，可以滿足特殊需求學生對音樂活動順序的掌控力，具有穩定特殊需求學生情緒的效果。

㈤針對班上情緒障礙或是過動傾向學生可適時安排靜態的音樂活動，以緩和高亢的情緒和衝動的行為。

此外，學前融合班教師可針對學前融合班特殊幼兒規畫較多戲劇性的布偶音樂活動及簡單的手指謠，亦即透過適性化的音樂教學活動，讓每位學生能樂在學習之中。

第**3**章

多元智能理論內涵之探討

壹、多元智能之理論

一、多元智能理論之內涵

　　1983 年美國 Harvard 大學心理學家 Howard Gardner 在《心智架構》（*Frames of Mind*）一書中提出多元智能（multiple intelligences）理論，一反過去傳統以智力測驗所得的「智商」分數，作為學生智力標準之智力觀，而是採取較多元的智力觀點來解釋智能，並且認為每個人都具備八種智能，包括語文智能（linguistic intelligence）、邏輯數學智能（logical-mathematical intelligence）、音樂智能（musical intelligence）、肢體動覺智能（bodily-kinesthetic intelligence）、空間智能（spatial intelligence）、人際智能（interpersonal intelligence）、內省智能（intrapersonal intelligence）、自然觀察智能（naturalist intelligence）；亦即多元智能理論的精神，乃是以鉅觀的角度，進一步思考一個人「智能」的多元性質。

　　Gardner 的多元智能理論，係引用神經科學的論點，結合心理研究和不同文化知識發展；此理論指出人類智能是由多種能力組成，也突顯過去智能理論的缺失，開創人類智能的新觀點。Gardner（1983）主張智能（intelligence）是在某種文化情境價值標準下，個體解決問題的能力，或是創作該文化重視的作品能力；同時也認為人類的潛能不是單一的，強調每個人具備八種智能，都是可以發展到適當的水準（Armstrong, 2000），而且每個人是以其獨特的方式統整運作這些智能；所以，多元智能是對人類認知豐富性的說明，每一個人都具有這些智能的潛能，各有獨特的智能組合（張英鵬，2005）；綜上所述，作者認為每位教師都應該尊重每位學生的個別差異。

　　Gardner 也認為智能並非固定，是可以被教育的，智能中所蘊涵的潛能，是能夠藉由個體參與相關活動而被激發出來的；基於此，學校的教育應該更多元化，以尊重每位學生之個別差異，並且設計符合八大多元智能之教學活動，提供學生一個多元的學習環境與學習機會，以啟發其多元化的學習動機；同時，多元智能理論也提及每個人都有優勢智慧及較擅長的優點，教師宜主動發現學生的優勢智慧，鼓勵每位學生都有機會展現他的能力，發揮其潛能，進而能肯定自我，增強學生的自信心，激發其主動學習的興趣。

二、多元智能理論對教育之影響

　　Howard Gardner 於 1983 年提出多元智能理論後，在美國心理學界與教育界造成極大的影響，尤其對於美國的學校教育課程、教學與評量，產生了一些改革；有些學校則是提出多元智能課程發展模式，例如：(1)在幼兒教育方面：1984 年「光譜計畫」針對幼兒發展出智能評量的方式，展現其智能剖面圖，進而使教育能有效發揮兒童的長處，並改善其弱點；(2)在小學教育方面：Key 學校是第一所以多元智能理論為辦校基礎的學校，以提升學生多元智能為教育的總目標；New City 學校的全校性主題課程，則是應用多元智能理論，提供學生具有挑戰、創造性與個別化教育的環境，而且尊重學生的多元化；(3)在中學教育方面：1986 年「向藝術推進計畫」（Arts PROPEL）包含兩種教學工具——「領域方案」（domain project）與「歷程檔案」（process folio），來評量學生在音樂與美術能力上的學習（Blythe & Gardner, 1990）。此外，Harvard「零方案」計畫小組於 1997 年開始，陸續進行為期三年的多元智能理論在學校應用的研究方案（Project SUMIT: Schools Using Multiple Intelligences Theory），其中，在調查四十一所學校的結果中發現，多元智能理論對提高測驗分數、提升秩序、增進家長的參與度與改善學習障礙學生學習等方面有顯著的影響。

　　在幼兒教育方面，1984 年至 1993 年由美國學者 Mara Krechevsky、Harvard 大學 Howard Gardner、Tufts 大學 David Henry Feldman 所共同主持的「光譜計畫」，此計畫乃是認為每位學生都有某方面獨特的天賦或不同領域的智能，以幼稚園和低年級的學生為對象，根據多元智能理論，針對其不同的能力，設計八大領域學習活動，提供豐富多樣的學習經驗（朱瑛譯，2001），並且針對幼兒發展出智能評量方式，提供一個有效的教育介入方式；亦即透過適當與具有啟發性質的學習內容，能夠藉此擴展學生的學習潛能，有效地發揮幼兒長處；綜合言之，從「光譜計畫」研究結果中，發現每個學生都具有某方面的天賦或不同領域的智能，藉由有系統的學習活動，能夠因應學生個別差異，提供學生不同面向的學習領域，發現學生優勢能力及特長，以發展學生各項認知能力，以及自主的學習能力。

　　上述 1984 年至 1993 年所推動的光譜計畫，係源自 Harvard 大學「零方案」（Project Zero）研究計畫；「零方案」研究計畫的形成，源自於 1967 年 Harvard 學者 Nelson Goodman 之研究團隊，此一團隊主要致力於研究人類認知與發展的歷程，並進行各項研究，共計有三十四年的歷史。1979 年 Gardner 也參與此一長期研究計畫，企圖探討人類潛能的本質與實現；早期學術探討方向，係重視發展心

理學及藝術教育，之後則是關注於腦傷病人與大腦認知結構的關係，直至 1990 年後，才將其焦點著重於多元智能理論在教育上之應用。

此外，美國近年來也開始進行多元智能取向之課程研究，並且「以藝術為核心的多元智能課程」實驗，將多元智能成為藝術核心課程理論之依據，讓學生開展出更多元的智能與能力（Campbell et. al., 1996, 2004）。

歸納言之，多元智能理論廣泛應用於美國各教育階段的學校，藉由此理論架構，提供教師作為規畫課程、研發教材、運用教法及實施評量的指導方針（歐慧敏，2002）；反觀國內近年來在中小學及幼稚園各階段，也陸續運用多元智能理論進行本土化的研究；由此可見，多元智能理論採取較多元的智能觀點來詮釋智能的表現，此一論點已引發國內外許多學者的迴響，並且從相關領域課程實驗中，加以進一步地驗證其教學成效。

▶ 貳、多元智能理論運用於課程設計之探討

為何多元智能理論受到國內外學者的支持呢？主要是因為多元智能理論之課程設計，可增進教師教學與學生學習的成效，並且在課程設計上提出很重要的三個觀點：(1)多元智能之八種不同智能乃以學生的興趣為出發點，並且提供給教師教學與學生學習之不同型式的切入點；(2)能引導教師從學生舊經驗或已經了解的材料中，舉出指導性的類推例子；(3)多元智能觀點提供學生不同的學習方式與機會，以展現所學（Gardner,1999）。故此，教師若能運用多元智能的觀點進入教學現場，不管是學習環境、學習材料、學習方式、學生學習反應之表達，都會變得更豐富與多元，透過各種智能型式所展現的課程內容，也會更生活化和趣味化（張湘君、葛琦霞，2001）。賴坤弘（2002）提出傳統的教學方式中，教師只採用單一的教學方式來教導所有學生，反觀多元智能理論觀點，特別強調智能在實際生活情境中之運用，教師則是採用多元的教學活動與教學策略，來進行課程設計與教學。而王寶勛（2002）深信如果在教學活動的設計上，能融入多元化的精神，可以讓學生的多元智能得以充分發揮。故此，作者認為若能從多元智能的角度出發，設計多元的教學活動，將可讓學生獲得應有的尊重與適度的發展。

有關多元智能教學設計方面，Lazear（1999）提出喚醒（awaken）、擴展（amplify）、教導（teach）及遷移（transfer）等四個階段之應用，茲加以說明如下：

(1)喚醒：每一項知能都經由本身五項感官知覺來學習，教師在教室中應提供學生多元的學習管道，可以讓其各項智能領域的能力，都有機會被使用。而未經

使用之潛能，必須透過相關教學活動，來激發其能力由內而外展現出來。

(2)擴展：當學生的知能被喚醒之後，教師應提供重複學習的機會，讓其從多次練習中，學習知能的運作技巧，並且不斷改進並強化自己的能力，使其成為自己的優勢能力。

(3)教導：每位學生的多元能力在經歷喚醒及擴展階段後，會在不同的領域展現其優勢智能；故此，教師可讓每位學生在某個領域扮演教導者的角色，讓其透過教學歷程，使其能力更可進一步獲得提升。

(4)遷移：學生可運用其優勢智能，進而學習其他領域的內容，使其優勢智能遷移至其他領域。

國內學者林進材（1999）也曾針對多元智能課程設計，提出五項原則，茲說明如下：

(1)確認學習者的學習切入點：課程內容應以學生智能的發展為依據，並以學生最感興趣的方式作為學習切入點。

(2)引導學習者選擇自己的方式學習：以學習者的學習風格作為課程設計的依據，讓學生以自己獨特的方式進行學習活動。

(3)強調學習者對課程的理解性：課程規畫時，應深入了解學習者的學習特質及認知歷程，以作為課程設計的主要依據。

(4)教師適時將課程轉化為合適的學習活動：多元智能的課程發展，讓教學者與學習者的互動關係比傳統的課程實施更為密切；教師必須從與學生的互動中，更深入了解學生，提供多元且有效的課程；其次，教師在進行課程轉化時，應發揮其嫻熟的專業知能，才能協助學生進行適性的學習活動。

(5)引導學習者獲得更多的成長：透過多元智能課程的實施，引導學習者從課程中得到更多的智能成長。

而林秀芬（2001）提及多元智能課程設計宜掌握：(1)訂定教學目標；(2)選擇適合的智能類型之教學活動；(3)選擇適當的教材；(4)執行教學設計；(5)修正與調整教學設計等原則。詹文娟（2001）針對多元智能運用於幼兒階段，所提出之課程設計的建議：(1)提供多元而恰當的活動（喚醒）；(2)提供進步的空間（擴展）；(3)後設認知及自我肯定（教導）；(4)利用優勢智能搭橋，以發展其他智能（遷移）等項。

歸納以上所述，多元智能理論改變一般人對智能的傳統看法，而多元智能理論之發展，提供教學活動更多的思考空間，讓學生能透過多元學習的方式，來探索自己的潛能；此外，教師的角色從「知識的傳遞者」轉換成「學習的引導者」，以協助學生進行有意義且有用的學習。因此，課程與教學設計者應以學習者最能

理解的方式進行有效的設計，並且提供學習者更多切入點的選擇，讓學生從學習歷程中，發展自己興趣與特質，並且逐步累積與開展自己多方面的能力。

▶參、多元智能理論對於特殊教育之影響

就特殊教育的角度來看，吳武典（2003a）認為多元智能理論能夠開發身心障礙學生的優勢特質，提升學生成就感；高豫（1999）也認為多元智能對於特殊需求學生有著深遠的意義，視他們為完整的個體；故此，教師更應以積極、正向的角度，發掘學生各方面的能力，進而從其優勢能力去發展適合其能力的課程。

Gardner（1983）提出多元智能對於特殊教育產生一些重要的影響：(1)較少學生被安排到特教班，一般課程已經涵蓋所有智能的層面，故此，被安置於特教班的學生人數會降低；(2)特教老師轉變成為普通班教師的多元智能顧問，協助普通班教師辨別學生的強項智能，並且將注意力集中在特定學生的需求上，設計多元智能相關課程等；(3)能夠辨別出學生的智能強項。Armstrong（2000）指出多元智能理論是一種成長的典範（growth paradigm），能夠協助教師發現特殊需求學生的智能強項，以及其所喜歡的學習方式，對於特殊教育而言，具有深遠的影響；此一理論最大特點是將特殊需求學生視為完整個體來對待，提供正向的學習管道，利於其自尊和內在控制能力之提升；並藉由多元智能了解學生間個別差異，使特殊需求學生更能完全融入普通班級。

綜上所述，多元智能理論有別於傳統教育僅專注於學生最弱能力，一般說來，傳統教育僅提供學生能力最為不足之處的補救教學，無形之下，很容易讓教師經常忽略學生的優勢能力；反觀多元智能理論對於特殊教育課程設計的影響甚鉅，鼓勵教師及課程設計者應聚焦在如何發掘每一位學生智能的強項，以促進特殊需求學生更易於融入普通班級之學習中。

▶肆、多元智能理論應用於音樂相關研究之探討

近幾年來，多元智能理論也逐漸被國內所重視，除了國科會以多元智能理論為主題進行的研究計畫，如：「多元才能發展方案之規畫與實驗研究總計畫」（吳武典，1999）、「中小學學生人事智能之發掘與評量」（吳武典，2000a，2000b，2001）、「國中階段多元才能發展方案之整合、實驗與評鑑」（吳武典，2002）、

「多元智能（MI）高中的學校經營與教學——以國立玉里高中為例」（吳武典，2003b，2004）、「多元才能發展方案之規畫與實驗研究——藝術才能學生之發掘與培育研究」（郭靜姿，2001）、「藝術才能學生之發掘與培育研究——以烏來國小為例」（郭靜姿，2002）、「學前資優幼兒多元智能與問題解決能力之充實教育研究」（郭靜姿，2003，2004，2005）、「多元才能發展方案之規畫與實驗研究——中小學學生領導與道德智能之發掘與評量」（王振德，1999，2000，2001）、「高中階段多元才能發展方案之整合、實驗與評鑑」（王振德，2002）、「開發自閉症學生多元智慧建構工具研究」（高豫，1999）、「多元智慧教學方案在國小身心障礙資源班之實施模式與成效」（張英鵬，2000）、「原住民身心障礙學童多元智慧能力調查與多元智慧教學模式成效之實驗」（張英鵬，2001）、「多元智慧教與學在物理科教材教法之實行與研究」（張世忠，2000）等。

　　教育部國教司也於 1997 年至 1999 年以多元智能理論進行「國民中小學補救教學示範學校——多元智能補救教學專案」；在博碩士論文方面，作者統整分析有關以多元智能理論為主題之實證研究結果，發現近幾年來國內這方面的文獻如雨後春筍；此外，也有不少學者在各類期刊中撰文介紹多元智能理論及其教育上的應用，可見多元智能理論已逐漸受到教育研究者的重視。

　　歸納有關多元智能研究的層面，雖然有若干篇幅各自探討音樂教學、幼兒教育、特殊教育等相關議題之論文，其中，「參與『學前資優幼兒多元智能與問題解決方案』幼兒語文特質之研究」（任恩儀，2004）一篇係結合多元智能、幼兒教育、特殊教育三個研究議題加以論述；而「幼兒音樂多元智能教學之實驗研究」（郭淑菁，2004）一篇乃是結合多元智能、音樂教學、幼兒教育等三個議題進行研究。

　　但是國內目前未有提及多元智能教學活動對於學前融合班幼兒學習影響之相關研究；故此，本研究乃是彙集多元智能、音樂教學、幼兒教育、特殊教育之四個研究議題，同時也藉由與多元智能相關之研究文獻的蒐集，以利於本研究針對學前融合班幼兒實施系列性多元智能融入音樂教學活動方案之探討。

　　綜觀國內外相關研究，可以發現多元智能理論實施的對象及可應用之範疇相當廣泛；教師在運用多元智能理論進行教學時，宜採取引導之方式，營造開放、多元學習情境，讓學生的優勢智能可以帶動其弱勢智能，以有效提升學生之學習潛能，促進學生的學習成效。惟從國內外多元智能之相關研究發現，有關幼稚園特殊幼兒為研究對象之多元智能議題，仍是值得加以深究的研究範疇。

　　在國內所介入的多元智能課程中，與音樂相關的研究有四篇，為「多元智慧在音樂教學之行動研究」（郭木山，2001）、「國小低年級應用多元智能理論發

展音樂教學策略之行動研究」（陳建安，2003）、「國小音樂教學應用『多元智能』增進學童音樂能力之研究」（林雅萍，2004）、「幼兒音樂多元智能教學之實驗研究」（郭淑菁，2004）等。

　　另一方面，當前國內針對身心障礙學生所進行之多元智能理論的相關研究為數不多，有「開發自閉症學生多元智慧建構工具研究」（高豫，1999）、「多元智慧教學方案在國小身心障礙資源班之實施模式與成效」（張英鵬，2000）、「原住民身心障礙學童多元智慧能力調查與多元智慧教學模式成效之實驗」（張英鵬，2001）、「多元智慧英語教學：國二資源班特殊需求學生的個案研究」（許朝勝，2002）、「多元智慧教學方案在國小身心障礙資源班之實施模式與成效實驗」（張英鵬，2003a）、「國民中小學原住民與非原住民身心障礙學童多元智能與學習情形調查」（張英鵬，2003b）、「多元智能融入國語科教學在資源班的行動研究」（朱淑芬，2003）、「多元智能理論應用於啟聰學校數學科教學之研究」（陳慶斌，2003）、「行動取向的多元智能教學模式對原漢身心障礙學童教學實踐與反思」（張英鵬，2004）、「國民小學啟智班教師運用多元智能於生活教育領域教學現況與成效之研究」（楚恆俐，2005）等十篇。

　　將多元智能運用於學齡前階段的研究也有限，為「幼稚園教師運用多元智能理論之歷程研究」（王正珠，2001）、「多元智能（MI）教學研究——光譜計畫在班級實施歷程分析」（莊雯心，2001）、「成長路上話成長——幼稚園多元智慧學習歷程檔案之行動省思」（蕭玉佳，2002）、「幼兒多元智能課程發展之行動研究（黃娟娟，2003）、「幼兒社會智能評量研究——光譜計畫之應用」（陳依湘，2002）、「多元智能教學對幼稚園幼兒人際關係影響之研究」（陳雪梅，2003）、「圖畫書在幼兒多元智能發展之運用研究」（張純子，2003）、「幼兒音樂多元智能教學之實驗研究」（郭淑菁，2004）、「多元智能理論融入幼兒品格教育課程與教學之研究」（陳埩淑，2004）、「幼兒多元智能學習成果之實證研究——一個托兒所的個案分析」（何惠君，2004）、「參與『學前資優幼兒多元智能與問題解決方案』幼兒語文特質之研究」（任恩儀，2004）、「幼兒學習檔案建構歷程分析——以一所多元智能幼稚園檔案評量為例」（褚淑純，2004）等十二篇。

　　其中，「幼兒音樂多元智能教學之實驗研究」（郭淑菁，2004）係結合多元智能、音樂教學、幼兒教育等三個議題。從上述相關研究中發現，採用多元智能融入音樂教學，可培養學生多面向之能力。陳昭吟（2005）指出若是充分運用Gardner的多元智能理論與學生之生活周遭事物結合，成為音樂的題材，可為學生設計出精彩的音樂課程。

職是之故，作者自 2003 年起，係以學前融合班一般幼兒與特殊幼兒為研究對象，彙集多元智能、音樂教學、幼兒教育、特殊教育之四個研究議題，進行一系列「多元智能融入音樂教學活動方案」之編製與實驗教學。藉由多元智能理論之語文、邏輯數學、空間、肢體動覺、音樂、人際、內省與自然觀察等八種智能內涵架構，融入說白節奏、音樂溝通遊戲、音樂律動、手指音樂遊戲、即興表演、打擊樂器、歌曲教唱、音樂故事聯想、布偶音樂劇場等九種音樂活動編製其中，並且陸續將研究心得加以發表與分享（黃榮真，2004a，2004b，2005a，2005b，2005c，2006b；黃榮真等，2004）。

　　作者歸納上述文獻發現，以激發特殊需求學生多感官刺激為出發點所設計的音樂教學活動，可提升學生在教育上的效果，同時藉由有系統規畫的多元化音樂活動設計，將有利於開展特殊幼兒之學習優勢能力。

▶ 伍、由多元智能觀點探析學前階段音樂教學之應用

　　Lazear（1999）從多元智能的觀點探討音樂教學活動，提出以下四個階段：第一階段是讓學生感受到音樂共鳴及韻律節奏；第二階段是透過實際傾聽音樂與聲音、參與打擊樂器活動，來表達自己的情感；第三階段是經由使用音樂為媒介，以學習相關教學內容；第四階段是應用於課程以外的其他學科領域，最後整合於日常生活之中。同時也提出八種多元智能融入音樂教學之方式，如表 3-1 所列。

表 3-1　多元智能模式之音樂教學

智能向度	教學方式
語　　文	音樂的節奏型態乃以語言音節代替，曲調的抑揚以語句的音調起伏來理解。
邏輯數學	討論樂器的製造乃運用哪些數學方式，在音級、和聲、對位方面，則是使用哪些數理規則。
空　　間	各種樂團的座位分配、音樂廳的設計、樂曲的結構、樂器的視覺形象。
肢體動覺	唱歌時身體肢體的運用、演奏動作、聽音樂時的肢體動作。
音　　樂	創造屬於表達自我的音樂。
人　　際	參與兩人以上的音樂活動（齊唱、合唱、合奏等），並與人分享自己對音樂的體驗。
內　　省	選擇自己喜歡的音樂類型。
自然觀察	探討大自然的聲音與人造聲音。

　　另外，他也建議教師在進行班級教學時，可使用以多元智能理論所設計的十種音樂教學活動，包括節奏活動、唱歌、音樂創作活動、饒舌歌、環境的聲音、樂器的聲音、哼唱活動、音調活動、音樂表演、音樂配樂活動等（Lazear, 1999）。

　　而有關於音樂教學中常用的節奏教學方式，也曾運用多元智能融入此一教學中，包括有：(1)圖形節奏（邏輯數學、空間、肢體動覺）：利用圖形的大小，讓學生感受音符的長短；(2)語言節奏（語文、肢體動覺）：使用語言文字，讓學生感受音符之長短；(3)節奏遊戲：節奏接龍（肢體動覺、語文、邏輯數學）；(4)節奏遊戲：聽音大賽（音樂、肢體動覺、人際、邏輯數學、內省）；(5)歌詞節奏（肢體動覺、語文、邏輯數學）等（李麗娟，2001）。

　　張育婷（2001）曾使用「多元智能」於即興創作之舞蹈課程中，在肢體動覺智能規畫上，是以身體技巧、協調、平衡、柔軟度、敏捷、力量、彈性為主；語文智能之教學項目有故事情節的引導、對自我表演的描述與記錄；在音樂智能的教學項目有節奏與動作的配合；空間智能方面，有精確的感覺視覺空間；在邏輯數學智能方面，乃以動作連接的合理性、動作的次數、拍數、尺寸等為主；內省智能的教學項目則是意識到自己內在的感情，進而用動作表現出來；人際智能的教學項目方面，乃是能覺察他人，與他人同組做動作，並且能夠做出適當的反應；在自然觀察智能方面，觀察大自然模仿動作。

　　林雅萍（2004）乃是運用「多元智能」在國小音樂教學設計之中，在音樂智能的教學項目有音感教學、認譜教學、律動教學；在語文智能之教學項目有音感教學、認譜教學、律動教學、演奏教學、演唱教學、創作教學；邏輯數學智能方面，則有律動教學、音感教學、認譜教學、創作教學；肢體動覺智能則是安排音感教學、認譜教學、律動教學、演奏教學、欣賞教學；在空間智能方面，有音感教學、認譜教學、律動教學、欣賞教學、創作教學；有關人際智能方面，則是音感教學、認譜教學、演奏教學、欣賞教學、創作教學、律動教學；內省智能的教學項目有音感教學、認譜教學、演唱教學、律動教學、欣賞教學；而在自然觀察智能方面，則是有音感教學、演唱教學、演奏教學、律動教學、欣賞教學、創作教學之規畫等。

　　一位幼稚園教師或是學前教育課程設計者，宜針對學前階段幼兒規畫哪些音樂活動類型，才是最適當的呢？作者整理有關學前階段音樂教學之實徵性研究，發現大多數的研究者在幼稚園實施音樂教學活動時，大部分運用說故事的方式開啟幼兒對於音樂教學活動之學習動機，同時，也採取肢體律動活動，以引發幼兒一邊聆聽音樂，一邊增進身體的四肢發展，強化身體的平衡感與穩定度；其次，則安排有樂器活動、說白節奏、戲劇、舞蹈、唱歌、音樂欣賞等音樂活動，作者

茲將相關研究所採取的音樂教學活動整理如表 3-2 所列。

表 3-2　學前階段音樂教學活動類型對照表

研究者 ＼ 音樂活動類型	說故事	肢體律動	樂器活動	說白節奏	戲劇	舞蹈	唱歌	音樂欣賞
楊世華（1993）	＊	＊	＊	＊	＊	＊		
羅雅綺（1993）	＊	＊	＊	＊				
黃麗卿（1996）	＊	＊	＊	＊				
范靜蘭（1997）	＊	＊				＊		
吳美玲（2002）	＊	＊	＊	＊			＊	
劉秀枝（2003）	＊	＊			＊			＊

　　綜上所述，多元智能理論雖然在 1983 年就已被 Gardner 提出，近年來國內外也有不少研究將此一理論應用在中小學及幼稚園，但在研究對象方面，大部分是以普通學生為主，只有一些是針對自閉症學生、資源班學生、啟智班學生、啟聰學校學生、學前資優幼兒等對象，進行相關的教學研究；作者有鑑於上述多元智能運用之趨勢，發現國內尚無針對學前融合班幼兒進行多元智能融入音樂教學之相關的研究；職是之故，本書以學前融合班幼兒音樂教學活動方案編製與應用為例，進行長期一系列的教學與研究。

第**4**章

音樂教學法內涵之探討

　　本書乃依據目前台灣常用之諾朵夫‧羅賓斯音樂教學法、高大宜音樂教學法、達克羅士音樂教學法、奧福音樂教學法等理論，作為編製實驗音樂教學活動方案之參考，其中高大宜音樂教學法、達克羅士音樂教學法、奧福音樂教學法等理論，為一般音樂教師較常使用的學派，而諾朵夫‧羅賓斯音樂教學法著重於特殊兒童之運用，基於此，本書將此四種音樂教學法內容臚列於下：

壹、常見的四種音樂教學法理論之分析

一、諾朵夫‧羅賓斯音樂教學法

　　此派別係由美國作曲家 Nordoff 和特殊教育家 Robbins 兩位學者自 1959 年開始，歷經十七年所發展而成的。

　　諾朵夫‧羅賓斯音樂教學法著重於特殊兒童之運用，主張採用即興風格的音樂活動，強調以個案為中心，指導者可在鍵盤上即興彈奏，以幫助個案進行歌唱即興或是打擊樂器（展桂馨，1996；Nordoff & Robbins, 1971），透過個案參與音樂活動與打擊樂器等即興創作所呈現出來的若干節奏，或即興創作中個案發聲所呈現的旋律音調來對個案進行音樂活動；每位學生不論有任何方面的障礙，對音樂皆具有獨特的反應，整個活動的實施過程，包括歌唱、樂器、戲劇表演、動作與舞蹈、即興等五大類（Wigram, Pedersen, & Bonde, 2002）。

　　Nordoff 和 Robbins 也設計許多「遊戲歌曲」（play-songs），以幫助特殊需求學生認識天氣、顏色、數目概念、名字、日期等（展桂馨，1996；Kim, 2004; Nordoff & Robbins, 1971）；同時讓其在輪唱、齊唱、動作表演中，對於歌曲中所敘述的內容更易於理解，也能從歌曲中學會與人溝通、互動與分享。

二、高大宜音樂教學法

　　Zolten Kodaly（1882-1967）是匈牙利頗富盛名的作曲家、音樂教育家及民族音樂學家，生長在音樂家庭中。有鑑於自己國家文化幾乎被四周強國所併吞，於是研究匈牙利各地的民謠，並將音樂構造、音樂組織等研究結果，應用於本身作品中。

　　高大宜音樂教學法即是以歌唱為主的教學法（楊艾琳、黃玲玉、陳惠齡、劉

英淑、林小玉，1999），主張運用本國民謠為素材，其認為在民謠中，語言和音樂以一種特殊方式結合，每一種語言都有其獨特的抑揚、音調、輕重，這些特質會呈現於民謠之中。

　　他在教學素材的選擇上，著重以本國文化為主的兒歌、童謠、民歌、古典名曲，其中，耳熟能詳的兒歌、童謠，對學生而言，是最簡單的教學媒介；在民歌的部分，也是以學生容易學唱的五聲音階為考量，而在古典名曲的挑選上，也是先以學習本國文化的古典音樂為主。

　　Kodaly 認為音樂可以培養學生的聽力、注意力、對事物的反應、情緒及生理等多方面能力；歌唱是音樂教育的基礎，透過聽、唱、思考、推論、視唱聽寫，以至於創作等歷程（吳璇玉，2001），藉著歌唱、遊戲的方式，讓學生具有音樂讀、寫、聽的基本能力，以提升聽覺、認知與技能之整體學習表現（林朱彥，1995；徐珮菡，1999；鄭方靖，1991）。同時，也提出手勢（hand signs）、首調唱名法（movable Do）、節奏唱名法（rhythm syllables），並且以「節奏」與「即興創作」為教學基礎，亦即使用說白節奏、熟悉兒歌、民謠、遊戲等，再配合節奏樂器來進行；此外，也利用持續低音、卡農及頑固低音做初步和聲的介紹與練習。整體而言，其教學設計乃以準備、呈現和練習之三階段進行（Wigram et .al., 2002）。

三、達克羅士音樂教學法

　　Emile Jaques-Dalcroze（1865-1950）生於十九世紀中葉的維也納，是一位瑞士的作曲家、舞蹈家、演戲家兼教育學家。由於師承心理學家 Piaget，因此透過心理學及生理學的角度，強調音樂與人類身心的發展有密切的關係。此外，Dalcroze 的音樂教育思想淵源，受到法國 Rousseau 的「自然」哲學思潮，他認為音樂藝術的基礎就是人類的情感，任何一種音樂觀念都可以用身體的動作來表演，將之轉換成音樂的型式，亦即在心智了解與身體動作之間，會呈現立即反應的情形（Choksy, Abramson, Gillespie, & Wood, 1986）。

　　Dalcroze 提出視唱（solfege）、即興創作（improvisation）、韻律節奏（eurhythmics）三種教學觀點，其中，韻律節奏係融合了心理學、生理學及藝術領域，主張讓兒童運用身體運動來感受節奏的變化。

　　Dalcroze 音樂教學法以節奏教學為基礎，藉由律動來詮釋音樂；強調音樂的旋律源自肢體自然律動，主張將各種節奏融入各種歌唱方式，並且提出律動音樂教學法，藉著音樂與肢體動作之結合，進一步地設計律動中的節奏（鄭方靖，

1995），所以，他認為音樂、律動和語言的發展是密不可分，而且是相互影響的（許月貴，1997）；基於此，鼓勵學生運用動作反應、說白、戲劇與樂器來表達對音樂的感受與理解（黃麗卿，2001；Wigram et. al., 2002）；故此，強調律動、說白、歌唱、即興創作，並以舞蹈、歌唱來訓練學生對音樂的自然認知（秦禎，1998）。此外，Dalcroze認為語言中的韻律節奏，可以累積學生音樂節奏的經驗，同時，也提出說白節奏與故事，是訓練學生即興創作的工具。

四、奧福音樂教學法

　　Carl Orff（1895-1982）生於德國慕尼黑，同時是作曲家、教育家和音樂學理論家，其音樂風格及教育理念曾受Dalcroze所主張的韻律節奏理論之影響；故此，強調以節奏與即興創作為主的教學觀念，並認為音樂基礎教育應始於節奏訓練。

　　關於奧福音樂教學法是以節奏為主，再配合母語加以實施（林貴美，1988），強調任何人均有學習音樂的本能，主要是讓學生具有接觸音樂的經驗，主張利用樂器合奏作為探索聲音的媒介，以說白節奏、五聲音階來發展其音樂節奏感；並且透過創造性律動、即興創作、戲劇表演、舞蹈，提升其創造力；在語言方面，則是認為語言本身即具有一定的節奏，運用呼喚名字（name-calling）、數字性兒歌、兒童歌曲，來提升學生之語言能力，其教學目標乃是讓語言、音樂、動作三者結合。故此，Choksy等人（1986）認為律動、歌唱、說白、樂器合奏、即興創作、戲劇是奧福教學的主要方法。

　　他的教學素材取自於兒童的生活中，因為生活周遭的事物是學生最關心、最感興趣探知、最熟悉的經驗，比如動物、植物、大自然的聲響等。

　　此外，其教學重點在於融入音樂、語言、動作等元素；此理論是以日常生活所熟悉的語言、歌謠、遊戲、戲劇等素材，配合樂器的節奏教學，以頑固低音之伴奏方式進行（郭惠嫻，1986；黃麗卿，2001），亦即透過音樂、詩歌、律動、表演等各種藝術美感教育，使學生的潛能與知能得以充分發展（張玉珍，1987）；同時也強調以肢體的律動來表現音樂，運用身體的手臂、手掌、腿、腳來創造節奏與音樂。教學方向由模仿漸進至創作、從部分到整體、從簡單到複雜、從個別到合作。而整體教學歷程是讓學生喚起感覺的覺知，再體會美感的經驗，進而建立技巧與概念，最後能達到即興之目標。

貳、常見的四種音樂教學法理論之比較

　　作者將上述四種音樂教學法派別加以比較，其中，諾朵夫・羅賓斯音樂教學法與奧福音樂教學法均是以即興為教學重點，而達克羅士音樂教學法和奧福音樂教學法皆強調節奏在教學上的應用，高大宜音樂教學法則是重視在教學中使用歌唱為核心，茲整理如表 4-1 所示。

表 4-1　四種音樂教學法對照表

派　　　別	諾朵夫・羅賓斯音樂教學法	高大宜音樂教學法	達克羅士音樂教學法	奧福音樂教學法
教學重點	強調以即興為主	以歌唱為主	以節奏與律動為主要教學理念	以節奏、即興作為教學基礎
理論特點	以個案為中心，認為每一種孩子對音樂皆具有獨特的反應。	1. 先具有聽、唱經驗，再介紹符號和名稱之運用。 2. 教學設計分為三階段：準備、呈現和練習。	1. 藉由律動來詮釋音樂。 2. 提出律動音樂教學法，將音樂與肢體動作加以結合。	1. 教學方向：從模仿到創作、從部分到整體、從簡單到複雜、從個別到合作。 2. 將語言、音樂、動作三方面密切配合。 3. 以語言、歌謠、遊戲為音樂教材。

　　音樂能提供特殊需求學生多樣化的音樂經驗（章華，2000），對於特殊需求學生而言，能促進其知覺的發展、增進記憶力、具有喚起的作用、能有重複學習的機會、提供充分的學習刺激、允許他們自由地表達音樂（吳璇玉，2001；林貴美，1993；洪瑟勵，2000）。此外，音樂不僅被作為發展特殊需求學生社會生活能力與教育的重要手段，亦成為生理治療的輔助措施（林朱彥，1995）。

　　近幾年，「如何運用音樂教學活動介入，以開啟特殊需求學生潛能」相關研究議題之論文發表有增加的趨勢，亦即此一主題逐漸被國內所重視。國科會以音樂教學為主題運用於特殊需求學生的研究計畫，如：「國小智障與情障學生音樂與律動學習行為關係之研究」（楊坤堂、王大延，1994）、「早期音樂教學對幼兒非音樂智能的影響」（呂昭瑩，2000）。爾後，國內以音樂相關活動運用於教

育領域之相關文獻也不少，亦即在國內以音樂教學理論運用於教育領域的研究，有逐漸萌芽之現象。

國內最早將音樂活動有系統地運用於國小特教班的學者，首推林貴美（1991）之研究，此一研究針對國小特教班中重度智能不足兒童介入音樂活動，研究結果發現音樂活動能夠改善學生學習不專注行為，以及提高學生語文學習之成就，該研究結果對於國小特教班學生有極大的幫助，也正式開啟國內將音樂教學活動運用在國小特教班級學生之實徵性研究；黃榮真（1994）曾針對花蓮地區某一國小特教班十七位學生進行近一學期質與量的音樂活動研究，藉由說白節奏、溝通遊戲、音樂律動、手指遊戲、即興表演、打擊樂器、歌曲教唱、故事聯想等活動，發現學生在各領域表現有顯著的提升，主要研究結果發現：(1)在認知能力方面：激發身心障礙學生右腦潛能的開發，提升學生智力，增進圖形之推理思考及區辨音樂之能力；(2)溝通技巧方面：促進學生語言理解與語言表達的能力，增進學生口語溝通之流暢、詞彙之豐富及句子內容之質與量的擴充；(3)自我概念方面：提高學生正面而積極之自我態度，強化自我意象及自我監控的能力；(4)動作發展方面：有助於身體視覺、動覺、觸覺之感官發展，能由模仿動作至獨立形成動作，進一步發展具有創意的肢體動作；(5)適應行為方面：提高學生正向行為之發展，同時負向行為頻率大為減低，並且勇於嘗試新事物；(6)人際互動方面：可藉由團體互動促進社會化，學生能從被動、拘謹、害羞中突破，並與老師、同儕間有良好的互動，願意主動參與活動。

運用在國小普通班學生的研究，有張玉珍（1987）以實驗研究方式探討音樂治療活動對國小四年級低自我概念兒童自我知覺之影響，結果發現在音樂自我效能方面，三組實驗組與控制組無顯著差異，但從實驗後之非正式問卷調查，發現94％實驗組的小朋友認為參加本活動可認識更多的朋友，使他們感到快樂。

作者根據上述文獻各專家學者的觀點與相關研究結果，得知運用音樂教學法理論為基礎的多元化音樂教學活動，更有利於開展特殊需求學生之學習潛能，及增進特殊需求學生各方面能力之發展。基於此，本書乃依據目前台灣常用之諾朵夫・羅賓斯音樂教學法、高大宜音樂教學法、達克羅士音樂教學法、奧福音樂教學法等理論，作為編製實驗音樂教學活動方案之參考。

綜上所述，本書擬將四種音樂教學法理論融入音樂教學活動設計之中，同時參考兒童音樂能力之發展順序，運用系統化教學與評量方式，依據各障礙程度與類型的學生，提供更多替代方案，並徵詢原班教師之教學需求，與原班課程內容進行統整；同時，也邀請相關領域學者專家及實務工作者分別針對本書音樂教學活動內容提供寶貴的建議，讓此套音樂教學活動方案內容更具有專家效度。

第5章

學前融合班幼兒
音樂教學活動編製流程

　　聯合國教科文組織（UNESCO）於 1985 年表示各國應致力於學習弱勢者的教育，提供其與正常人共同學習的機會，基於此，融合教育成為全世界教育中重要的議題之一。

　　邇來，融合教育已成為安置特殊需求學生之主要型態（王天苗、許碧勳，1999；秦麗花、顏瑩玫，2004；鄒啟蓉，2004；蘇燕華、王天苗，2003；Cheminais, 2001；Idol, 2006）；就學前階段而言，國內學前融合教育在特教學者專家的投入及實驗推廣之下（王天苗，1999a，1999b；吳淑美，1995，1998），更加受到國人的重視與肯定。

　　國內外學者的研究指出，特殊幼兒在普通學校就學的比例有增加的情形（鐘梅菁，2001；Putnam, Spiegel, & Bruininks, 1995; Smith, Polloway, Patten, & Dowdy, 1998; Ysseldyke, Algozzine, & Thurlow, 1995）。融合教育之目的在於維護社會正義公平，重視社會多元化的價值，尊重每位學生個別差異與學習需求，並提供學生未來融合的環境，讓所有學生均能藉由接受教育而受益（黃榮真，2006b）；相關研究中也發現融合教育的實施，對特殊需求學生的學習而言，具有正向的成效（王天苗，1999b，2002；王淑霞，2001；吳淑美，1992，1996；李惠蘭，2001；林寶貴，1998；林寶貴、盧台華、賴文鳳、謝藍芝，1996；邱上真，1999a；黃榮真，2004a，2005a；黃榮真等，2004；蔡淑玲，1997；蘇燕華，2000；Allen, 1992; Belcher, 1995; Ross & Wax, 1993; Staub & Peck, 1994）。

　　在談到融合教育這個議題時，課程良窳與否，也將會影響整個融合教育品質，以及融合精神的實踐；吳淑美（2001）、林貴美（2001）、許碧勳（2001）、鈕文英（2004）、蘇文利和盧台華（2006）、Dymond（2001）、Johnson（1999）、Webber（1997）皆共同指出實施融合教育的成功要素之一應為課程設計。「全方位的課程設計」（universal design curriculum）乃是運用每位學生適性的學習管道，兼顧所有學生學習上的共通特質，以及考量特殊需求學生之學習需求，進行整合性之課程設計，其方式是在課程設計之初，就應事先考量不同學生的需求，以彈性、多元、創新的模式，作為課程設計之重點；讓每位學生皆有可能進入（access）、參與（participation）普通教育課程，且能從當中達成應有的學習目標，以及獲得進步（邱上真，2003；盧台華，2003；Curry, 2003）；故此，作者希冀運用「全方位的課程設計」之理念，作為課程規畫之準則，讓安置於融合班級中的特殊幼兒，能夠依照其個別差異，在整體音樂教學活動方案設計的目標上，具有適當之彈性與調整的空間，以激發特殊幼兒在融合教育環境中，有更大的參與度。

　　邱上真（1999b）在「帶好每位學生：理論實務與調查研究」以及邱上真（2001）於「普通班教師對特殊需求學生之因應措施、所面對之困境及所需之支

持系統」研究中，皆建議研發一套「帶好班上每位學生」之可行的方案；鈕文英（2006）指出多元智能理論可為融合班學生開啟一扇窗，以更寬廣的角度來看他們的學習；高豫（1999）也認為多元智能對於特殊需求學生有著深遠的意義，視他們為完整的個體。由此可知，多元智能理論在於賞識每個學生，把所有學生都帶起來（劉唯玉，2004），故此，吳淑美（2003）曾提及融合班級教學內容須多元，採取多元智能之精神。

基於此，作者認為多元智能觀點融入音樂教學活動方案設計之主要目的，乃是透過多元智能八種面向之切入點，讓學生在學習上有更多的選擇，符合「全方位的課程設計」理念，以智能多元論取代傳統之智力單一理論，並且運用學生本身的優勢智能，對其所學的知識進行連結與學習。

身心障礙學生也具有多元智能（張英鵬，2005），因此，本書針對學前融合班幼兒為教學對象，以多元智能觀點融入音樂教學活動設計之中，並且進行一系列的音樂教學活動方案編製；強調以成長典範為基準點，給予其充分發揮優勢潛能的機會，進一步提供適合特殊幼兒之補強方法，以落實「帶好每一位學生」之理念；故此，作者乃從編製學前融合班之相關教學活動方案著手，希冀能讓每一位受教幼兒都能得到實質的融合與良好學習品質，更積極地讓特殊幼兒與一般幼兒在音樂教學活動方案中達到「融合」的目標。

融合班強調創新教學（吳淑美，2000），由於音樂本身包括旋律、節奏、音調和音色等元素（Gardner, 1983），若是各個元素交互作用，可以創造出許多具有趣味性，且又有豐富變化的音樂活動，隨時都可以有創新的教學活動產生；所以，音樂教學活動可說是融合班最佳的教學媒介，能夠展現多元化的活動型態，藉此提升學生認知、溝通、人際互動、肢體動作等多樣化目標；基於此，作者認為對於學前融合班的教師而言，倘若能透過多元智能觀點切入音樂教學活動，將可巧妙地激發特殊幼兒運用視覺、聽覺、觸覺、體覺等多重感官學習媒介，以及使用感覺統合與視動協調等全身聯合模式，提供特殊幼兒全方位的學習內涵。

吳武典（2003c）提出多元智能理論雖有其普遍性，也有其本土性，值得就地研發、應用和檢驗；職是之故，本書擬以多元智能的觀點為基礎，以花蓮地區學前融合班為對象，建構一系列本土化之音樂教學活動內容，亦即藉由多元智能理論之語文、邏輯數學、空間、肢體動覺、音樂、人際、內省與自然觀察等八種智能內涵架構，融入說白節奏、音樂溝通遊戲、音樂律動、手指音樂遊戲、即興表演、打擊樂器、歌曲教唱、音樂故事聯想、布偶音樂劇場等音樂活動編製之中；希冀藉由多元化的音樂活動介入，引發一般幼兒與特殊幼兒高度的學習興趣，激發其各方面學習潛能，同時，也開展特殊幼兒之學習優勢智慧，進一步提升原班

兩位老師與幼兒家長兩者，於平日未觀察出幼兒原本所具有的多元化潛能。

作者在草擬四學期自編「學前融合班幼兒音樂教學活動方案」之初，乃從相關文獻與教學現場觀察等方面，多方考量學前融合班幼兒的現有能力與學習特質，以進一步由學前融合班幼兒之學習基準點出發，作為音樂教學活動方案編製之重要參考依據。

作者乃綜合相關文獻理論與教學現場觀察實務，找出適合學前融合班幼兒學習的音樂教學活動內涵，茲說明如下：

▶ 壹、音樂教學活動編製之理論與實務依據

一、理論層面

㈠參照學前融合班兩類幼兒之發展指標

1. 本書實驗音樂教學活動方案乃根據學前融合班兩類幼兒於四至六歲階段在「嬰幼兒發展測驗」（徐澄清、廖佳鶯、余秀麗，1982）之粗動作、精細動作及適應能力、語言、身邊處理及社會性等四部分之發展情形，和在「Portage 早期教育指導手冊」之檢核表（雙溪啟智文教基金會，1987）之認知、語言、動作、社會行為、生活自理等領域之評量，進行整體的考量。

2. 參考兩類幼兒在粗大動作、精細動作、語言、社交、認知、生活自理的發展指標及幼稚園年齡應學會之必備能力（黃榮真，1999）所編擬而成。

㈡統整 Bruner 的表徵系統論和 Piaget 的學習階段等文獻

作者歸納 Bruner 的表徵系統論和 Piaget 的學習階段等文獻中有關兒童音樂能力發展之內容，找出一般四至六歲的幼兒具有進行與音樂速度、音值、音高、聆聽、律動、歌唱、創作、表情、樂器彈奏等有關音樂活動的能力。

㈢歸納兒童音樂能力發展順序等文獻

作者分析若干位國外學者（Broadman & Andress, 1981; Campbell & Scott-Kassner, 1994; Graham & Beer, 1980; Hargreaves, 1986; Mary, 1992; McDonald & Simons, 1989; Serafine, 1980）提出兒童音樂能力之發展順序等相關文獻資料，發現一般四至六歲的幼兒能漸從模仿的層次，到主動參與多樣化的音樂活動；同時也由四歲前的

聲音探索、簡易動作仿做等型式，逐漸發展至能夠參與具有結構性質、遊戲化的團體音樂活動。

㈣參酌發展性與功能性課程之優點

本書為融合班特殊幼兒規畫音樂教學活動，作者乃根據學齡前學生之生態環境，予以發展與功能之雙向考量；在發展性課程方面，本書依照一般幼兒發展序階為基礎來設計課程，在功能性課程方面，本書乃根據每一個幼兒在學校生活與社會適應上的獨特需要來設計課程，其內容與生活情境完全整合，具有生活化與實用性質，以幫助幼兒學習生活必備的技能；作者將兩者課程優點結合之後，以功能技能為起點，依發展程序組合其課程內容，成為本書音樂教學活動方案之設計基礎。

二、實務層面

㈠以幼兒日常生活學習經驗為出發點

本實驗音樂教學活動方案乃依據國小附屬幼稚園幼兒之日常生活學習經驗為出發點，整個實驗音樂教學活動方案內容素材選自幼兒日常生活周遭的事物，讓幼兒對於大自然生活情境之觀察，能透過音樂活動有更多的生活體驗，以豐富幼兒的經驗與想像力。本書乃掌握生活化、趣味化、活潑化、實用化等原則，讓幼兒覺得每項音樂活動是有趣而好玩，以提升特殊幼兒學習動機和主動參與程度。

㈡兼顧兩類幼兒間之不同學習需求

作者乃考量兩類幼兒間之不同學習需求，在每個教學活動規畫方面，則是根據學生的學習能力，設計基本教學活動及進階教學活動，同時採用課程本位評量的方式，以了解學生之學習情形。

㈢針對特殊幼兒之特殊化身心發展差異情形，提供適性化的替代教學方案

作者從實務教學經驗中發現學前融合班特殊幼兒普遍在認知功能、口語表達、肢體動作發展等某一方面或幾方面，較一般幼兒稍有落後，所以在音樂教學活動編製上有以下的考量：

1.認知理解能力較弱的幼兒：本書所設計的音樂活動，教學步驟簡單化，乃以適合特殊幼兒認知理解的教學內容為主，歌曲盡量簡短，旋律以不複雜為主，採取基本型式的節奏型態，同時安排有規則可依循的音樂遊戲活動，提供其較多的教學示範、口語指導、圖片、簡易的角色扮演及表演活動等。

2.口語表達不佳的幼兒：針對口語表達不佳的幼兒，可以鼓勵其改用哼唱、手勢、指認、動作方式進行音樂教學活動方案，藉由歌唱音樂活動，以漸進提升其發出聲音的能力，建構出有意義的簡單語句表達，建立更多詞彙之理解力。

3.動作發展落後的幼兒：面對動作發展落後幼兒，教師宜提供較多的肢體協助，在規畫律動音樂活動時，必須以幼兒易於學習、模仿的動作為基礎；而節奏樂器的演奏，也須考量其手功能的現況，提供適合每位幼兒的簡易樂器。

4.自閉症的幼兒：對於自閉症的幼兒則是提供結構化的音樂活動，有利於其依照既定的音樂活動順序來學習；特別是在結構性的點名歌活動、師生問候與再見歌之固定教學順序中，可以滿足特殊幼兒對音樂活動順序的掌控力，具有穩定特殊幼兒情緒之效果。

㈣規畫適合兩類幼兒學習的音樂活動

本書在自編歌曲設計方面，作者乃依據個人二十多年的教學實務經驗，規畫出適合兩類幼兒學習的內容，每首歌曲之曲式，以結構化、旋律較短、歌詞簡單為出發點，並且融入幼兒日常生活中熟悉的聲音，例如敲打的叮咚聲、種子的發芽聲、打噴嚏的哈啾聲、動物的叫聲、交通工具所發出的聲音、冬天冷風呼呼叫的聲音等，讓曲子充滿趣味化之特質。

㈤依據原班教師之教學需求而設計

作者參考學前融合班原班教師之教學需求，與原班級課程的大單元加以結合，進一步延伸同一單元所設計的主題，進行說白節奏、音樂溝通遊戲、音樂律動、手指音樂遊戲、即興表演、打擊樂器、歌曲教唱、音樂故事聯想等音樂活動之規畫，並且以布偶音樂劇場及故事的方式串連於音樂教學活動之中，以引發幼兒的學習動機。

㈥徵詢學者專家與實務工作者的建議

作者邀請相關領域之學者專家與實務工作者針對本書所編擬之學前融合班幼兒音樂教學活動內容的初稿，提供專業的適合度檢核意見，成為作者進行音樂教學活動方案前教學內容修正的重要參考依據，亦即讓情境內的作者與情境外之學者專家，能針對此一音樂教學活動方案內容有趨向一致的共識，促使本書教學方案更具有可信度，並且提升本書效度檢驗的正確性。

貳、彙整專家對音樂教學活動方案設計適合度之看法

　　本實驗音樂教學活動方案乃依據國小附屬幼稚園學前融合班兩類幼兒身心特質為出發點，以「大家來動一動」、「我們都是好朋友」、「有趣的音樂世界」、「好玩的紙」、「快樂玩具店」、「春天來了」、「有趣的交通工具」、「好吃的食物」、「我的身體真奇妙」、「動物王國」、「美麗的花園」、「冬天來了」、「辛苦的農夫」、「偉大的爸媽」、「我愛我的家」、「夏天來了」等十六個大單元為主軸，進而發展出四學期共四十八節一百六十個音樂教學活動方案內容，係由作者先擬定學前融合班音樂教學活動初稿，再與兩位研究小組教師共同逐項仔細地討論初稿的內容，進而發展出四個學期音樂教學活動方案。

　　整個實驗音樂教學活動方案內容，係透過四位學者專家與四位學前融合班老師根據本書教學活動內容適合度，提供寶貴的建議；作者乃彙整學者專家與實務工作老師之相關意見，再將本實驗活動方案內容，予以部分修正，俾使音樂教學活動方案更適用且可行，作者茲歸納學者專家與實務工作者對本書整體音樂教學活動方案架構適合性之看法如下：

一、運用多元智能理論，重視每位幼兒的強項智能

　　㈠本音樂教學活動方案將多元智能觀點融入學前融合班音樂教學活動方案設計，是很特別的教學構想，每個單元的教學活動，皆能對應於八種智能內涵，與傳統的音樂教學內容不同，音樂活動設計多元而有趣。

　　㈡本音樂教學活動方案特殊之處，在於運用孩子最喜歡的音樂活動介入，並且使用多元智能理論，重視每位學生的強項智能，讓融合班的特殊幼兒更容易融入班級的學習；音樂教學活動方案內容具有結構性、系統化、層次分明、循序漸進。

二、藉由音樂故事聯想或布偶音樂劇場為開場白，激發幼兒的好奇心與專注力

　　㈠每次的教學內容鋪陳由音樂故事聯想或布偶音樂劇場作為引起動機的活動，對於幼稚園的孩子來說，作者已掌握孩子的注意力和參與感，是本實驗音樂教學活動方案的一大特點。

(二)音樂故事聯想的內容取材於兒童生活經驗，編製過程結合有趣的旁白，同時每段旁白結合簡易的節奏，讓學生可以邊聽、邊看、邊做動作，運用學生多感官之學習管道，與一般說故事的方式不同，極具創新。

三、依照兩類幼兒特質，創作更適合其學習的自編歌曲

作者配合大單元所自編的歌曲非常有創意，比坊間的兒歌更易朗朗上口，歌曲簡短、詞意簡單易懂，學生易記易學，能夠加深幼兒對單元主題的認知與理解。

四、安排多元化的教材教具，讓幼兒從做中學習

(一)每一個大單元皆有安排許多適合此一教學內容的道具、玩具、樂器、布偶、情境營造等，非常能夠引發幼兒的學習動機，也看出作者的用心。

(二)本音樂教學活動方案教學情境設計的構想極佳，不僅在於增進幼兒對於此一單元主題的認識；同時，在教學流程之中，也讓每位幼兒聆聽與此一主題相關的古典音樂，進行黏貼樹葉、手拿絲巾揮動等做中學的活動，增進幼兒對情境事物的感受力。

五、掌握幼兒能力與興趣，規畫適合兩類幼兒學習的教學 內容

(一)簡易樂器的介紹與使用非常靈活，由單一樂器漸進增加樂器的種類，能夠掌握孩子的能力及興趣。

(二)教學流程敘述流暢，用詞簡潔，教學時間適當，每次上課為三十分鐘，動態與靜態音樂活動安排適當。

(三)每單元的說白節奏與歌曲教唱皆與單元主題相關，教學活動設計非常棒，靜態與動態的活動適時交替，音樂教學活動方案架構及教學內容極有系統；同時也顧及每位學生的學習情況，輪流讓每位幼兒實際操作，並且對特殊幼兒有較多演練與指導。

六、根據幼兒個別差異，設計基本教學活動及進階教學活動

每個單元活動內容皆極具新穎的思維，同時也掌握循序漸進的設計原理；根

據幼兒學習能力及個別差異，設計基本教學活動及進階教學活動。

七、運用課程本位評量

音樂教學活動方案乃使用課程本位評量，作為驗證幼兒學習之重要參考文件，並且也能與特殊幼兒 IEP 的短期目標銜接，教學設計上的考量非常縝密。

八、採用發展性與功能性兩種課程模式，兼顧兩類幼兒之身心特質

此一音樂教學活動內容同時考量一般幼兒與特殊幼兒之身心特質，並且運用發展性與功能性兩種課程模式，其內容與生活情境結合，具有實用價值，能協助幼兒學習生活必備的技能；同時也能依照一般幼兒發展序階為基礎來設計課程，亦即將兩者結合後，以功能技能為起點，依幼兒發展順序組合其課程內容，成為此研究音樂活動之設計基礎，其音樂教學活動方案設計觀點具有周延性。

此外，作者也歸納四位學者專家與四位實務工作者針對各學期學前融合班音樂教學活動方案整體架構及內容之適合性，提出其他的看法如下：

一、簡單的歌曲中蘊涵著有趣的音樂變化

作者在「點名歌」、「師生再見歌」、「師生問候歌」或是「暖身歌曲」的設計頗有巧思，雖是簡單的歌曲設計，卻富有巧妙的變化。

二、建立幼兒對音樂教學活動開始與結束的概念

作者所自編的「師生問候歌」與「師生再見歌」，構想極佳，潛移默化之中能夠建立幼兒對音樂教學活動開始與結束的概念。

三、每學期皆展現具有特色的音樂活動

作者在多元智能融入音樂教學活動設計方面，每學期皆展現創新的風格，活動內涵更加精緻化與趣味化。

整體而言，四位學者專家與四位實務工作者表示本書音樂教學活動方案架構

完整，內容周延詳實，具有系統性，適合運用於學前融合班之一般幼兒及特殊幼兒的學習。

▶ 參、學前融合班幼兒音樂教學活動編製特點

本書縱貫式的音樂活動實驗方案與傳統唱遊課程完全不同，也與音樂班的課程內容大不相同，茲分別敘述如下：

一、傳統的唱遊課程大多由教師彈琴，或是播放相關音樂，然後讓學生跟著老師唱歌、做動作，作者就個人實務教學經驗及長期教學觀摩分析，有以下兩點發現：㈠大多教師在唱遊課程中所選擇的歌曲內容、動作設計等方面，較為固定、制式化，學生較少有機會從歌曲中，發揮自我創作、想像的空間；㈡近幾年有些教師採用坊間的歌曲作為教材，作者仔細分析其歌曲的曲式、歌詞的內涵，發現此一教材對於特殊幼兒學習來說，其內容太過艱深、抽象，曲式也太過複雜，有些與生活經驗偏離，即或一般幼兒學起來，也是覺得有些繞口，需要較長的時間反覆練習，不能立即朗朗上口，以至於在音樂教學活動進行之際，不易理解歌詞所要代表的意涵；歸納言之，傳統唱遊課程所使用的教材，比較缺乏創造力、想像力之元素，無法讓幼兒有自由聯想的機會，缺乏營造音樂故事的學習情境，難以豐富幼兒在這個階段，原本應被引導的想像能力，及富有多變而有趣的創造潛能，並且自創屬於自己的肢體語言。

二、本書的音樂活動實驗方案也與音樂班的課程不同，一般音樂班所強調的課程，大多以樂理為主軸，教學重點偏向學生應學會既定的音樂知識內容，以及相關之音樂技能。

綜上所述，本書所設計的音樂教學活動與上述兩者的課程性質截然不同，作者茲歸納自編「學前融合班幼兒音樂教學活動方案」所擬定的編製特點如下：

一、結合發展性與功能性兩種課程模式

本書為融合班特殊幼兒規畫音樂教學活動，乃根據學齡前學生之生態環境，予以功能與發展之雙向考量；在功能性課程方面，本書乃根據每一個幼兒在學校生活與社會適應上的整體需要來設計課程，其內容與生活情境完全整合，提升其在融合環境中應具備的基本且必備的技能；在發展性課程方面，本書依照一般幼兒發展序階為基礎所設計的課程，將兩者結合後，以功能技能為起點，依發展程

序組合其課程內容，成為本書音樂活動之設計基礎。

二、符合學前融合班兩類幼兒身心特質

　　本書所發展的實驗方案設計在於針對一般幼兒與特殊幼兒之身心特質，及學前融合班教師的教學需要；以多元智能觀點切入，結合兩類幼兒發展指標及幼稚園年齡應學會之必備能力。

三、廣澂各學者專家與實務工作者之建議

　　整個實驗音樂教學活動方案透過四位學者專家以及四位學前融合班老師，根據教學活動內容加以審核；作者彙整四位學者專家及四位實務工作教師針對四學期學前融合班幼兒音樂教學活動一致提及適合的音樂教學活動，統計出四學期音樂教學活動適合度平均值為 93.75 ％；亦即本書自編「學前融合班幼兒音樂教學活動方案」內容經由學者專家與實務工作老師之評定，其內容具有專家效度，且有極高的適用性。

四、全部以幼兒日常生活事物為題材

　　本書音樂教學活動方案乃依據國民小學附屬幼稚園幼兒之生活學習經驗為出發點，整個實驗方案內容素材選自幼兒日常生活周遭的事物，讓幼兒對於大自然生活情境之觀察，能透過音樂活動有更多的生活體驗，以豐富幼兒的經驗與想像力。本書乃掌握生活化、趣味化、活潑化、實用化等原則，讓幼兒覺得每項音樂活動是有趣而好玩，以提升特殊幼兒學習動機和主動參與程度。故此，與若干學者（張湘君、葛琦霞，2001；賴坤弘，2002）之看法相互呼應。

五、運用多元智能理論

　　本書自編「學前融合班幼兒音樂教學活動方案」，以十六大單元為主軸，運用 Gardner 提出的八種智能向度作為教學內容的架構，進一步融入說白節奏、音樂溝通遊戲、音樂律動、手指音樂遊戲、即興表演、打擊樂器、歌曲教唱、音樂故事聯想、布偶音樂劇場等九類音樂活動設計之中，藉以發展一套多元智能觀點融入音樂教學活動之方案。

　　本實驗音樂教學活動方案乃是根據Gardner（1999）提出八種智能性質與結構的理論，乃透過不同學習路徑與符號系統，運用於學前融合班音樂教學活動設計之中，包括：

　　㈠語文智能：本書規畫以說白節奏、歌曲教唱為主的音樂活動，以提升學生有效運用口語、與人溝通表達的能力。

　　㈡邏輯數學智能：本書乃設計和數字有關的多元音樂活動，以建立學生對於數字與日常生活事物之連結。

　　㈢空間智能：本書在九類音樂活動中皆設計與視覺空間相關的音樂活動，以培養學生視覺空間和方位之概念。

　　㈣肢體動覺智能：本書主要編製音樂律動、音樂故事聯想、手指音樂遊戲、即興表演等相關音樂活動，以開展學生四肢運動的能力。

　　㈤音樂智能：本書以音樂律動、打擊樂器、歌曲教唱、音樂故事聯想等多元音樂活動方式，來提高學生對於音樂活動的喜好程度與參與感。

　　㈥人際智能：本書主要安排音樂溝通遊戲、手指音樂遊戲、打擊樂器為主的教學活動，以增進學生與人互動之社交能力。

　　㈦內省智能：本書設計即興表演、布偶音樂劇場等音樂活動，來強化學生對自我內在情緒、動機、能力與意向之覺察力。

　　㈧自然觀察智能：本書透過具有創意之九類多元化音樂活動，讓學生對於大自然生活情境，有更深入的觀察，並且藉由音樂活動有更多的生活體驗，以豐富學生的經驗與想像力。

　　作者茲從九類音樂活動所對應的智能內涵，分項敘述如下：

　　㈠「布偶音樂劇場」活動主要對應的是內省智能、自然觀察智能。

　　㈡「說白節奏」主要對應語文智能。

　　㈢「音樂律動」此種類型的活動主要對應於肢體動覺智能、音樂智能、自然觀察智能。

　　㈣「音樂故事聯想」對應於肢體動覺智能、音樂智能、自然觀察智能。

　　㈤「手指音樂遊戲」主要是與肢體動覺智能、人際智能、自然觀察智能相互對應。

　　㈥「歌曲教唱」主要對應的是語文智能、音樂智能。

　　㈦「音樂溝通遊戲」主要是與邏輯數學智能、空間智能、人際智能相互對應。

　　㈧「打擊樂器」活動主要對應的是音樂智能、人際智能。

　　㈨「即興表演」此一音樂活動主要對應的是肢體動覺智能、內省智能。

　　由上所述，各類音樂活動至少對應於一種智能內涵，並且依照各單元主題的

設計目標不同，增加相關領域的智能內涵。歸納言之，本書每個大單元的九種音樂活動類型，係以八種多元智能內涵之模式來規畫，與 Campbell 等人（2004）、Checkley（1997）、Gardner（1999）的觀點頗為一致。

　　整體而言，本書確實已應用與彰顯多元智能內涵於學前融合班音樂教學活動設計之中，並且於教學實施後，也證實達到開展每位幼兒優勢潛能及多元能力之預期目標，亦即透過此多元智能音樂教學活動方案的教學歷程，協助作者發現兩類幼兒的智能強項，以及多方面的才能；除此之外，作者也觀察到特殊幼兒在學前融合班的學習差距愈來愈小、人際互動更趨於正向；同時，透過本書之教學活動內容設計，兩類幼兒相處更為融洽，彼此合作關係日增，由此觀之，本實驗音樂教學活動方案實具有多方面之教學成效。

六、音樂教學活動類型多元化

　　多元化的音樂教學活動是兒童音樂教育的新趨勢（賴美鈴，1996），黃榮真和王識敦（2005）曾針對花蓮地區學前融合班教師進行音樂課程實施之探討，目前所運用的音樂教學活動類型以音樂律動、打擊樂器、音樂欣賞、說白節奏、手指謠為主，作者也進一步參考相關學者在音樂教學活動設計之理念，茲分別敘述如後：

　　㈠諾朵夫‧羅賓斯音樂教學法提及歌唱、樂器、戲劇表演、動作與舞蹈、即興之音樂活動類型。

　　㈡高大宜音樂教學法主張歌唱、遊戲、即興創作之活動。

　　㈢達克羅士音樂教學法提出律動、說白、歌唱、舞蹈、即興創作、戲劇等活動。

　　㈣奧福音樂教學法所使用的創造性律動、歌唱、說白、樂器合奏、即興創作、戲劇表演、舞蹈等音樂活動類型。

　　作者統整上述四種音樂教學法，進一步規畫本書九種的音樂教學活動類型，茲說明如下：

㈠布偶音樂劇場

　　作者分析諾朵夫‧羅賓斯音樂教學法、達克羅士音樂教學法、奧福音樂教學法等理論中，皆提及「即興」與「戲劇」，高大宜音樂教學法也提到「即興」，於是，作者構思「即興」與「戲劇」元素融入本書「布偶音樂劇場」活動設計之中。

㈡說白節奏

　　達克羅士音樂教學法、奧福音樂教學法等理論將「說白」元素放入音樂活動

中，也因此作者將這個活動予以延伸成為「說白節奏」活動。

㈢音樂律動

達克羅士音樂教學法、奧福音樂教學法等理論核心也將「律動」元素規畫於教學活動中，以及也加上諾朵夫・羅賓斯音樂教學法所提及的「動作」元素，因此，作者將此活動加以擴充成為「音樂律動」活動。

㈣音樂故事聯想

作者探討諾朵夫・羅賓斯音樂教學法、達克羅士音樂教學法、奧福音樂教學法等理論，發現三者皆提出「即興」與「戲劇」之教學活動，高大宜音樂教學法也提到「即興創作活動」，於是，作者融合上述四者理論中所提及的「即興」與「戲劇」元素融入於本書「音樂故事聯想」之中，同時，也將花蓮地區學前融合班教師所進行的「音樂欣賞」活動（黃榮真、王識敦，2005），加以延伸至音樂故事聯想之活動內容裡。

㈤手指音樂遊戲

作者也將花蓮地區學前融合班教師所進行的手指謠活動與遊戲（黃榮真、王識敦，2005）予以擴充為「手指音樂遊戲」。

㈥歌曲教唱

作者彙整上述四種音樂教學法，發現所有學者皆提到「歌唱」活動，故此，將「歌曲教唱」納入本書音樂活動中。

㈦音樂溝通遊戲

高大宜音樂教學法理論提及「遊戲」活動，而林貴美（1993）曾在音樂活動設計中提出「認識朋友與人際關係培養」的教學活動內容，可增進特殊需求學生間的互相接納，建立友誼，於是作者將兩者內涵統整於「音樂溝通遊戲」，藉此透過音樂教學活動增進學生之間正向的互動。

㈧打擊樂器

作者整合諾朵夫・羅賓斯音樂教學法理論、奧福音樂教學法理論，得知兩者皆談到「樂器」活動，基於此，也將「打擊樂器」安排於本書音樂活動中。

㈨即興表演

作者將上述四種音樂教學法理論中所提出「即興」或「即興創作」內容，融入本書「即興表演」之活動設計。

綜上所述，本書單元主題皆融入布偶音樂劇場、說白節奏、音樂律動、音樂故事聯想、手指音樂遊戲、歌曲教唱、音樂溝通遊戲、打擊樂器、即興表演等多元音樂教學活動類型。

茲將本書學前融合班幼兒音樂教學活動設計之構想列出，如表 5-1 所示。

表 5-1　學前融合班幼兒音樂教學活動設計之構想一覽表

音樂活動類型	設計構想
布偶音樂劇場	作者藉由布偶說出與單元主題相關的故事，並在說故事的歷程中，播放適合營造故事劇情氣氛的音樂，且透過布偶的角色扮演，增進幼兒對單元主題的認知。
說白節奏	作者依據單元主題設計相關的說白節奏內容，讓幼兒能跟著語言節奏念謠。
音樂律動	作者依據單元歌曲內容，設計與詞意相互對應的肢體動作，以加深幼兒對詞意的理解，並進而開展幼兒的身體動作，及訓練身體與四肢之間的協調發展。
音樂故事聯想	作者依據單元主題，選取適合的背景音樂，讓幼兒從聆聽音樂及故事脈絡之中發揮聯想力，展現屬於自己風格的創意動作，進而增進幼兒創造力之發展。
手指音樂遊戲	作者依據單元歌曲內容，設計與詞意相互對應的手指動作遊戲，以另一種有趣且具有創意的型式，增進幼兒對詞意的認識。
歌曲教唱	作者依據單元主題，自編適合一般幼兒與特殊幼兒的歌曲，並指導幼兒能跟著唱出或仿唱。
音樂溝通遊戲	作者依據單元主題，設計兩人一組或三人一組的音樂遊戲活動，以增進師生、同儕間的互動，並讓學生學習同儕間如何相互合作。
打擊樂器	作者設計與單元主題相關的打擊樂器活動，讓幼兒能學習敲打樂器的方法，並且能配合歌曲的段落來進行樂器敲奏，藉此抒發自己內在感情。
即興表演	作者依據單元主題，設計讓幼兒自主發揮的即興表演活動，讓幼兒藉由音樂活動，來表達自己的情感。

七、教學活動設計掌握趣味化原則

作者掌握教學活動設計趣味化的原則,在音樂教學內容安排上,有以下的規畫:

(一)使用故事成為音樂活動間之貫穿媒介

在整個教學活動安排方面,作者乃運用幼兒喜歡的故事情境脈絡,作為音樂活動之間貫穿的媒介;作者也從教學活動執行過程中,發現故事活動確實能讓幼兒學習的興致高昂,其認知概念的習得經驗較為完整。

(二)編製多元音樂活動內容

作者巧妙且靈活設計多元音樂活動內容,讓幼兒愉悅地沉浸於趣味化的教學遊戲中。

(三)採用各式適合幼兒學習且能搭配主題的背景音樂

作者篩選各式型態的童謠音樂、古典音樂,以及幼兒耳熟能詳的兒歌,選取適合的旋律,作為本書音樂溝通遊戲、手指音樂遊戲、音樂故事聯想之背景音樂,也可藉此提升幼兒欣賞音樂之興趣。

(四)自編適合學前融合班兩類幼兒學習之兒歌

作者依照單元主題,自編適合學前融合班一般幼兒與特殊幼兒學習之兒歌,透過主題型式的說白節奏、手指音樂遊戲、歌曲教唱、音樂故事聯想、音樂律動、打擊樂器、音樂溝通遊戲等活動之間的串連,更能激發幼兒視、聽、動、觸等多元感官之間的連結,深化其認知概念。

歸納言之,此實驗方案完全依據幼兒身心特質與學習需求,編擬一系列相關的歌曲、說白節奏、音樂溝通遊戲、音樂律動、手指音樂遊戲、即興表演、打擊樂器音樂、音樂故事聯想、布偶音樂劇場之劇情等活動,充分展現出多元而有趣之教學內涵。

八、重視學生個別差異

作者乃考量兩類幼兒間之不同學習需求,在每個教學活動規畫方面,則是根據學生的學習能力,設計基本教學活動及進階教學活動。

九、運用課程本位評量方式

本書所採用的評量方式，乃以課程本位評量為主，評量內容係取自於學生的學習內容，亦即作為檢核學生是否已學會上課時所學之技能。

▶ 肆、學前融合班幼兒音樂教學活動架構及內容分析

作者基於音樂教學活動是最能引發學生學習動機，又能展現多元化的活動型態之有力教學媒介，故此，本書研發一套以十六大單元為主軸的音樂教學活動內容，進而發展出四十八節一百六十個音樂教學活動方案；本音樂活動乃依照一般幼兒與特殊幼兒之身心特質共通性與差異性，分別設計基本教學活動及進階教學活動，而基本教學活動乃針對兩類幼兒皆能達成的目標來設計；進階教學活動方面則是依據一般幼兒在學會基本教學活動後，提供進一步的學習內容。茲舉出本書四學期各單元之教學目標作為範例，如表 5-2 所示；同時作者採用課程本位評量的方式，以了解學生之學習情形。

在教學步驟方面，教師會先以示範的方式加以說明每個活動如何進行，再輪流請每一位融合班的幼兒進行仿做，若是特殊幼兒在該項基本活動學習上有困難，則教師本身會提供更多次的示範說明與協助，或是請同儕示範；並且提供特殊幼兒更多的練習機會，藉由反覆之練習，讓特殊幼兒能學會基本技能，同時使其漸次體會到參與團體音樂活動之樂趣。

作者歸納本書音樂活動設計，乃掌握以下原則：(1)符合兩類學生的能力、興趣；(2)著重實用性，教學內容取自日常生活之題材；(3)給予學生充分練習的機會，以達精熟水準；(4)注重多元感官的學習；(5)採用實物教學，著重從做中學；(6)強調教學趣味化、遊戲化、多元音樂型態的原則；(7)依學生學習需要，提供適性的示範與協助；(8)採用課程本位評量為主；(9)根據學生學習能力，設計基本教學活動及進階教學活動等。

表 5-2　多元智能觀點之十六大單元音樂活動內容的教學目標

向度 ＼ 單元名稱	大家來動一動		我們都是好朋友	
	基本活動	進階活動	基本活動	進階活動
語文智能	1. 能指認小丑 2. 能仿念說白節奏的部分字詞 3. 能跟著老師哼唱部分歌謠 4. 能至少指出說白節奏中的一種動物 5. 能至少指出律動中所稱的一項身體部位	1. 能說出小丑的特徵 2. 能自己念出說白節奏的字詞 3. 能自己唱出整首歌謠 4. 能全部說出說白節奏中的每一種動物名稱 5. 能說出律動中所稱的每一項身體部位	1. 能指出布偶劇中主角的朋友 2. 能仿念說白節奏的部分字詞 3. 能跟著老師哼唱部分歌謠 4. 能至少指出一位好朋友	1. 能說出朋友的意義 2. 能自己念出說白節奏的字詞 3. 能自己唱出整首歌謠 4. 能說出兩位以上好朋友的名字
邏輯數學智能	1. 會跟著說白節奏打出每小節的第一拍，並能仿念「1」	1. 會跟著說白節奏打出每個字的節拍，且自行念出「1234」	1. 會跟著說白節奏打出每小節的第一拍，並能仿念「1」	1. 會跟著說白節奏打出每個字的節拍，且自行念出「1234」
空間智能	1. 會跟著教師示範，依據歌曲中的節拍，至少模仿做出快或慢的動作	1. 會自己跟著歌曲中的節拍，做出快和慢的動作	1. 能在教師提示、協助下，於圓圈座位內將手中的禮物送給另一個同儕	1. 能在教師指令下，於圓圈座位內將手中的禮物送給另一個同儕
肢體動覺智能	1. 會跟著歌曲中的節拍，至少模仿做出一個有規律的動作（例如：走走停）	1. 能自己全部做出歌曲中所有規律的動作（例如：走走停、跑跑停等）	1. 能仿做出音樂活動中與好朋友握手的動作 2. 能在教師提示、協助下，做出拔蘿蔔的動作	1. 能做出與好朋友握手、敬禮的動作 2. 能在教師指令下，作出拔蘿蔔的動作
音樂智能	1. 能至少模仿敲打一種節奏樂器	1. 能自己敲打一種節奏樂器	1. 能至少模仿敲打一種節奏樂器	1. 能自己敲打一種節奏樂器
人際智能	1. 在教師提示下，願意坐在同儕的旁邊至少兩分鐘	1. 願意主動坐在同儕的旁邊	1. 在教師提示下，願意坐在同儕的旁邊至少兩分鐘 2. 能在教師提示、協助下，願意與同儕一組參與音樂活動	1. 願意主動坐在同儕的旁邊 2. 願意與同儕一組參與音樂活動
內省智能	1. 能參與音樂活動至少兩分鐘	1. 能參與音樂活動至少十分鐘	1. 能參與音樂活動至少兩分鐘	1. 能參與音樂活動至少十二分鐘
自然觀察智能	1. 由觀察中，能至少仿做出一種動物特有的叫聲	1. 由觀察中，能全部做出與說出每一種動物的特有叫聲	1. 由觀察中，能至少仿做出一種動物特有的動作	1. 由觀察中，能全部做出與說出每一種動物的特有動作

續表 5-2

單元名稱 向度	有趣的音樂世界		好玩的紙	
	基本活動	進階活動	基本活動	進階活動
語文智能	1. 能指認日常生活常聽的聲音 2. 能仿念說白節奏的部分字詞 3. 能跟著老師哼唱部分歌謠 4. 能指出大或小的手勢所代表之意涵	1. 能說出日常生活常聽聲音所代表的意涵 2. 能自己念出說白節奏的字詞 3. 能自己唱出整首歌謠 4. 能做出大小、快慢、高低的相關動作所代表之意涵	1. 能指認常見之一種紙的產品 2. 能仿念說白節奏的部分字詞 3. 能跟著老師哼唱部分歌謠 4. 能至少指出說白節奏中的一項物件	1. 能指認常見之兩種以上紙的產品 2. 能自己念出說白節奏的字詞 3. 能自己唱出整首歌謠 4. 能全部說出說白節奏中的每一項物件
邏輯數學智能	1. 會跟著說白節奏打出每小節的第一拍，並能仿念「1」	1. 會跟著說白節奏打出每個字的節拍，且自行念出「1234」	1. 會跟著說白節奏打出每小節的第一拍，並能仿念「1」	1. 會跟著說白節奏打出每個字的節拍，且自行念出「1234」
空間智能	1. 能在教師提示、協助下，至少指出一個空間方位	1. 能至少指出兩個空間方位	1. 能在教師提示、協助下，於圓圈座位內進行音樂活動	1. 能在教師指令下，於圓圈座位內進行音樂活動
肢體動覺智能	1. 能跟著音樂至少仿做大或小一個手勢的動作	1. 能跟著音樂全部做出大小、快慢、高低的相關動作及手勢	1. 能至少仿做出音樂活動中一種紙類物件的動作	1. 能全部做出音樂活動中每一種紙類物件的動作
音樂智能	1. 能至少模仿敲打兩種節奏樂器	1. 能自己敲打至少三種節奏樂器	1. 能至少模仿敲打兩種節奏樂器	1. 能自己敲打至少三種節奏樂器
人際智能	1. 在教師提示下，願意坐在同儕的旁邊至少兩分鐘 2. 能在教師提示、協助下，願意與同儕一組參與音樂活動	1. 願意主動坐在同儕的旁邊 2. 願意與同儕一組參與音樂活動	1. 在教師提示下，願意坐在同儕的旁邊至少兩分鐘 2. 能在教師提示、協助下，聽到特殊段落做出兩個人一組的組合型式	1. 願意主動坐在同儕的旁邊 2. 能在教師指令下，聽到特殊段落做出兩個人一組、三個人一組的組合型式
內省智能	1. 能參與音樂活動至少三分鐘	1. 能參與音樂活動至少十二分鐘	1. 能參與音樂活動至少三分鐘	1. 能參與音樂活動至少十五分鐘
自然觀察智能	1. 在教師提示下，聽出鳥叫的聲音	1. 由觀察中，能在音樂中聽出鳥叫的聲音	1. 由觀察中，能至少指出某一類人物的特徵，如機器人	1. 由觀察中，能全部說出每一類人物的特徵，如機器人、稻草人、巨人

續表 5-2

單元名稱 \ 向度	快樂玩具店		春天來了	
	基本活動	進階活動	基本活動	進階活動
語文智能	1.會指認一種玩具的玩法 2.能仿念說白節奏的部分字詞 3.能跟著老師哼唱部分歌謠 4.能至少指說白節奏中的一種玩具	1.會說出三種以上玩具的玩法 2.能自己念出說白節奏的字詞 3.能自己唱出整首歌謠 4.能全部說出說白節奏中的每一種玩具名稱	1.會指認布偶劇中春天的圖 2.能仿念說白節奏的部分字詞 3.能跟著老師哼唱部分歌謠 4.能至少指出音樂律動中所稱的一種代表春天情境之事物	1.會說出春天的景物 2.能自己念出說白節奏的字詞 3.能自己唱出整首歌謠 4.能說出音樂律動中每一種代表春天情境之事物名稱
邏輯數學智能	1.會跟著說白節奏打出每小節的第一拍，並能仿念「1」	1.會跟著說白節奏打出每個字的節拍，且自行念出「1234」	1.會跟著說白節奏打出每小節的第一拍，並能仿念「1」	1.會跟著說白節奏打出每個字的節拍，且自行念出「1234」
空間智能	1.會跟著教師示範，依據歌曲中的節拍，至少模仿做出高或低的動作	1.會自己跟著歌曲中的節拍做出高與低的動作	1.能在教師提示、協助下，於圓圈座位中依春天音樂情境至少做出一種方向的動作	1.能在教師指令下，於圓圈座位中依春天音樂情境做出兩種以上方向的動作
肢體動覺智能	1.能至少仿做出音樂活動中一種玩具的動作	1.能全部做出音樂活動中每一種玩具的動作	1.能至少仿做出音樂活動中一種春天音樂情境之動作	1.能全部做出音樂活動中每一種春天音樂情境之動作
音樂智能	1.能至少模仿敲打一種節奏樂器	1.能自己敲打一種節奏樂器	1.能至少模仿敲打一種節奏樂器	1.能自己敲打一種節奏樂器
人際智能	1.在教師提示下，願意坐在同儕的旁邊至少一分鐘	1.願意主動坐在同儕的旁邊	1.在教師提示下，願意坐在同儕的旁邊至少一分鐘 2.能在教師提示、協助下，願意與同儕一組參與音樂活動	1.願意主動坐在同儕的旁邊 2.願意與同儕一組參與音樂活動
內省智能	1.能參與音樂活動至少兩分鐘	1.能參與音樂活動至少十分鐘	1.能參與音樂活動至少兩分鐘	1.能參與音樂活動至少十二分鐘
自然觀察智能	1.能透過觀察，至少指出音樂活動中一種玩具特有的特點	1.能透過觀察，全部指出音樂活動中每一種玩具特有的特點	1.能透過觀察，運用響棒至少仿做任一角色的動作，如兔子、小木偶……等	1.能透過觀察，運用響棒全部做出所有角色的動作，如兔子、小木偶……等

續表 5-2

單元名稱 向度	有趣的交通工具		好吃的食物	
	基本活動	進階活動	基本活動	進階活動
語文智能	1. 會指認一種常見的交通工具 2. 能仿念說白節奏的部分字詞 3. 能跟著老師哼唱部分歌謠 4. 能至少指出說白節奏中一種交通工具	1. 會說出歌曲中每一種常見的交通工具 2. 能自己念出說白節奏的字詞 3. 能自己唱出整首歌謠 4. 能說出說白節奏中每一種交通工具的名稱	1. 會指認一種常吃的食物 2. 能仿念說白節奏的部分字詞 3. 能跟著老師哼唱部分歌謠 4. 能至少指出說白節奏中的一項食物	1. 會說出歌曲中每一種常吃的食物 2. 能自己念出說白節奏的字詞 3. 能自己唱出整首歌謠 4. 能全部說出說白節奏中的每一項食物
邏輯數學智能	1. 會跟著說白節奏打出每小節的第一拍，並能仿念「1」	1. 會跟著說白節奏打出每個字的節拍，且自行念出「1234」	1. 會跟著說白節奏打出每小節的第一拍，並能仿念「1」	1. 會跟著說白節奏打出每個字的節拍，且自行念出「1234」
空間智能	1. 能在教師提示、協助下，做出開紙箱汽車的動作	1. 能依交通工具音樂情境，做出開紙箱汽車的動作	1. 能在教師提示、協助下，於圓圈座位內進行音樂活動	1. 能在教師指令下，於圓圈座位內進行音樂活動
肢體動覺智能	1. 能至少仿做出音樂活動中一種交通工具情境的動作	1. 能全部做出音樂活動中每一種交通工具情境的動作	1. 能至少仿做出音樂活動中一種食物的動作	1. 能全部做出音樂活動中每一種食物的動作
音樂智能	1. 能至少模仿敲打兩種節奏樂器 2. 能在教師提示、協助下，至少分辨出一種樂器的聲音	1. 能自己敲打至少三種節奏樂器 2. 能至少分辨出一種樂器的聲音	1. 能至少模仿敲打兩種節奏樂器 2. 能在教師提示、協助下，分辨出至少一種的樂器聲音	1. 能自己敲打至少三種節奏樂器 2. 能分辨出至少一種樂器的聲音
人際智能	1. 在教師提示下，願意坐在同儕的旁邊至少兩分鐘 2. 能在教師提示、協助下，願意與同儕一組參與音樂活動	1. 願意主動坐在同儕的旁邊 2. 願意與同儕一組參與音樂活動	1. 在教師提示下，願意坐在同儕的旁邊至少兩分鐘 2. 能在教師提示、協助下，願意與同儕一組參與音樂活動	1. 願意主動坐在同儕的旁邊 2. 願意與同儕一組參與音樂活動
內省智能	1. 能參與音樂活動至少三分鐘	1. 能參與音樂活動至少十五分鐘	1. 能參與音樂活動至少三分鐘	1. 能參與音樂活動至少十五分鐘
自然觀察智能	1. 能透過觀察，在教師提示下，發出一種交通工具的聲音	1. 能透過觀察，發出每一種交通工具的聲音	1. 能透過觀察，至少指認一種自己喜歡吃的食物特點	1. 能透過觀察，全部說出自己喜歡吃的所有食物特點

續表 5-2

單元名稱 / 向度	我的身體真奇妙		動物王國	
	基本活動	進階活動	基本活動	進階活動
語文智能	1. 會指認布偶劇中主角的五官 2. 能仿念說白節奏的部分字詞 3. 能至少指出說白節奏中的三種五官 4. 能跟著老師哼唱部分歌謠	1. 會說出布偶劇中主角的五官 2. 能自己念出說白節奏的字詞 3. 能全部說出說白節奏中的每一種五官名稱 4. 能自己唱出整首歌謠	1. 會指認布偶劇中的一種動物 2. 能仿念說白節奏的部分字詞 3. 能至少指出音樂律動中一種動物 4. 能跟著老師哼唱部分歌謠	1. 會說出布偶劇中的每一種動物 2. 能自己念出說白節奏的字詞 3. 能說出音樂律動中每一種動物名稱 4. 能自己唱出整首歌謠
邏輯數學智能	1. 會跟著說白節奏打出每小節的第一拍，並能仿念「1」	1. 會跟著說白節奏打出每個字的節拍，且自行念出「1234」	1. 會跟著說白節奏打出每小節的第一拍，並能仿念「1」	1 會跟著說白節奏打出每個字的節拍，且自行念出「1234」
空間智能	1. 會跟著教師示範，依據歌曲中的節拍，至少模仿做出前或後面之動作	1. 會自己跟著歌曲中的節拍做出前與後面之動作	1. 能在教師提示、協助下，於圓圈座位中至少做出一種動物動態式象徵性的動作	1. 能在教師指令下，於圓圈座位中做出代表所有動物動態式象徵性的動作
肢體動覺智能	1. 會跟著歌曲中的節拍至少模仿做出一個五官的動作	1. 能自己全部做出歌曲中所有五官的動作	1. 能至少仿做出音樂活動中其中一種動物靜態式象徵性的動作	1. 能全部做出音樂活動中每一種動物靜態式象徵性的動作
音樂智能	1. 能至少模仿敲打一種節奏樂器	1. 能自己敲打一種節奏樂器	1. 能至少模仿敲打一種節奏樂器	1. 能自己敲打一種節奏樂器
人際智能	1. 在教師提示下，願意坐在同儕的旁邊至少一分鐘	1. 願意主動坐在同儕的旁邊	1. 在教師提示下，願意坐在同儕的旁邊至少一分鐘 2. 能在教師提示、協助下，願意與同儕一組參與音樂活動	1. 願意主動坐在同儕的旁邊 2. 願意與同儕一組參與音樂活動
內省智能	1. 能參與音樂活動至少兩分鐘	1. 能參與音樂活動至少十分鐘	1. 能參與音樂活動至少兩分鐘	1. 能參與音樂活動至少十二分鐘
自然觀察智能	1. 能透過觀察，至少仿做出音樂活動中一種代表五官功能的動作	1. 能透過觀察，全部做出音樂活動中每一種代表五官功能的動作	1. 能透過觀察，至少仿做出音樂活動中一種動物象徵性的叫聲	1. 能透過觀察，全部做出音樂活動中每一種動物象徵性的叫聲

續表 5-2

單元名稱 / 向度	美麗的花園		冬天來了	
	基本活動	進階活動	基本活動	進階活動
語文智能	1. 會指認布偶劇中一種花的顏色 2. 能仿念說白節奏的部分字詞 3. 能跟著老師哼唱部分歌謠 4. 能至少指出音樂律動中一種植物	1. 會說出布偶劇中每一種花的顏色 2. 能自己念出說白節奏的字詞 3. 能自己唱出整首歌謠 4. 能說出音樂律動中每一種植物	1. 會指認布偶劇中冬天的圖 2. 能仿念說白節奏的部分字詞 3. 能跟著老師哼唱部分歌謠 4. 能至少指出音樂律動中所稱一種代表冬天情境的事物	1. 會說出冬天的景物 2. 能自己念出說白節奏的字詞 3. 能自己唱出整首歌謠 4. 能全部說出說白節奏中每一項代表冬天情境的事物
邏輯數學智能	1. 會跟著說白節奏打出每小節的第一拍，並能仿念「1」	1. 會跟著說白節奏打出每個字的節拍，且自行念「1234」	1. 會跟著說白節奏打出每小節的第一拍，並能仿念「1」	1. 會跟著說白節奏打出每個字的節拍，且自行念出「1234」
空間智能	1. 能在教師提示、協助下，至少做出一種象徵花開的動作	1. 能依花園音樂情境做出所有象徵花開的動作	1. 能在教師提示、協助下，於圓圈座位內進行音樂活動	1. 能在教師指令下，於圓圈座位內進行音樂活動
肢體動覺智能	1. 能至少仿做出音樂活動中一種花的動作	1. 能全部做出音樂活動中每一種花的動作	1. 能在教師提示、協助下，依冬天音樂情境至少做出一種象徵冬眠的動作	1. 能依冬天音樂情境，做出所有象徵冬眠的動作
音樂智能	1. 能至少模仿敲打兩種節奏樂器 2. 能在教師提示、協助下，至少分辨出一種樂器的聲音	1. 能自己敲打至少三種節奏樂器 2. 能至少分辨出一種樂器的聲音	1. 能至少模仿敲打兩種節奏樂器 2. 能在教師提示、協助下，至少分辨出一種樂器的聲音	1. 能自己敲打至少三種節奏樂器 2. 能至少分辨出一種樂器的聲音
人際智能	1. 在教師提示下，願意坐在同儕的旁邊至少兩分鐘 2. 能在教師提示、協助下，願意與同儕一組參與音樂活動	1. 願意主動坐在同儕的旁邊 2. 願意與同儕一組參與音樂活動	1. 在教師提示下，願意坐在同儕的旁邊至少兩分鐘 2. 能在教師提示、協助下，願意與同儕一組參與音樂活動	1. 願意主動坐在同儕的旁邊 2. 願意與同儕一組參與音樂活動
內省智能	1. 能參與音樂活動至少三分鐘	1. 能參與音樂活動至少十五分鐘	1. 能參與音樂活動至少三分鐘	1. 能參與音樂活動至少十五分鐘
自然觀察智能	1. 在教師提示下，運用絲巾做出所觀察到花開或花謝的動作	1. 能透過觀察，邊聽音樂，並運用絲巾做出花開和花謝的動作	1. 能透過觀察，仿做冷風忽快或忽慢的動作	1. 能透過觀察，做出冷風忽快和忽慢的動作

續表 5-2

單元名稱 向度	辛苦的農夫		偉大的爸媽	
	基本活動	進階活動	基本活動	進階活動
語文智能	1. 會指認布偶劇中哪一個是農夫的角色 2. 能仿念說白節奏的部分字詞 3. 能跟著老師哼唱部分歌謠 4. 能至少指出說白節奏中一種農夫下田工作項目的圖卡，如插秧	1. 會說出布偶劇中每一個角色 2. 能自己念出說白節奏的字詞 3. 能自己唱出整首歌謠 4. 能全部說出說白節奏中農夫下田的工作項目名稱，如插秧、施肥、除蟲等	1. 會指認布偶劇中爸爸或媽媽的角色 2. 能仿念說白節奏的部分字詞 3. 能跟著老師哼唱部分歌謠 4. 能至少指出音樂律動中一種打掃工作，如擦桌子	1. 會說出布偶劇中每一個角色 2. 能自己念出說白節奏的字詞 3. 能自己唱出整首歌謠 4. 能說出音樂律動中每一種打掃工作名稱，如擦桌子、掃地、拖地
邏輯數學智能	1. 會跟著說白節奏打出每小節的第一拍，並能仿念「1」	1. 會跟著說白節奏打出每個字的節拍，且自行念出「1234」	1. 會跟著說白節奏打出每小節的第一拍，並能仿念「1」	1. 會跟著說白節奏打出每個字的節拍，且自行念出「1234」
空間智能	1. 會跟著教師示範，依據歌曲中的節拍，至少模仿做出象徵稻子向上長大之動作	1. 會自己跟著歌曲中的節拍做出象徵稻子向上慢慢漸進長大及稻穗成熟之動作	1. 能在教師提示、協助下，於圓圈座位中至少做出看到老鷹就躲起來的動作	1. 能在教師指令下，於圓圈座位中依情境做出母雞保護小雞、躲老鷹、老鷹飛來等不同角色之動作
肢體動覺智能	1. 會跟著音樂律動中的節拍至少模仿做出洗米步驟中的一種動作	1. 能自己全部做出音樂律動中所有洗米步驟的動作	1. 能至少仿做出音樂活動中模擬幫忙爸媽搥背的一種動作	1. 能全部做出音樂活動中模擬幫忙爸媽搥背的動作
音樂智能	1. 能至少模仿敲打兩種節奏樂器	1. 能自己敲打三種節奏樂器	1. 能至少模仿敲打兩種節奏樂器	1. 能自己敲打三種節奏樂器
人際智能	1. 在教師提示下，願意坐在同儕的旁邊至少三分鐘 2. 能在教師提示、協助下，願意與同儕一組參與音樂活動	1. 願意主動回答老師問題 2. 願意與同儕一組參與音樂活動	1. 在教師提示下，願意坐在同儕的旁邊至少三分鐘 2. 能在教師提示、協助下，願意與同儕一組參與音樂活動	1. 願意主動回答老師問題 2. 願意與同儕一組參與音樂活動
內省智能	1. 能參與音樂活動至少三分鐘	1. 能參與音樂活動至少十五分鐘	1. 能參與音樂活動至少三分鐘	1. 能參與音樂活動至少十五分鐘
自然觀察智能	1. 能透過觀察，至少仿做出音樂活動中一種代表農夫下田的動作	1. 能透過觀察，全部做出音樂活動中每一種代表農夫下田的動作	1. 能透過觀察，至少仿做出日常生活中一種打掃的動作	1. 能透過觀察，全部做出日常生活中每一種打掃的動作

續表 5-2

向度＼單元名稱	我愛我的家		夏天來了	
	基本活動	進階活動	基本活動	進階活動
語文智能	1. 會指認布偶劇中一位家人的角色 2. 能仿念說白節奏的部分字詞 3. 能跟著老師哼唱部分歌謠 4. 能至少指出一位在家中喜歡與他分享的成員稱謂	1. 會說出布偶劇中每一個角色 2. 能自己念出說白節奏的字詞 3. 能自己唱出整首歌謠 4. 能說出在家中喜歡與他分享的成員稱謂及分享的事	1. 會指認布偶劇中夏天的圖 2. 能仿念說白節奏的部分字詞 3. 能跟著老師哼唱部分歌謠 4. 能至少指出音樂律動中所稱一種代表夏天情境的事物	1. 會說出夏天的景物 2. 能自己念出說白節奏的字詞 3. 能自己唱出整首歌謠 4. 能全部說出說白節奏中每一項代表夏天情境的事物
邏輯數學智能	1. 會跟著說白節奏打出每小節的第一拍，並能仿念「1」	1. 會跟著說白節奏打出每個字的節拍，且自行念出「1234」	1. 會跟著說白節奏打出每小節的第一拍，並能仿念「1」	1. 會跟著說白節奏打出每個字的節拍，且自行念出「1234」
空間智能	1. 能在教師提示、協助下，至少做出一種與家人出遊的活動	1. 能依音樂情境做出與家人出遊所有活動的動作	1. 能在教師提示下，於圓圈座位內進行夏天動物出遊的音樂活動	1. 能主動參與圓圈座位內夏天動物出遊的音樂活動
肢體動覺智能	1. 能至少仿做出歌曲中的三種情境動作	1. 能全部做出歌曲中的每一種情境的動作	1. 能在教師提示下，依夏天音樂情境至少做出一種象徵夏天動物的動作	1. 能依夏天音樂情境，做出所有象徵夏天動物的動作
音樂智能	1. 能至少模仿敲打兩種節奏樂器 2. 能在教師提示下，至少分辨出一種樂器的聲音	1. 能自己敲打至少三種節奏樂器 2. 能至少分辨出一種樂器的聲音	1. 能至少模仿敲打兩種節奏樂器 2. 能在教師提示下，至少分辨出一種樂器的聲音	1. 能自己敲打至少三種節奏樂器 2. 能至少分辨出一種樂器的聲音
人際智能	1. 在教師提示下，願意坐在同儕的旁邊至少五分鐘 2. 能在教師提示下，願意與同儕一組參與音樂活動	1. 願意主動回答老師問題 2. 願意與同儕一組參與音樂活動的討論	1. 在教師提示下，願意坐在同儕的旁邊至少五分鐘 2. 能在教師提示下，願意與同儕一組參與音樂活動	1. 願意主動回答老師問題 2. 願意和同儕一組參與音樂活動發表之相關討論
內省智能	1. 能參與音樂活動至少五分鐘	1. 能參與音樂活動至少二十分鐘	1. 能參與音樂活動至少五分鐘	1. 能參與音樂活動至少二十分鐘
自然觀察智能	1. 在教師提示下，能透過觀察做出與家人爬山、划船的動作	1. 能一邊聽音樂，透過自然觀察一邊做出爬山、划船、看大象、聞花香的動作	1. 能透過觀察，至少仿做夏天太陽出來、下雨或颱風的動作	1. 能透過觀察，全部做出夏天太陽出來、下雨、颱風及四種動物出來又躲起來的動作

▶ 伍、連續四學期音樂教學活動內容分析

　　就多元智能之課程設計而言，Checkley（1997）提出在任何教學主題之設計，必須運用超過一種以上的智能內涵，才是多元智能理論的觀點；Campbell 等人（2004）建議可運用三或四種的智能內涵，來進行多元智能之活動設計。作者歸納相關學者對於多元智能課程設計之看法，進一步規畫本書各類音樂活動至少對應於一種智能內涵，而每個大單元皆運用語文、邏輯數學、空間、肢體動覺、音樂、人際、內省、自然觀察等八種多元智能內涵來設計九種音樂活動內容。

　　四學期縱貫式音樂實驗方案中，每學期各設計四大單元，各個大單元包含三節的音樂活動內容，且編擬每週一節課三十分鐘之教學活動；第一節課教學流程包括「師生問候歌」（或「暖身歌曲」）、「點名歌」、「布偶音樂劇場」、「說白節奏」、「音樂律動」、「師生再見歌」；第二節課有「師生問候歌」（或「暖身歌曲」）、「點名歌」、「音樂故事聯想」、「手指音樂遊戲」、「歌曲教唱」、「師生再見歌」；第三節課為「師生問候歌」（或「暖身歌曲」）、「點名歌」、「音樂溝通遊戲」、「打擊樂器」、「即興表演」、「師生再見歌」。其中每節課固定進行「師生問候歌」（或「暖身歌曲」）、「點名歌」、「師生再見歌」三個教學活動，分項說明如下：

一、師生問候歌（或「暖身歌曲」）

　　作者於每次音樂活動開始之際，以自編「師生問候歌」（或「暖身歌曲」）揭開此一教學的序幕，這個音樂活動主要是與人際智能相互呼應。

二、點名歌

　　每次音樂活動皆進行「點名歌」活動，讓幼兒聽到自己的名字能有所回應，同時也能認識其他同儕的名字；作者一邊手拿布偶與幼兒一起唱點名歌，一邊則是指導點到名字的幼兒，以敲樂器之音樂型式來進行點名活動。每學期前六次的音樂活動，會先由作者主動拿樂器到每位幼兒面前，讓其進行點名回應活動，此時作者透過與幼兒近距離的互動，和幼兒之間建立正向關係；待幼兒熟悉教學流程後，後六次則安排幼兒聽到自己名字時，走到圓心放置樂器區域，自行敲樂器

完成點名回應活動，以逐步建立團體活動規範，此活動主要對應於人際智能、肢體動覺智能、內省智能。

三、師生再見歌

教學活動接近尾聲時，運用自編「師生再見歌」，讓幼兒建立此一活動結束的概念，這個活動主要是和人際智能彼此對應。

深究本書整體音樂活動設計，各類音樂活動至少對應於一種智能內涵，並依照各單元主題的設計目標不同，增加相屬的智能內涵；從各單元的教學脈絡分析，第一節課的教學重點在於「布偶音樂劇場」、「說白節奏」、「音樂律動」等三種音樂活動類型，第二節課的教學重點則是「音樂故事聯想」、「手指音樂遊戲」、「歌曲教唱」等三種音樂活動類型，第三節課的教學重點在於「音樂溝通遊戲」、「打擊樂器」、「即興表演」等三種音樂活動類型，茲分別臚列如後：

一、第一節課的教學重點

㈠布偶音樂劇場

一開始作者運用「布偶音樂劇場」的活動，引發幼兒探知教學內容之動機及提升學習的參與感；也藉由布偶之間的對話，幫助幼兒對於教學單元內容及本身相屬的生活經驗，有一初步的認識與統整，此一音樂活動主要對應的是內省智能、自然觀察智能。

㈡說白節奏

接下來，作者將該單元內容以簡單的「說白節奏」型式呈現；讓幼兒從朗朗上口的簡易兒歌中，加深相關認知概念，提升其語彙運用及口語表達的能力，此活動主要對應的是語文智能。

㈢音樂律動

「音樂律動」是作者為了強化幼兒對此一教學單元之記憶，不僅運用說白節奏的活動設計，同時指導幼兒跟著主題相關的背景音樂，運用手勢、肢體動作，做出與說白節奏內容相互對應的動作，例如「我的身體真奇妙」單元中，讓幼兒用手做出眼睛看東西、耳朵聽聲音的動作；藉由邊聽、邊看、邊做動作，提升其多感官學習管道之靈活使用的能力，此種類型活動主要對應於肢體動覺智能、音

樂智能、自然觀察智能。

二、第二節課的教學重點

㈠音樂故事聯想

作者運用「音樂故事聯想」的型式，串連「布偶音樂劇場」、「說白節奏」之內容核心，以另一個活動型態展現此一單元之教學內涵；讓幼兒從聆聽音樂故事劇情中，進行與故事情境中相關的肢體動作，同時讓幼兒體會音樂旋律所流露出的意境，以激發其想像力與聯想力，例如在「冬天來了」單元裡，讓幼兒聆聽韋瓦第的「冬天」，並且讓幼兒自選一條絲巾，指導幼兒從音樂速度漸快的意境中，漸快地揮動手上的絲巾，亦即讓幼兒從音樂故事中，體驗冬天的情景，以及冷風速度愈來愈快的感覺，此活動主要對應的是肢體動覺智能、音樂智能、自然觀察智能。

㈡手指音樂遊戲

「手指音樂遊戲」大多結合單元主題中的音樂故事聯想或是說白節奏，主要是以手指的型態，進行相關的音樂遊戲，例如在「春天來了」單元中，可運用手指做出自編兒歌中的樹、草、花、蝴蝶、蝸牛、種子等動作；並且也可以與同儕一起合作完成故事意境中的動作，例如在「美麗的花園」單元中，教師讓幼兒圍個圈，想像自己是花園中的一朵花，一邊聆聽音樂，一邊輪流綻放自己手中的絲巾花，此項活動主要是與肢體動覺智能、人際智能、自然觀察智能相互對應。

㈢歌曲教唱

「歌曲教唱」係延伸「說白節奏」的內容，以歌曲的型式，提高幼兒對基本概念之認知，此類型活動主要對應的是語文智能、音樂智能。

三、第三節課的教學重點

㈠音樂溝通遊戲

「音樂溝通遊戲」係透過背景音樂、單元主題音樂、律動音樂，與同儕進行由單元主題所建構的溝通活動；指導幼兒從不同人數組合之方式中，與同伴建立友誼關係，此項活動主要是與邏輯數學智能、空間智能、人際智能相互對應。

(二)打擊樂器

「打擊樂器」活動乃結合單元主題，設計相關樂器的演奏活動，亦即指導幼兒在不同音樂段落呈現時，依序由不同樂器來代表此一主題中所描述事件的角色，例如在「冬天來了」單元裡，「鼓」代表「冬天來了」、「沙鈴」代表「樹葉掉落的沙沙聲」、「響棒」代表「草」、「音樂鐘」代表「花」、「辣齒」代表「冷風一陣陣呼呼地吹來」、「鑼」代表「好冷的感受」，此種類型活動主要對應的是音樂智能、人際智能。

(三)即興表演

「即興表演」亦運用背景音樂、單元主題音樂、律動音樂，引導幼兒根據該事物之象徵性動作，進一步展現個人創意動作；同時分享自己獨特動作之想法，此一音樂活動主要對應的是肢體動覺智能、內省智能。

作者將上述音樂活動類型及其所對應之多元智能內涵加以整理，如表5-3所示。

表 5-3　本書學前融合班音樂活動類型及其所對應之多元智能內涵

音樂活動類型	與其對應之多元智能內涵
布偶音樂劇場	內省智能、自然觀察智能
說白節奏	語文智能
音樂律動	肢體動覺智能、音樂智能、自然觀察智能
音樂故事聯想	肢體動覺智能、音樂智能、自然觀察智能
手指音樂遊戲	肢體動覺智能、人際智能、自然觀察智能
歌曲教唱	語文智能、音樂智能
音樂溝通遊戲	邏輯數學智能、空間智能、人際智能
打擊樂器	音樂智能、人際智能
即興表演	肢體動覺智能、內省智能

綜合上述內容分析，每單元活動設計採取循序漸進原則，每單元內容設計分為兩個階段，第一階段內容係屬於基本型的教學活動，包括有「布偶音樂劇場」、「說白節奏」、「音樂律動」，第二階段內容屬於延伸基本型的教學活動，有「音樂故事聯想」、「手指音樂遊戲」、「歌曲教唱」、「音樂溝通遊戲」、「打擊樂器」、「即興表演」，茲加以彙整如表5-4所列。

表 5-4　本書學前融合班兩階段設計之音樂教學活動類型

階段設計內容	教學活動類型
基本型的教學活動	布偶音樂劇場、說白節奏、音樂律動
延伸基本型的教學活動	音樂故事聯想、手指音樂遊戲、歌曲教唱、音樂溝通遊戲、打擊樂器、即興表演

　　作者茲將本書多元智能觀點融入音樂活動編製之十六大單元內容摘要分析，詳見表 5-5。在「音樂活動類型」敘述方面，作者以「a」代表說白節奏、以「b」代表音樂溝通遊戲、以「c」代表音樂律動、以「d」代表手指音樂遊戲、以「e」代表即興表演、以「f」代表打擊樂器、以「g」代表歌曲教唱、以「h」代表音樂故事聯想、以「i」代表布偶音樂劇場；在「多元智能向度」敘述方面，作者以「1」代表語文智能、以「2」代表邏輯數學智能、以「3」代表空間智能、以「4」代表肢體動覺智能、以「5」代表音樂智能、以「6」代表人際智能、以「7」代表內省智能、以「8」代表自然觀察智能，以便於讀者對應本書所設計的音樂教學活動係屬於哪一類的音樂活動類型，或是隸屬於多元智能中的哪幾個向度。

　　為了配合學前融合班行事曆，每一學期各進行四大單元十二節的教學活動；每個單元皆涵蓋九種音樂活動類型及八種多元智能內涵。

表5-5　多元智能觀點之十六大單元音樂活動內容摘要分析對照表

單元名稱	說白節奏遊戲	音樂溝通遊戲	音樂律動	手指音樂遊戲	即興表演	打擊樂器	歌曲教唱	音樂故事聯想	布偶音樂劇場	主要音樂活動內容摘要分析	語文	邏輯數學	空間	肢體動覺	音樂	人際	內省	自然觀察
大家來動一動	a								i	◎動物布偶劇場。	1						7	8
					f					◎教師指導幼兒跟著說白節奏，用手和響板打出節奏。	1				5	6		
			c	d			g			◎教師引導幼兒將說白節奏轉為歌謠型式進行。	1			4	5	6		8
			c		e					◎教師引導幼兒全身動一動（結合動作、節拍、身體、方位）			3	4	5		7	8
		b	c							◎教師藉由「走走停」歌曲引導幼兒做出幾種動物動作。		2	3	4	5	6		8
								h		◎教師藉由音樂故事引導幼兒學大象、企鵝等動作。				4	5			8
	a		c							◎教師針對四種動物加以延伸為六種動物之音樂活動。	1		3	4	5			8
我們都是好朋友									i	◎教師透過布偶音樂劇，與幼兒分享我們都是好朋友的故事。						6	7	8
	a						g			◎教師引導幼兒進行「我們都是好朋友」之說白節奏及歌曲教唱。	1				5	6	7	
	a				f					◎教師讓幼兒運用手臂、手掌模擬響板進行說白節奏。	1			4	5	6		
		b								◎教師運用「找一個好朋友」歌謠，引導幼兒拿禮物給同儕。		2	3			6	7	
			c	d			g			◎教師先解說與示範，再安排每兩位幼兒一組成為好朋友，可將歌詞調整為「我們都是好朋友，點點頭呀，握握手，敬個禮呀，繞一圈，我們一起學企鵝走路，我們相親又相愛」。	1	2		4	5	6		8
		b						h		◎教師運用「找一個好朋友」歌謠，將歌詞調整為拔蘿蔔的情境故事，以建立幼兒與同儕合作之概念。		2	3	4		6		8
						e				◎教師指導幼兒每聽完一段音樂後，請幼兒做出指定動作：拔蘿蔔、兔子跑、毛毛蟲扭、青蛙跳、企鵝搖、蝴蝶飛、大象走路。				4	5		7	8

續表 5-5

單元名稱	說白節奏	音樂溝通遊戲	音樂律動	手指音樂遊戲	即興表演	打擊樂器	歌曲教唱	音樂故事聯想	布偶音樂劇場	主要音樂活動內容摘要分析	語文	邏輯數學	空間	肢體動覺	音樂	人際	內省	自然觀察
有趣的音樂世界					f					◎教師指導幼兒唱到點名歌「在這裡」時，敲音磚三下。	1				5	6		
								h	i	◎教師以布偶及故事引導大與小（快/慢、高/低）的手勢。	1	2	3	4	5		7	8
		b		d	e			h		◎運用有趣音樂辨認快慢（大黃蜂的飛行；天鵝湖）、大小（胡桃鉗組曲）、高低（青蛙歌曲）。		2	3	4	5	6	7	8
						f				◎教師指導幼兒進行辨識樂器的名稱與位置，在四個方位擺放不同樂器（音樂鐘、鼓、鈴鼓、沙鈴、木魚等）。			3		5	6		8
	a					f	g			◎教師指導幼兒運用歌謠，進行敲擊樂器的活動。	1				5	6		
								h		◎教師介紹常見的特殊節慶音樂與相關故事。	1			4	5			8
						f				◎教師指導幼兒依大與小的音量來進行節奏樂器演奏。		2			5	6		
			c		e					◎進行「音樂的小音符」歌曲律動。			3	4		6	7	8
			c					h		◎教師引導幼兒聆聽音樂故事，並做出彈舌、拍手等聽音遊戲與音樂反應練習。				4	5			8
好玩的紙			c					h	i	◎教師以布偶及故事引導，將船、紙箱火車、紙杯、紙盒等四項物件放在學生面前，並指導幼兒進行律動遊戲。	1			4			7	8
	a		c	d			g			◎教師引導幼兒將「好玩的紙」說白節奏轉為歌謠型式進行。	1			4	5	6		8
						f		h		◎運用竹片、石頭、雙手等方式，進行高低聲音的區辨。				4	5	6	7	8
		b	c							◎教師指導幼兒在聽到特殊段落時，做出機器人、土人、大巨人、稻草人、木頭人、聖誕老人……等動作，及變換不同人數組合的型態。	1	2	3	4		6		8
			c		e					◎教師引導幼兒邊唱邊進行律動，間奏音樂時，讓幼兒手拿相關道具進行即興表演。				4	5	6	7	8

續表 5-5

單元名稱	說白節奏	音樂溝通遊戲	音樂律動	手指音樂遊戲	即興表演	打擊樂器	歌曲教唱	音樂故事聯想	布偶音樂劇場	主要音樂活動內容摘要分析	語文	邏輯數學	空間	肢體動覺	音樂	人際	內省	自然觀察
快樂玩具店	a						g		i	◎布偶買東西的對話：每位幼兒輪流說一種想買的玩具名稱。	1				5		7	8
		b								◎教師指導幼兒聽音樂輪流買東西。		2	3			6	7	
			c	d				h		◎律動：指導幼兒運用幾種方式進行買東西遊戲。				4	5	6		8
	a					f	g			◎│5 55 33│5---││我想要買汽車／娃娃（拍腿／敲響棒）。	1				5	6	7	
					e					◎教師指導幼兒模仿幾種玩具的動作。			3	4			7	8
		b								◎當聽到A段音樂時，幼兒隨著音樂往前走；聽到B段音樂時，則原地停止。		2	3		5	6		
春天來了								h		◎教師一邊讓幼兒聆聽韋瓦第的「春天」，一邊讓幼兒輪流在春天為主題的海報上，黏貼樹、草等若干在春天會出現的代表景物及蝴蝶、蝸牛等動物，藉由圖像來加深幼兒對春天景物之記憶。	1	2	3	4	5			8
				d					i	◎聽布偶所演出的音樂故事，進行手指遊戲。			3	4	5	6	7	8
		b			e					◎律動：各組分別由一種植物種子發芽長大，再全班共同成為一種植物漸次地長大。		2	3	4		6	7	8
					e	f				◎樂器～響棒遊戲：讓幼兒聽音樂兩手拿響棒，每段落做出模仿動物或人物的動作，如兔子、小木偶……等。		2	3	4	5	6		8
	a		c				g			◎教師引導幼兒進行「春天來了」說白節奏及歌曲教唱。	1				5			8
						f				◎教師指導幼兒在不同音樂段落呈現時，依序由不同樂器代表春天景物中不同的角色：(1)鑼：揭開春天的序曲；(2)鼓：樹；(3)鈴鼓：草；(4)音樂鐘：花；(5)響板：蝴蝶；(6)高低木魚：蝸牛；(7)自製沙鈴：種子。					5	6		

續表 5-5

單元名稱	說白節奏	音樂溝通遊戲	音樂律動	手指音樂遊戲	即興音樂表演	打擊樂器	歌曲教唱	音樂故事聯想	布偶音樂劇場	主要音樂活動內容摘要分析	語文	邏輯數學	空間	肢體動覺	音樂	人際	內省	自然觀察
有趣的交通工具								h	i	◎教師運用布偶說故事，一邊讓幼兒聆聽交通工具的背景音樂，一邊讓幼兒輪流在交通工具為主題的海報上，黏貼若干交通工具圖卡。	1			4	5		7	8
	a		c	d	e		g			◎「有趣的交通工具」說白節奏、手指遊戲、歌曲教唱及律動。	1			4	5	6	7	8
		b				f				◎節奏樂器：教師唱到某個交通工具時，請幼兒敲特定樂器。每項樂器則是代表不同的交通工具：(1)鈴鼓：汽車；(2)玩具棒槌：摩托車；(3)銅鐘：腳踏車；(4)手搖鈴：火車；(5)雙頭木魚：飛機；(6)刮胡：輪船。		2	3		5	6		8
好吃的食物						f				◎點名歌：唱到「在這裡」時，搖水果沙鈴三下。				4	5	6		
									i	◎布偶對話：喜歡吃水果蔬菜。							7	8
						f		h		◎水果、蔬菜沙鈴之介紹，並找出哪些是有聲音的水果蔬菜沙鈴，進行分類遊戲與敲擊樂器活動。				4		6		8
	a						g			◎說白節奏及歌曲教唱：教師運用水果沙鈴與水果模型示範說白節奏，並讓幼兒自選想使用的水果沙鈴；當幼兒熟悉水果遊戲之後，再進行蔬菜遊戲。	1				5		7	
			c			f				◎節奏樂器：當出現A段音樂時，幼兒則搖動手中的水果蔬菜沙鈴；當呈現B段音樂時，幼兒不發出聲音。		2	3	4	5	6		8
		b			e	f				◎律動：呈現A段音樂時，幼兒邊走邊做出摘水果蔬菜的動作；B段音樂時，幼兒面對圓心搖動手中的水果蔬菜沙鈴。		2	3	4	5	6	7	
				d				h		◎水果蔬菜湯的音樂故事及遊戲。	1			4		6	7	8

續表 5-5

類別／單元名稱	說白節奏	音樂溝通遊戲	音樂律動	手指音樂遊戲	即興表演	打擊樂器	歌曲教唱	音樂故事聯想	布偶音樂劇場	主要音樂活動內容摘要分析	語文	邏輯數學	空間	肢體動覺	音樂	人際	內省	自然觀察
我的身體真奇妙									i	◎布偶對話：從對話中具體舉例說明五官的功能。	1						7	8
	a		c	d			g	h		◎教師先針對「我的身體真奇妙」進行說白節奏及律動，此外，教師再根據五官各主角進行音樂故事聯想的遊戲。	1			4	5	6	7	8
						f				◎教師引導幼兒跟著說白節奏的節拍敲打響棒。	1				5	6		
					e					◎教師指導幼兒在聽到不同的音樂段落時，分別將響棒輕放在眼睛（望遠鏡）、耳朵（聽筒）、鼻子（大象）、嘴巴（吹笛子）的位置，以加深自己身體五官位置的印象。			3	4	5		7	8
		b								◎當聽到A段音樂時，教師指導幼兒繞圈往右走；聽到B段音樂時，教師指導幼兒兩人一組分別將手、腳、臀部貼在一起。		2	3	4	5	6		
動物王國								h	i	◎動物布偶對話：從對話中舉例說明森林、動物園有哪些常見的動物。	1	2		4			7	8
	a					f	g			◎說白節奏及律動：教師拿出動物布偶，與幼兒共同討論常見動物的外形特徵、叫聲及動作，並引導幼兒在聽到規律節拍時，敲打響棒三下；此外，指導幼兒模仿動物叫聲及動作。	1		3	4	5	6		
		b			e					◎動物舞曲律動：教師指導幼兒聽到固定音樂段落時，仿做常見動物的叫聲及動作。		2	3	4		6	7	
			c	d						◎動物音樂律動：教師事先收錄幾種常見動物情境型式的古典音樂，並且指導幼兒邊聽音樂故事，邊同步配合音樂做出手指遊戲及音樂律動的遊戲。				4	5	6	7	8

續表 5-5

類別	音樂活動類型								主要音樂活動內容摘要分析	多元智能向度							
單元名稱	說白節奏	音樂溝通遊戲	音樂律動	手指音樂遊戲	即興表演	打擊樂器	歌曲教唱	音樂故事聯想	布偶音樂劇場		語文	邏輯數學	空間	肢體動覺	音樂	人際	內省	自然觀察
美麗的花園								h	i	◎教師運用布偶說故事，一邊讓幼兒聆聽美麗花園的情境音樂，一邊讓幼兒輪流在美麗花園為主題的海報上，黏貼幼兒自選的花朵。				4	5		7	8
	a		c			f	g			◎進行「美麗的花園」說白節奏、歌曲教唱、節奏樂器活動，同時讓幼兒邊唱歌邊進行若干種不同顏色之花開花謝的遊戲。	1	2		4	5		7	8
		b		d	e					◎音樂律動及手指遊戲：教師指導幼兒，手拿絲巾模擬自己是花園中的花朵，進行發芽、長葉、開花之動作。		2	3	4		6	7	8
冬天來了								h	i	◎教師一邊讓幼兒聆聽韋瓦第的「冬天」，一邊輪流讓幼兒在冬天主題的海報上，黏貼冬天時被冷風吹落的葉子。		2	3	4	5		7	8
				d						◎教師指導幼兒聽布偶所演出的音樂故事，並進行手指遊戲。				4		6		8
			c		e					◎律動：教師將冬天常見且具有代表性的景物，串連成冬天主題之律動動作。				4	5		7	8
		b						h		◎音樂故事聯想：教師指導幼兒聆聽韋瓦第的「冬天」，從音樂速度漸快的意境中，漸快地揮動手上的絲巾，並從音樂故事中，體驗冬天冷風速度愈來愈快的感覺。		2	3	4	5	6		8
	a						g			◎教師針對「冬天來了」進行說白節奏、歌曲教唱活動；此外，在冷風情境時，讓幼兒模擬發出發抖的聲音與動作。	1				5			
						f				◎教師指導幼兒在不同音樂段落呈現時，依序由不同樂器代表冬天景物中不同的角色：⑴鼓：冬天來了；⑵沙鈴：樹葉；⑶響棒：草；⑷音樂鐘：花；⑸辣齒：冷風；⑹鑼：好冷的感受。					5	6		

續表 5-5

單元名稱	說白節奏	音樂溝通遊戲	音樂律動	手指音樂遊戲	即興表演	打擊樂器	歌曲教唱	音樂故事聯想	布偶音樂劇場	主要音樂活動內容摘要分析	語文	邏輯數學	空間	肢體動覺	音樂	人際	內省	自然觀察
辛苦的農夫									i	◎布偶對話：從對話中具體舉例農夫下田工作項目。	1						7	8
	a		c	d				g	h	◎進行「辛苦的農夫」說白節奏及律動，同時也針對農夫下田情境進行手指遊戲、音樂故事聯想的遊戲。	1			4	5	6	7	
						f				◎教師引導幼兒跟著說白節奏的節拍敲打曼波鼓。	1				5	6		
					e					◎教導每位幼兒輪流擔任農夫的角色，當聽到 A 段音樂時，則做出插秧、施肥、除蟲等動作；聽到 B 段音樂時，其他幼兒扮演稻子，能隨著音樂一株、一株分別地長高。			3	4	5		7	8
		b								◎引導幼兒兩個人一組，當聽到 A 段音樂時，則指導其中一位幼兒扮演農夫，做出插秧、施肥、除蟲等動作；聽到 B 段音樂時，指導另一位幼兒扮演稻子，能隨著音樂一起漸進長大。		2	3	4	5	6		8
偉大的爸媽								h	i	◎動物布偶對話：從對話中舉出照顧我們的父母或其他照顧者，都一樣很辛苦地教養我們長大，並依音樂情境進行故事聯想。	1			4			7	8
	a					f	g			◎說白節奏、歌曲及樂器活動：教師引導幼兒跟著單元主題歌曲，進行相關說白節奏、歌曲及樂器活動。	1		3	4	5	6		
		b			e					◎指導幼兒在教師指令下，於圓圈座位中，依情境做出老鷹飛來、躲老鷹等動作。		2	3	4		6	7	
			c	d						◎指導幼兒聆聽律動音樂，進行掃地、拖地、擦窗、擦桌、倒垃圾之律動的動作及手指遊戲。				4	5	6	7	8

續表 5-5

類別 單元名稱	音樂活動類型 說白節奏	音樂溝通遊戲	音樂律動	手指音樂遊戲	即興表演	打擊樂器	歌曲教唱	音樂故事聯想	布偶音樂劇場	主要音樂活動內容摘要分析	多元智能向度 語文	邏輯數學	空間	肢體動覺	音樂	人際	內省	自然觀察
我愛我的家								h	i	◎教師運用布偶對話，討論在家喜歡與誰分享，並依音樂情境，進行與家人出遊之音樂故事聯想的遊戲。				4	5		7	8
	a					f	g			◎進行「我愛我的家」說白節奏、歌曲教唱、節奏樂器活動。	1	2		4	5		7	8
		b	c	d	e					◎指導幼兒一邊唱單元主題歌曲，一邊同步進行律動、手指遊戲及音樂溝通活動。		2	3	4		6	7	8
夏天來了								h	i	◎教師運用布偶對話，討論夏天來了之景物變化，再讓幼兒聆聽夏天音樂，將青蛙、蟋蟀、蟬兒貼紙，黏貼在海報紙上；並且輪流拿著代表不同天氣、昆蟲角色的圖卡，進行音樂故事聯想的遊戲。		2	3	4	5		7	8
			c	d			g			◎指導幼兒進行單元主題歌曲律動及手指遊戲活動。				4		6		8
			c		e					◎引導幼兒模擬自己是一隻夏天的昆蟲，主動參與圓圈座位內夏天動物出來玩耍之即興表演活動。				4	5		7	
		b								◎輪流讓幼兒拿著代表不同天氣、昆蟲角色絲巾，讓幼兒從音樂明快與雷聲交加的意境中，按照故事情節，依序揮動代表不同角色手上的絲巾。		2	3	4	5	6		8
	a						g			◎進行「夏天來了」說白節奏、歌曲教唱，並模擬幾種昆蟲叫聲。	1				5			8
						f				◎教師指導幼兒在不同音樂段落呈現時，依序由不同樂器代表夏天景物中不同的角色：⑴手指鈸：咕呱（青蛙的叫聲）；⑵曼波鼓：夏天到了；⑶青蛙木魚：青蛙；⑷刮胡：蟋蟀；⑸辣齒：蟬兒；⑹振盪器：蟬兒最後一聲叫聲；⑺鐵琴：尾奏滑音之音效。					5	6		

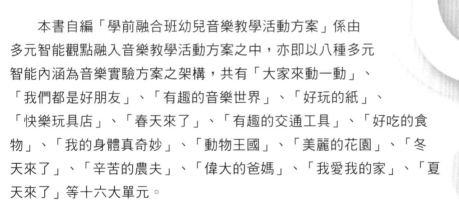

2 實務篇

本書自編「學前融合班幼兒音樂教學活動方案」係由多元智能觀點融入音樂教學活動方案之中，亦即以八種多元智能內涵為音樂實驗方案之架構，共有「大家來動一動」、「我們都是好朋友」、「有趣的音樂世界」、「好玩的紙」、「快樂玩具店」、「春天來了」、「有趣的交通工具」、「好吃的食物」、「我的身體真奇妙」、「動物王國」、「美麗的花園」、「冬天來了」、「辛苦的農夫」、「偉大的爸媽」、「我愛我的家」、「夏天來了」等十六大單元。

作者在音樂教學活動方案規畫方面，第一節課進行「師生問候歌」（或「暖身歌曲」）、「點名歌」、「布偶音樂劇場」、「說白節奏」、「音樂律動」、「師生再見歌」；第二節課為「師生問候歌」（或「暖身歌曲」）、「點名歌」、「音樂故事聯想」、「手指音樂遊戲」、「歌曲教唱」、「師生再見歌」；第三節課是「師生問候歌」（或「暖身歌曲」）、「點名歌」、「音樂溝通遊戲」、「打擊樂器」、「即興表演」、「師生再見歌」。其中每節課固定進行「師生問候歌」（或「暖身歌曲」）、「點名歌」、「師生再見歌」三個教學

活動；故此，每學期進行三十六個音樂教學活動，加上「師生問候歌」（或「暖身歌曲」）、「師生再見歌」及兩首不同進行方式的「點名歌」，共計四十個音樂教學活動，四學期總計有一百六十個音樂教學活動。

本實驗音樂教學活動方案根據 Gardner（1999）提出關於八種智能性質與結構理論，係透過不同學習路徑與符號系統來編擬音樂活動，深究本書整體音樂活動設計，各類音樂活動至少對應於一種智能內涵，並依照各單元主題的設計目標不同，增加相屬的智能內涵。其中本書音樂教學活動所建構的「說白節奏」，主要是對應於「語文智能」；「音樂律動」主要對應於「肢體動覺智能」、「音樂智能」、「自然觀察智能」；「音樂故事聯想」主要對應的是「肢體動覺智能」、「音樂智能」、「自然觀察智能」；「手指音樂遊戲」主要與「肢體動覺智能」、「人際智能」、「自然觀察智能」相互對應；「歌曲教唱」主要對應的是「語文智能」、「音樂智能」；「音樂溝通遊戲」主要與「邏輯數學智能」、「空間智能」、「人際智能」相互對應；「打擊樂器」主要對應於「音樂智能」、「人際智能」；「即興表演」主要對應的是「肢體動覺智能」、「內省智能」；「布偶音樂劇場」主要對應的是「內省智能」、「自然觀察智能」。

本書自編「學前融合班幼兒音樂教學活動方案」乃依據學者專家針對此一音樂教學活動內容提供檢核意見之結果，進行第一次教學內容的修正，以及再經由作者與研究小組教師實際參與實驗研究後的結果，進行第二次教學內容的修正，最後形成自編「學前融合班幼兒音樂教學活動方案」之完整版本。

作者於本篇中，將所自編的每一首歌曲的設計構想，予以「教材說明」，同時作者也將當初對於學前融合班情境中，一般幼兒與特殊幼兒共同與相異之學習特質，進行整體考量與特殊考量的說明；在「整體考量」項目，乃依據學前融合班兩類幼兒之共同學習特質加以解釋此一教材編製之想法；而作者也針對該學期特殊幼兒本身學習特質，及在學前融合班情境之特別考量，在「特殊考量」項目中加以分析。

作者在各大單元簡案呈現上，有關「多元智能向度」敘述方面，作者以「語」代表語文智能、以「邏」代表邏輯數學智能、以「空」代表空間智能、以「肢」代表肢體動覺智能、以「音」代表音樂智能、以「人」代表人際智能、以「內」代表內省智能、以「自」代表自然觀察智能。

茲依序將自編「學前融合班幼兒音樂教學活動方案」系列教材，以及教學簡案呈現如後。本書在此篇教材實例部分，僅提供作者個人在教學情境之照片，以及家長、原班老師同意之幼兒背影的照片。

第**6**章

學前融合班
幼兒音樂教學活動教材實例㈠

暖身歌曲

黃榮真 詞曲

快 來 快 來， 快 點 坐 好，

我 們 開 始 上 音 樂 課，

快 來 快 來， 快 點 坐 好，

我 們 開 始 上 音 樂 課。

教材說明

透過此一首暖身歌曲，引導幼兒準備好進行音樂課的心情，亦即藉由此首歌曲揭開上課的序幕。作者也透過此一歌曲，指導幼兒每八拍做一個動作，亦即運用與歌詞相關的動作，來加深幼兒的認知概念。

整體考量

本首歌曲乃從兩類幼兒日常生活的學習經驗為出發點，透過歌曲提醒幼兒「現在要準備上音樂課了」，主要在於培養兩類幼兒團體規範之建立，能圍個圓圈坐下來進行音樂教學活動。

特殊考量

1. 認知理解能力較弱的幼兒

本書所設計的音樂活動內容簡單，乃以適合特殊幼兒認知理解之基本節奏型式的教學內容為主，歌曲簡短，旋律不複雜，採取每四個小節為單位之歌曲。

2. 口語表達不佳的幼兒

針對口語表達不佳的幼兒，可以鼓勵其改用哼唱，或是以手勢的方式進行，作者希冀透過歌唱活動，漸進提升其發出聲音之能力，建構出有意義的簡單語句表達，同時建立更多詞彙之理解力。

3. 動作發展落後的幼兒

面對動作發展落後的幼兒，本歌曲是以八拍為一個動作，規畫其易於學習、模仿的動作，作為教學內容之基礎。

4. 自閉症的幼兒

對於自閉症的幼兒乃是提供結構化的音樂活動，以利於其依照既定之音樂活動順序來學習；特別是在結構性的暖身歌曲中，讓其能夠了解此一活動代表音樂教學活動即將要開始了，以建立其培養遵守團體規範之能力，並且能學習聽從「快來快來」、「快點坐好」、「我們開始上音樂課」之歌曲中所附帶的三個重要指令。

點名歌

黃榮真 詞曲

(問)○　○　○，　你　在　哪　裡？(答)在　　這　　裡。

教材說明

1. 每次音樂活動皆進行「點名歌」活動，讓幼兒聽到自己的名字時，能有所回應，同時也能藉此認識其他同儕的名字。

2. 作者一邊手拿布偶與幼兒一起唱點名歌，一邊則是指導點到名字的幼兒，以敲樂器之音樂型式來進行點名活動。

3. 每學期前六次的音樂活動，會先由作者主動拿樂器到每位幼兒面前，讓其進行點名敲樂器之回應活動，此時作者透過與幼兒近距離的互動，和幼兒之間建立正向關係。

4. 待幼兒熟悉教學流程後，後六次則安排幼兒聽到自己名字時，走到圓心放置樂器區域，自行敲樂器完成點名回應活動，以逐步建立團體活動規範。

整體考量

本首歌曲藉由師生之間一問一答，以增進每位幼兒彼此的認識，並加強兩類幼兒對自己名字訊息之注意力。

特殊考量

1. 認知理解能力較弱的幼兒

本書所設計的音樂活動內容簡單，乃以設計適合特殊幼兒認知理解之教學內容為主，歌曲簡短，旋律是由 Do、Re、Mi、Sol 四個音所構成的，並且採取基本型式之節奏型態。

2. 口語表達不佳的幼兒

針對口語表達不佳的幼兒，可以鼓勵其改用哼唱，或是以手勢、動作之方式進行；作者希冀透過歌唱活動，漸進提升其發出聲音的能力，以及能有簡單語句之表達，同時增進其更多詞彙之理解力。

3. 動作發展落後的幼兒

面對動作發展落後的幼兒，本歌曲是以八拍為一個動作，規畫幼兒在聽到自己名字的時候，能以敲樂器之方式來回應「在這裡」。

4. 自閉症的幼兒

　　對於自閉症的幼兒而言，提供結構化的「點名歌」音樂活動，讓其在固定教學順序的點名歌曲中，利於依照既定的音樂活動順序來學習，並且建立其對自己名字訊息的注意力，滿足特殊幼兒對音樂活動流程之掌控力；尤其是在輪到其敲樂器回應時，特別能增進其學習的成就感。

作者參與「點名歌」音樂教學活動情形

師生再見歌

黃榮真 詞曲

音樂課　要結束，　黃老師再見，　小朋友再見，　下次　再　　見（再見）

教材說明

　　作者使用奧福中的五聲音階（Do、Re、Mi、Sol、La）原理，再加上簡單的歌詞，讓幼兒知道教學活動將要接近尾聲，藉此師生之間互道再見。在唱到「再見」時，作者請幼兒做出揮手的動作，以表示「再見」的含意。

整體考量

　　1. 本首歌曲乃從兩類幼兒日常生活學習經驗為出發點，在於協助一般幼兒與特殊幼兒能在適當的情境中，學習與老師、同儕進行再見或道別，也透過此一音樂活動，讓幼兒心理預知此節課的音樂活動要準備結束。

　　2. 最後一小節的再見，以說白節奏的方式進行，主要在於加深幼兒「再見」的概念，同時增添師生再見歌的樂趣。

特殊考量

1. 認知理解能力較弱的幼兒

　　本書的音樂活動內容簡單，以設計適合特殊幼兒認知理解的教學內容為主，歌曲簡短，旋律不複雜，同時也採取基本型式之節奏型態。

2. 口語表達不佳的幼兒

　　針對口語表達不佳的幼兒，可以鼓勵其改用哼唱，或是以手勢的方式進行，作者希冀透過歌唱活動，漸進激發其發出聲音，建構出有意義的簡單語句表達，同時建立更多詞彙之理解力。

3. 動作發展落後的幼兒

　　面對動作發展落後的幼兒，本歌曲是以八拍為一個動作，規畫其易於學習、模仿的動作為教學內容之基礎。

4. 自閉症的幼兒

　　對於自閉症的幼兒乃是提供結構化的音樂活動，以利於其依照既定的音樂活動順序來學習；特別是在結構性的師生再見歌中，讓其能夠了解音樂教學活動即

將要結束，亦即透過再見歌曲，讓其心理有所預知，以滿足自閉症幼兒對於音樂活動順序的掌控力；由此觀之，此活動具有穩定特殊幼兒情緒之效果。

一、大家來動一動

㈠單元主題之說白節奏譜

A-1.

黃榮真 詞

企 鵝 喜 歡　走 路 搖 搖，　兔 子 喜 歡　跑 一 跑 步，

毛 毛 蟲 喜 歡　扭 一 扭 腰，　青 蛙 喜 歡　跳 來 跳 去。

教材說明

　　「動物」對幼兒來說，頗具有親和力，此首說白節奏結合幼兒常見的幾種動物的動作，可指導幼兒用手或響板來進行此一活動；亦即讓幼兒一邊念，一邊增進其對於常見動物之認識。

整體考量

　　本首說白節奏乃是讓幼兒透過四種可愛動物作為題材，並且以這四種動物最有代表性的動作，來引發幼兒對此單元之興趣。

特殊考量

1. 認知理解能力較弱的幼兒

　　本書所設計的音樂活動內容簡單，乃以設計適合特殊幼兒認知理解的教學內容為主，說白節奏簡短，並且採取基本型式之節奏型態。

2. 口語表達不佳的幼兒

　　針對口語表達不佳的幼兒，可以鼓勵其改用哼念ㄅㄨ的聲音，主要是藉由音樂活動之際，讓幼兒自然順勢地發出ㄅㄨ的聲音，以增進幼兒更多發音機會。

3. 動作發展落後的幼兒

　　面對動作發展落後的幼兒，說白節奏是以八拍為一個動作，規畫幼兒能各自仿做這四種動物最具代表性的動作，包括有搖、跑、扭、跳等動作。該學期末有肢體障礙的幼兒，所以，幼兒對於這四個動作，是可以漸進式地跟上作者所示範

的動作模式。

4. 自閉症的幼兒

　　對於自閉症的幼兒而言，此一音樂活動可以運用固定順序的方式，以利於其依照既定之順序來進行此一活動，培養其對於四種動物名稱及代表性的動作，有基本之認知。

A-2.

黃榮真 詞

大象喜歡慢慢走，企鵝喜歡走路搖搖，

兔子喜歡跑一跑步，毛毛蟲喜歡扭一扭腰，

青蛙喜歡跳來跳去，蝴蝶喜歡飛來又飛去。

教材說明

1. 待幼兒熟悉上一首說白節奏之後，此首說白節奏乃是延續上一首說白節奏的內容，擴充另外兩種常見的動物，以增廣幼兒對於常見動物之認識。

2. 此外，還可以配合幼兒模擬動物動作來進行，以增加趣味性。

整體考量

本首說白節奏乃是讓幼兒透過上述四種可愛的動物之外，又加上兩種動物為題材，並且以這六種動物最有代表性的動作，來引發幼兒對此單元之興趣。

特殊考量

1. 認知理解能力較弱的幼兒

本書所設計的音樂活動內容簡單，乃以設計適合特殊幼兒認知理解的教學內容為主，說白節奏簡短，並且採取基本型式之節奏型態。

2. 口語表達不佳的幼兒

針對口語表達不佳的幼兒，可以鼓勵其改用哼念ㄊㄨ的聲音，主要是藉由音樂活動之際，讓幼兒自然順勢地發出ㄊㄨ的聲音，以增進幼兒更多發音機會。

3. 動作發展落後的幼兒

面對動作發展落後的幼兒，說白節奏是以八拍為一個動作，規畫幼兒能仿做六種動物最有代表性的動作，包括有走、搖、跑、扭、跳、飛等動作。

4. 自閉症的幼兒

對於自閉症的幼兒而言，運用既定的順序來進行此一音樂活動，有助於培養其對於六種動物名稱及其代表性的動作，有基本之認知。

B. 🎹

黃榮真 詞

$\frac{4}{4}$　♩　♩　｜　○　　｜　♩　♩　｜　○　　｜　♩　♩　｜　○　　‖

走　走　停，　　　走　走　停，　　　走　走　停，
跑　跑　停，　　　跑　跑　停，　　　跑　跑　停，
扭　扭　停，　　　扭　扭　停，　　　扭　扭　停，
跳　跳　停，　　　跳　跳　停，　　　跳　跳　停。

教材說明

此首歌曲結合動態動作與靜態動作，可讓幼兒一邊念，一邊進行音樂遊戲，以增進幼兒專注聆聽指令，與跟著做出指令動作的能力。

整體考量

本首說白節奏，乃是讓幼兒透過四種可愛動物具有代表性的兩個動作，指導幼兒認知「停」是靜止在原地、「走」是可以走動，建立幼兒靜止與走動指令的區辨能力。

特殊考量

1. 認知理解能力較弱的幼兒

本書所設計的音樂活動內容簡單，乃以設計適合特殊幼兒認知理解的教學內容為主，說白節奏簡短，並且採取基本型式之節奏型態。

2. 口語表達不佳的幼兒

針對口語表達不佳的幼兒，可以鼓勵其改用哼念ㄨ的聲音，主要是藉由音樂活動之際，讓幼兒自然順勢地發出ㄨ的聲音，以增進幼兒更多發音之機會。

3. 動作發展落後的幼兒

面對動作發展落後的幼兒，說白節奏是以四拍為一個動作，規畫幼兒能仿做「停」是靜止在原地、「走」是可以走動，以建立幼兒分辨靜止與走動之動作指令的差異。

4. 自閉症的幼兒

對於自閉症的幼兒而言，此一音樂活動可以運用固定順序的方式，以利於其依照既定模式來進行此一活動，培養其對於「靜」與「動」不同指令之辨識。

(二)單元主題之歌曲教唱譜

A.

黃榮真 詞曲

企鵝喜歡 走路搖 搖, 兔子喜歡 跑一跑 步,

毛毛蟲喜歡 扭一扭 腰, 青蛙喜歡 跳來跳 去。

教材說明

　　此首歌曲係將說白節奏加以延伸，可配合故事、動作、手勢、表演等方式來進行此一音樂活動。

整體考量

　　本首單元主題歌曲，乃是讓幼兒透過四種可愛的動物為題材，並且以這四種動物最有代表性的動作，來激發幼兒對此單元參與之動機。

特殊考量

1. 認知理解能力較弱的幼兒

　　本書所設計的音樂活動內容簡單，乃以設計適合特殊幼兒認知理解的教學內容為主，歌曲簡短，富有創意，並且採取基本型式之節奏型態。

2. 口語表達不佳的幼兒

　　針對口語表達不佳的幼兒，可以鼓勵其改用哼唱ㄅㄨ之聲音，主要是藉由音樂活動之際，讓幼兒自然順勢地唱出ㄅㄨ的聲音，以增進幼兒更多發音機會。

3. 動作發展落後的幼兒

　　面對動作發展落後的幼兒，單元歌曲是以八拍為一個動作，規畫幼兒能仿做四種動物最有代表性的動作，包括有搖、跑、扭、跳等動作。

4. 自閉症的幼兒

　　對於自閉症的幼兒而言，此一歌曲活動主要是運用固定順序來進行活動，教學活動設計目的在於培養其對於四種動物名稱及代表性的動作，有基本之認知。

B.

黃榮真 詞曲

走	走	停，	走	走	停，	走	走	停，
跑	跑	停，	跑	跑	停，	跑	跑	停，
扭	扭	停，	扭	扭	停，	扭	扭	停，
跳	跳	停，	跳	跳	停，	跳	跳	停。

教材說明

1. 此一說白節奏轉為歌曲，同時結合動態與靜態兩種動作，可讓幼兒一邊唱，一邊進行音樂遊戲。

2. 此一音樂活動可進一步延伸，以動物為主角，運用幾種幼兒熟悉的動物，進行走、跑、扭、跳動作之相關遊戲。

整體考量

本首單元歌曲，乃是讓幼兒透過四種可愛動物具有代表性的兩個動作，指導幼兒認知「停」是靜止在原地、「走」是可以走動，建立幼兒靜止與走動之動作指令的區辨能力。

特殊考量

1. 認知理解能力較弱的幼兒

本書所設計的音樂活動內容簡單，乃以設計適合特殊幼兒認知理解之教學內容為主，單元歌曲簡短，並且採取基本型式之節奏型態。

2. 口語表達不佳的幼兒

針對口語表達不佳的幼兒，可以鼓勵其改用哼唱ㄨ的聲音，主要是藉由音樂活動之際，讓幼兒自然順勢地發出ㄨ的聲音，以增進幼兒更多發音之機會。

3. 動作發展落後的幼兒

面對動作發展落後的幼兒，單元歌曲是以四拍為一個動作，規畫幼兒能仿做「停」是靜止在原地、「走」是可以走動，以建立幼兒靜止與走動之動作指令的差異。

4. 自閉症的幼兒

對於自閉症的幼兒而言，此一音樂活動可以運用固定順序之方式，以利於其依照既定順序來進行此一活動，培養其對於「靜」與「動」不同指令之辨識。

㈢布偶音樂劇場

兩個布偶對話：有關小丑四肢關節之故事。

教材說明

作者藉由兩個布偶說出有關小丑四肢關節之故事，並且在說故事的歷程中，播放適合劇情及營造小丑四肢關節之故事劇情氣氛的音樂，透過小丑布偶的角色扮演，增進幼兒對自己身體四肢關節之基本認知。

整體考量

作者運用兩個布偶的對話活動，引發幼兒探知教學內容之動機及提升學習的參與感，也藉由布偶之間的對話，幫助幼兒對於自己身體四肢關節之功能，有一初步的認識與統整。

特殊考量

本書所設計的音樂活動內容簡單，乃以設計適合特殊幼兒認知理解的教學內容為主，特別是小丑布偶的出現，引發特殊幼兒學習之好奇心與高度的注意力。

㈣音樂律動

引導幼兒跟著單元主題之歌曲，做出相關的動作。

教材說明

作者依據大家來動一動單元歌曲內容，設計與詞意相互對應的肢體動作，以加深幼兒對詞意的理解，並進而開展幼兒的身體動作，及訓練身體協調發展。

整體考量

作者為了強化幼兒對大家來動一動教學單元之記憶，不僅運用說白節奏的活動設計，同時指導幼兒跟著主題相關的背景音樂，運用手勢、肢體動作，做出與說白節奏內容相互對應的動作。

特殊考量

作者在規畫音樂律動活動時，是以動作發展落後幼兒易於學習、模仿的動作為設計基礎，對於動作能力較佳的幼兒，可鼓勵其發展自創的動作。

㈤音樂故事聯想

一邊讓幼兒聆聽動物主題的背景音樂，一邊引導幼兒跟著自編動物故事，做

出大象、企鵝等動作。

教材說明

作者依據大家來動一動的背景音樂，讓幼兒從聆聽音樂之中發揮聯想力，展現屬於自己風格的創意動作，進而增進幼兒創造力之發展。

整體考量

作者運用「音樂故事聯想」的型式，串連「布偶音樂劇場」、「說白節奏」之內容核心，以另一個活動型態展現此一單元之教學內涵，讓幼兒從聆聽動物主題的背景音樂中，一邊引導幼兒跟著作者自編動物故事，做出大象、企鵝等動作；同時讓幼兒體會音樂旋律所流露出的意境，以激發其想像力與聯想力。

特殊考量

作者在規畫音樂故事聯想活動時，乃以設計適合特殊幼兒認知理解的教學內容為基本活動，並且考量動作發展落後幼兒易於學習、模仿之動作，作為基本的動作模式。

㈥手指音樂遊戲

一邊讓幼兒聆聽動物主題的背景音樂，一邊引導幼兒跟著自編動物故事進行手指音樂遊戲。

教材說明

作者依據動物主題，設計與詞意相互對應的手指動作遊戲，以另一種有趣且具創意的型式，增進幼兒對童謠意涵之認識。

整體考量

「手指音樂遊戲」乃結合單元主題中的音樂故事聯想活動，主要是以手指的型態，引導幼兒跟著作者自編動物故事進行手指音樂遊戲，以完成故事意境中的動作。

特殊考量

作者在規畫手指音樂遊戲活動時，乃以設計適合特殊幼兒認知理解的教學內容為基本活動，並且考量動作發展落後幼兒易於學習、模仿之基本手指動作模式。

㈦音樂溝通遊戲

1.引導幼兒圍個圈，進行「走走停」之音樂溝通遊戲。

2. 此一活動乃是進一步延伸以動物為主角，運用幼兒熟悉的四種動物動作，例如走、跑、扭、跳等，進行相關之音樂遊戲。

教材說明

作者依據大家來動一動主題，設計團體的音樂遊戲活動，以增進師生、同儕間的互動。

整體考量

1.「音樂溝通遊戲」係透過背景音樂、單元主題音樂、律動音樂，與同儕進行由單元主題所建構的溝通活動，指導幼兒圍個圈，進行「走走停」之音樂溝通遊戲。

2. 此一活動乃進一步延伸以動物為主角，運用四種幼兒熟悉的動物，以走、跑、扭、跳等動作元素，進行相關之音樂遊戲。

特殊考量

作者在規畫音樂溝通遊戲活動時，乃以設計適合特殊幼兒認知理解的教學內容為基本活動，並且考量動作發展落後幼兒易於學習、模仿之動作，作為基本的動作模式。

㈧打擊樂器

指導幼兒拿著響板，跟著單元主題歌曲，與同儕一起敲出節奏。

教材說明

作者設計與大家來動一動主題相關的打擊樂器活動，讓幼兒能學習敲打樂器的方法，且藉此抒發自己之情感。

整體考量

「打擊樂器」活動乃結合大家來動一動主題，設計使用響板進行相關之節奏活動，讓幼兒能認識一種外形圓形的節奏樂器。

特殊考量

作者在規畫打擊樂器活動時，乃以考量動作發展落後幼兒手功能現況，提供適合幼兒學習的簡易樂器——響板。

㈨即興表演

1. 引導幼兒全身動一動（結合動作、節拍、身體、方位）。

2.「動」與「停」之音樂活動。

教材說明

1. 作者引導幼兒結合動作、節拍、身體、方位，進行小丑活絡四肢關節之即興表演，讓幼兒從自主發揮的即興表演活動中，自然表露出自己的情感與想法。

2. 運用幼兒熟悉的四種動物動作，例如走、跑、扭、跳等，進行相關「動」與「停」之即興表演活動。

整體考量

運用「動」與「停」之音樂活動，引導幼兒根據該動物、小丑之象徵性動作，進一步展現個人創意動作，同時分享自己獨特動作的想法。

特殊考量

作者在規畫即興表演活動時，乃以設計適合特殊幼兒認知理解的教學內容為基本活動，同時也考量動作發展落後幼兒易於學習、模仿之動作，作為基本的動作模式。

作者參與「大家來動一動」音樂教學活動情形

表6-1 「大家來動一動」大單元簡案

主要教學流程摘要	時間 (分)	教學資源	多元智能向度
一、師生問候歌（或暖身歌曲）	2	布偶	人
二、點名歌	3	布偶、鼓	人、肢、內
三、布偶音樂劇場	5	布偶、音樂、小丑響板	內、自
兩個布偶對話：有關小丑四肢關節之故事。			
四、說白節奏	10		語
1.單元主題之說白節奏。			
2.四種動物加以延伸為六種動物之音樂活動。			
五、音樂律動	8	音樂	肢、音、自
引導幼兒跟著單元主題之歌曲，做出相關的動作。			
六、師生再見歌	2	布偶	人
一、師生問候歌（或暖身歌曲）	2	布偶	人
二、點名歌	3	布偶、鼓	人、肢、內
三、音樂故事聯想	5	音樂	肢、音、自
一邊讓幼兒聆聽動物主題的背景音樂，一邊引導幼兒跟著自編動物故事，做出大象、企鵝等動作。			
四、手指音樂遊戲	8	音樂	肢、人、自
一邊讓幼兒聆聽動物主題的背景音樂，一邊引導幼兒跟著自編動物故事進行手指音樂遊戲。			
五、歌曲教唱	10	音樂	語、音
1.單元主題之歌曲。			
2.「動」與「停」之音樂活動。			
六、師生再見歌	2	布偶	人
一、師生問候歌（或暖身歌曲）	2	布偶	人
二、點名歌	3	布偶、鼓	人、肢、內
三、音樂溝通遊戲	5	音樂	邏、空、人
1.引導幼兒圍個圈，進行「走走停」之音樂溝通遊戲。			
2.此活動可進一步延伸以動物為主角，運用幾種幼兒熟悉動物之走、跑、扭、跳的動作，進行相關遊戲。			
四、打擊樂器	10	響板	音、人
指導幼兒拿著響板，跟著單元主題歌曲，與同儕一起敲出節奏。			
五、即興表演	8	音樂	肢、內
引導幼兒全身動一動（結合動作、節拍、身體、方位）。			
六、師生再見歌	2	布偶	人

二、我們都是好朋友

㈠單元主題之說白節奏譜

A.

黃榮真 詞

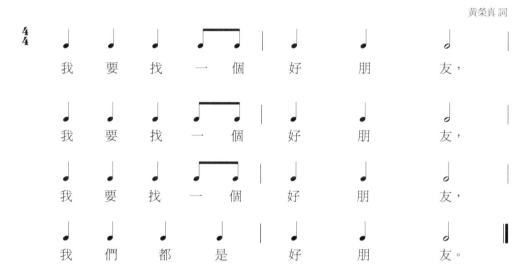

我　要　找　一個　好　朋　友，

我　要　找　一個　好　朋　友，

我　要　找　一個　好　朋　友，

我　們　都　是　好　朋　友。

教材說明

此一首說白節奏主要是建立幼兒與同儕之間正向的互動關係，引導幼兒透過一邊念，一邊進行找好朋友的活動。

整體考量

1. 主要讓幼兒透過說白節奏的活動，引導幼兒透過一邊念，一邊進行找好朋友的活動，以建立同儕間的正向社交關係。

2. 運用手臂、手掌模擬響板進行單元主題之說白節奏。

特殊考量

1. 認知理解能力較弱的幼兒

本書所設計的音樂活動內容簡單，採取基本型式之節奏型態，整首說白節奏簡短，主要是以「我要找一個好朋友」為基本概念。

2. 口語表達不佳的幼兒

針對口語表達不佳的幼兒，可以鼓勵其改用哼念ㄏㄨ的聲音，主要是藉由音

樂活動之際，讓幼兒自然順勢地發出ㄏㄨ的聲音，以漸進引導其發出「好」的聲音。

3. 動作發展落後的幼兒

　　面對動作發展落後的幼兒，說白節奏是以八拍為一個動作，規畫幼兒能走到一個好朋友面前，和他握手表示友好。

4. 自閉症的幼兒

　　對於自閉症的幼兒而言，此一音樂活動可以運用固定順序的方式，以利於其依照既定之順序來進行此一活動，培養其做出「找一個好朋友」的行動。

㈡單元主題之歌曲教唱譜

A.

黃榮真 詞曲

我 要 找 一 個 好 朋 友，

我 要 找 一 個 好 朋 友，

我 要 找 一 個 好 朋 友，

我 們 都 是 好 朋 友。

教材說明

1. 此一首歌曲在於讓幼兒一邊唱，一邊進行找好朋友的活動，以增進彼此間之友誼關係。

2. 此一音樂活動可進一步引導幼兒將手中的禮物送給另外一位幼兒，以建立與好朋友分享的概念。

整體考量

主要讓幼兒透過單元歌曲的活動，引導幼兒透過一邊唱，一邊進行找好朋友的活動，以引導幼兒與同儕間，建立正向之社交關係。

特殊考量

1. 認知理解能力較弱的幼兒

本書所設計的音樂活動內容簡單，採取基本型式之節奏型態，整首單元歌曲簡短，主要是以「我要找一個好朋友」為基本概念。

2. 口語表達不佳的幼兒

針對口語表達不佳的幼兒，可以鼓勵其改用哼唱ㄏㄨ的聲音，主要是藉由音樂活動之際，讓幼兒自然順勢地唱出ㄏㄨ的聲音，以漸進引導其發出「好」的聲音。

3. 動作發展落後的幼兒

　　面對動作發展落後的幼兒，說白節奏是以八拍為一個動作，規畫幼兒能走到一個好朋友面前，和他握手表示「你是我的好朋友」。

4. 自閉症的幼兒

　　對於自閉症的幼兒而言，此一音樂活動可以運用固定順序的方式，以利於其依照既定的順序來進行此一活動，培養其一邊唱歌，一邊進行「找一個好朋友」的活動。

B.

黃榮真 詞曲

我　們　都　是　　好　朋　友，

點　點　頭　呀，　握　握　手，

敬　個　禮　呀，　繞　一　圈，

我　們　相　親　又　相　愛。

教材說明

　　此一首歌曲由找好朋友的活動，進一步發展朋友之間正向的互動禮儀；讓幼兒透過歌曲與肢體動作，有層次地加深朋友間正向互動關係之親密程度。

整體考量

　　主要讓幼兒透過單元歌曲的活動，引導幼兒透過一邊唱，一邊進行我們都是好朋友的活動，以引導幼兒與同儕間，建立正向的社交關係。

特殊考量

1. 認知理解能力較弱的幼兒

　　本書所設計的音樂活動內容簡單，採取基本型式之節奏型態，整首單元歌曲簡短，主要是以「我們都是好朋友」為基本概念。

2. 口語表達不佳的幼兒

　　針對口語表達不佳的幼兒，可以鼓勵其改用哼唱ㄏㄨ的聲音，主要是藉由音樂活動之際，讓幼兒自然順勢地唱出ㄏㄨ的聲音，以漸進引導其發出「好」之聲音。

3. 動作發展落後的幼兒

　　面對動作發展落後的幼兒，說白節奏是以八拍為一個動作，規畫幼兒能走到一個好朋友面前，和他握手表示「我們都是好朋友」。

4. 自閉症的幼兒

　　對於自閉症的幼兒而言，運用固定順序的音樂活動，以利於其依照既定的模式來進行此一活動，培養其一邊唱歌，一邊進行「我們都是好朋友」的活動。

C.

黃榮真 詞曲

我 們 都 是 好 朋 友,

點 點 頭 呀, 握 握 手,

我 們 一 起 學 企 鵝 走 路,

搖⋯⋯⋯⋯⋯⋯⋯⋯⋯⋯⋯⋯⋯⋯。

（兔子跑步(跑)、毛毛蟲扭腰(扭)、青蛙跳跳(跳)）

教材說明

此一首歌曲連結前面找好朋友及建立朋友之間正向互動禮儀的兩個概念，並且進一步將幾種動物之具有代表性動作加以結合，以增加歌曲內容的多元性。

整體考量

主要讓幼兒透過單元歌曲的活動，引導幼兒透過一邊唱，一邊進行我們都是好朋友的活動，並且一起學動物的動作，以引導幼兒與同儕間，建立正向的社交關係；同時也進一步結合「大家來動一動」的單元主題內容，以加深幼兒之舊經驗。

特殊考量

1. 認知理解能力較弱的幼兒

本書所設計的音樂活動內容簡單，採取基本型式之節奏型態，整首單元歌曲簡短，主要是以「我們都是好朋友」、「我們一起學動物的動作」為基本概念。

2. 口語表達不佳的幼兒

針對口語表達不佳的幼兒，可以鼓勵其改用哼唱ㄏㄨ的聲音，主要是藉由音樂活動之際，讓幼兒自然順勢地唱出ㄏㄨ的聲音，以漸進引導其發出「好」之聲音。

3. 動作發展落後的幼兒

　　面對動作發展落後的幼兒，說白節奏是以八拍為一個動作，規畫幼兒能走到一個好朋友面前，和他握手表示「我們都是好朋友」，並且一起做出動物的動作。

4. 自閉症的幼兒

　　對於自閉症的幼兒而言，此一音樂活動可以運用固定順序的方式，以利於其依照既定的順序來進行此一活動，培養其一邊唱歌，一邊進行「我們都是好朋友」、「我們一起學動物動作」的活動。

D.

黃榮真 詞曲

我　們　都　是　好　朋　友，

點　點　頭　呀，　握　握　手，

敬　個　禮　呀，　微　微　笑，

你　是　最　棒　的　小　朋　友。

教材說明

　　此一首歌曲結合前面找好朋友及建立朋友之間正向互動禮儀之兩個概念，同時讓幼兒學習讚美別人，與激勵自己成為最棒的小朋友，以建立自信心及學會欣賞他人。

整體考量

　　主要讓幼兒透過單元歌曲的活動，引導幼兒透過一邊唱，一邊進行我們都是好朋友的活動，並且一起學習經常保持微笑，常常讚美別人，以引導幼兒與同儕間，建立良好的社交關係。

特殊考量

1. 認知理解能力較弱的幼兒

　　本書所設計的音樂活動內容簡單，採取基本型式之節奏型態，整首單元歌曲簡短，主要是以「我們都是好朋友」、「你是最棒的小朋友」為基本概念。

2. 口語表達不佳的幼兒

　　針對口語表達不佳的幼兒，可以鼓勵其改用哼唱ㄅㄨ的聲音，主要是藉由音樂活動之際，讓幼兒自然順勢地唱出ㄅㄨ的聲音，以漸進引導其發出「棒」之聲音。

3. 動作發展落後的幼兒

　　面對動作發展落後的幼兒，說白節奏是以八拍為一個動作，規畫幼兒能走到

一個好朋友面前，和他握手表示「我們都是好朋友」，並且做出「你是最棒的小朋友」之動作。

4. 自閉症的幼兒

　　對於自閉症的幼兒而言，此一音樂活動可以運用固定順序的方式，以利於其依照既定順序來進行此一活動，培養其一邊唱歌，一邊進行「我們都是好朋友」、「我們一起成為最棒小朋友」的活動。

E.

黃榮真 詞曲

我　要　找　一　個　好　朋　友，

我　要　找　一　個　好　朋　友，

我　要　找　一　個　好　朋　友，

我　們　一　起　拔　蘿　蔔。

(嘿喲嘿喲嘿喲嘿)

教材說明

　　此首歌曲是希望透過一邊請幼兒進行找好朋友的活動，同時一邊以合作之方式進行拔蘿蔔遊戲，將傳統拔蘿蔔活動重新設計，以增進活動之樂趣，同時也培養幼兒之間互相幫助、合作的精神。

整體考量

　　主要讓幼兒透過單元歌曲的活動，引導幼兒透過一邊唱，一邊進行我們都是好朋友活動，並且一起合作玩拔蘿蔔之活動，以引導幼兒與同儕間，建立良好的社交關係。

特殊考量

1. 認知理解能力較弱的幼兒

　　本書所設計的音樂活動內容簡單，採取基本型式之節奏型態，整首單元歌曲簡短，主要是以「我們都是好朋友」、「我們一起拔蘿蔔」為基本概念。

2. 口語表達不佳的幼兒

　　針對口語表達不佳的幼兒，可以鼓勵其改用哼唱ㄅㄚ的聲音，主要是藉由音樂活動之際，讓幼兒自然順勢地唱出ㄅㄚ的聲音，以漸進引導其發出「拔」的聲音。

3. 動作發展落後的幼兒

面對動作發展落後的幼兒，說白節奏是以八拍為一個動作，規畫幼兒能走到一個好朋友面前，和他握手表示「我們都是好朋友」，並且進行「我們一起拔蘿蔔」的活動。

4. 自閉症的幼兒

對於自閉症的幼兒而言，此一音樂活動可以運用固定順序的方式，以利於其依照既定順序來進行此一活動，培養其一邊唱歌，一邊進行「我們都是好朋友」、「我們一起拔蘿蔔」的活動。

㈢布偶音樂劇場

三個布偶對話：分享我們都是好朋友的故事。

教材說明

作者藉由三個布偶分享我們都是好朋友之故事內容，並在說故事的歷程中，播放適合三個好朋友之故事劇情氣氛音樂；透過三個好朋友的角色扮演，增進幼兒對於「好朋友意義」之基本認知，能了解朋友之間需要互相幫助、合作，以共同突破困境。

整體考量

作者運用三個布偶的對話活動，引發幼兒探知教學內容之動機及提升學習的參與感，也藉由布偶之間的對話，幫助幼兒對於好朋友概念，有一初步之認識與統整。

特殊考量

本書所設計的音樂活動內容簡單，乃以設計適合特殊幼兒認知理解的教學內容為主，特別是三個不同造型之布偶出現，引發特殊幼兒進一步探究的好奇心。

㈣音樂律動

引導幼兒跟著單元主題之歌曲，做出相關的動作。

教材說明

作者依據我們都是好朋友單元歌曲內容，設計與詞意相互對應的肢體動作，以加深幼兒對詞意之理解，並進而開展幼兒的身體動作，及訓練身體協調發展。

整體考量

作者為了強化幼兒對我們都是好朋友教學單元之記憶，不僅運用說白節奏的活動設計，同時指導幼兒跟著主題相關的背景音樂，運用手勢、肢體動作，做出與說白節奏內容相互對應的動作。

特殊考量

作者在規畫音樂律動活動時，是以動作發展落後幼兒易於學習、模仿的動作為設計基礎，對於動作能力較佳幼兒，可鼓勵其發展自創之動作。

㈤音樂故事聯想

運用「找一個好朋友」歌謠，將歌詞調整為拔蘿蔔的故事情境，以建立幼兒與同儕合作之概念。

教材說明

作者運用「找一個好朋友」歌謠，讓幼兒從聆聽音樂之中發揮聯想力，展現屬於自己風格的創意動作，進而增進幼兒創造力之發展。

整體考量

作者運用「音樂故事聯想」的型式，串連「布偶音樂劇場」、「說白節奏」之內容核心，以另一個活動型態展現此一單元之教學內涵，讓幼兒從聆聽運用「找一個好朋友」歌謠，將歌詞調整為拔蘿蔔的故事情境，以建立幼兒與同儕合作之概念；同時讓幼兒感受音樂旋律流露之意境，以激發其想像力與聯想力。

特殊考量

作者在規畫音樂故事聯想活動時，乃以設計適合特殊幼兒認知理解的教學內容為基本活動，並且考量動作發展落後幼兒易於學習、模仿之動作，作為基本的動作模式。

㈥手指音樂遊戲

一邊讓幼兒聆聽「找一個好朋友」的背景音樂，一邊引導幼兒伸出左右兩隻手指，代表兩個好朋友，進行相互打招呼之手指音樂遊戲活動。

教材說明

作者依據我們都是好朋友主題，設計與詞意相互對應的手指動作遊戲，以另一種有趣且具創意的型式，增進幼兒對「好朋友」意涵之認識。

整體考量

「手指音樂遊戲」乃結合單元主題中的音樂故事聯想活動，主要是以手指的型態，引導幼兒伸出左右兩隻手指，代表兩個好朋友，進行相互打招呼之手指音樂遊戲活動，以完成故事意境中的動作。

特殊考量

作者在規畫手指音樂遊戲活動時，乃以設計適合特殊幼兒認知理解的教學內容為基本的活動，並且考量動作發展落後幼兒之精細動作能力，安排易於其學習、模仿之基本手指的動作模式。

(七)音樂溝通遊戲

1.運用「我們都是好朋友」歌謠，引導幼兒拿禮物給同儕。

2.指導幼兒一邊唱著「我們都是好朋友」歌曲，一邊猜拳進行找好朋友的循環活動。

教材說明

作者依據我們都是好朋友主題，設計團體的音樂遊戲活動，以增進師生、同儕間的互動。

整體考量

1.「音樂溝通遊戲」係透過背景音樂、單元主題音樂、律動音樂，與同儕進行由單元主題所建構的溝通活動，指導幼兒圍個圈，一邊聆聽「我們都是好朋友」歌謠，一邊引導幼兒拿禮物給同儕。

2.指導幼兒一邊唱著「我們都是好朋友」歌曲，一邊猜拳進行找好朋友的循環活動，最後看看哪一組的朋友最多。

特殊考量

作者在規畫音樂溝通遊戲活動時，乃以設計適合特殊幼兒認知理解的教學內容為基本活動，並且考量動作發展落後幼兒易於學習、模仿之動作，故此，此一活動是讓幼兒能與人進行猜拳之動作。

(八)打擊樂器

指導幼兒拿著響板，跟著單元主題歌曲，與同儕一起敲出節奏。

教材說明

　　作者設計與我們都是好朋友主題相關的打擊樂器活動，讓幼兒能學習敲打樂器的方法，且藉此抒發自己之情感。

整體考量

　　「打擊樂器」活動乃結合大家來動一動主題，設計使用響板，進行相關之節奏活動，讓幼兒能認識一種外形圓形的節奏樂器。

特殊考量

　　作者在規畫打擊樂器活動時，乃以考量動作發展落後幼兒手功能的現況，提供適合幼兒學習的簡易樂器——響板。

㈨**即興表演**

　　引導幼兒每聽完一段音樂後，請幼兒即興做出指定動作：拔蘿蔔、兔子——跑、毛毛蟲——扭、青蛙——跳、企鵝——搖、蝴蝶——飛、大象——走路。

教材說明

　　作者引導幼兒透過這六種動物最具有代表的動作，以及拔蘿蔔的動作，讓幼兒從即興表演活動之中，表達自己的情感。

整體考量

　　引導幼兒根據該動物、拔蘿蔔之象徵性動作，進一步展現個人創意動作，同時分享自己獨特動作之想法。

特殊考量

　　作者在規畫即興表演活動時，乃以設計適合特殊幼兒認知理解的教學內容為基本的活動，同時也考量動作發展落後幼兒至少仿做出一種易於即興表演的指定動作，例如拔蘿蔔、跑、扭、跳、搖、飛、走路。

表 6-2 「我們都是好朋友」大單元簡案

主要教學流程摘要	時間（分）	教學資源	多元智能向度
一、師生問候歌（或暖身歌曲）	2	布偶	人
二、點名歌	3	布偶、鼓	人、肢、內
三、布偶音樂劇場	5	布偶、音樂	內、自
三個布偶對話：分享我們都是好朋友之故事。			
四、說白節奏	10	錄音帶	語
運用手臂、手掌模擬響板，進行單元主題之說白節奏。			
五、音樂律動	8	音樂	肢、音、自
引導幼兒跟著單元主題之歌曲，做出相關的動作。			
六、師生再見歌	2	布偶	人
一、師生問候歌（或暖身歌曲）	2	布偶	人
二、點名歌	3	布偶、鼓	人、肢、內
三、音樂故事聯想	5	音樂	肢、音、人、自
運用「找一個好朋友」歌謠，將歌詞調整為拔蘿蔔的故事情境，以建立幼兒與同儕合作之概念。			
四、手指音樂遊戲	8	音樂	肢、人、自
一邊讓幼兒聆聽「找一個好朋友」的背景音樂，一邊引導幼兒伸出左右兩隻手指，代表兩個好朋友，進行相互打招呼之手指音樂遊戲活動。			
五、歌曲教唱	10	音樂	語、音、人
1.單元主題之歌曲。			
2.安排每兩位幼兒一組成為好朋友，進行「互相點頭、彼此握手，我們都是好朋友」的遊戲活動。			
六、師生再見歌	2	布偶	人
一、師生問候歌（或暖身歌曲）	2	布偶	人
二、點名歌	3	布偶、鼓	人、肢、內
三、音樂溝通遊戲	5	音樂、禮物	邏、空、人
1.運用「找一個好朋友」歌謠，引導幼兒拿禮物給同儕。			
2.指導幼兒一邊唱著「找一個好朋友」歌曲，一邊猜拳進行找好朋友的循環活動。			
四、打擊樂器	10	響板	音、人
指導幼兒拿著響板，跟著單元主題歌曲，與同儕一起敲出節奏。			
五、即興表演	8	音樂	肢、內
引導幼兒每聽完一段音樂後，請幼兒即興做出指定動作：拔蘿蔔、兔子——跑、毛毛蟲——扭、青蛙——跳、企鵝——搖、蝴蝶——飛、大象——走路。			
六、師生再見歌	2	布偶	人

作者參與「我們都是好朋友」音樂教學活動情形

三、有趣的音樂世界

㈠單元主題之說白節奏譜

A.

黃榮真 詞

我　要　比　一　個　大　的　手　勢，
　　　　　　　　　　　小

教材說明

此一首說白節奏是讓幼兒學習用手勢動作，來表示大與小的對比概念。

整體考量

1.主要讓幼兒透過說白節奏的活動，引導幼兒透過一邊念，一邊進行「比大的手勢」、「比小的手勢」活動。

2.運用手勢的方式，建立幼兒「大」、「小」的對比概念。

特殊考量

1.認知理解能力較弱的幼兒

本書所設計的音樂活動內容簡單，採取基本型式之節奏型態，整首說白節奏簡短，主要是建立幼兒「大」、「小」的對比概念。

2.口語表達不佳的幼兒

針對口語表達不佳的幼兒，可以鼓勵其改用哼念ㄉㄨ的聲音，主要是藉由音樂活動之際，讓幼兒自然順勢地發出ㄉㄨ的聲音，以漸進引導其發出「大」的聲音。

3.動作發展落後的幼兒

面對動作發展落後的幼兒，說白節奏是以八拍為一個動作，規畫幼兒能比出「大」與「小」的手勢。

4.自閉症的幼兒

對於自閉症的幼兒而言，此一音樂活動可以運用固定順序的方式，以利於其依照既定順序來進行「大」、「小」對比概念之活動。

B.

黃榮真 詞

我 要 敲 一 個 大 的 聲 音，
小

教材說明

此一首說白節奏是讓幼兒學習用敲樂器的方式，來表示大聲與小聲之對比概念。

整體考量

1. 主要讓幼兒透過說白節奏的活動，引導幼兒透過一邊念，一邊進行「敲大的聲音」、「敲小的聲音」活動。

2. 運用敲打樂器方式，建立幼兒「大」、「小」的對比概念。

特殊考量

1. 認知理解能力較弱的幼兒

本書所設計的音樂活動內容簡單，採取基本型式之節奏型態，整首說白節奏簡短，配合敲打樂器的方式，以建立幼兒「大聲」、「小聲」之對比概念。

2. 口語表達不佳的幼兒

針對口語表達不佳的幼兒，可以鼓勵其改用哼念ㄅㄨ的聲音，主要是藉由音樂活動之際，讓幼兒自然順勢地發出ㄅㄨ的聲音，以漸進引導其發出「大」之聲音。

3. 動作發展落後的幼兒

面對動作發展落後的幼兒，說白節奏是以八拍為一個動作，規畫幼兒運用敲打樂器的方式，進行「敲大的聲音」、「敲小的聲音」活動。

4. 自閉症的幼兒

對於自閉症的幼兒而言，此一音樂活動可以運用固定順序之方式，以利於其依照既定順序來進行「大聲」、「小聲」對比概念的活動。

□單元主題之歌曲教唱譜

A.

黃榮真 詞曲

我 要 比 一 個 大 的 手 勢，
小

我 要 比 一 個 大 的 手 勢，
小

我 要 比 一 個 大 的 手 勢，
小

我 要 比 一 個 大 的 手 勢。
小

教材說明

此一首歌曲是讓幼兒學習一邊唱，一邊用手勢動作來表示大與小的對比概念。

整體考量

讓幼兒透過動作、手勢，來加強「大」、「小」之對比概念。

特殊考量

1. 認知理解能力較弱的幼兒

本書所設計的音樂活動內容簡單，採取基本型式之節奏型態，整首單元歌曲簡短，主要是建立幼兒「大」、「小」的對比概念。

2. 口語表達不佳的幼兒

針對口語表達不佳的幼兒，可以鼓勵其改用哼唱ㄅㄨ之聲音，主要是藉由音樂活動之際，讓幼兒自然順勢地唱出ㄅㄨ的聲音，以漸進引導其發出「大」之聲音。

3. 動作發展落後的幼兒

面對動作發展落後的幼兒，單元歌曲是以八拍為一個動作，規畫幼兒能比出「大」與「小」的手勢。

4. 自閉症的幼兒

　　對於自閉症的幼兒而言，此一音樂活動可以運用固定順序的方式，以利於其依照既定順序來進行「大」、「小」對比概念之活動。

B.

黃榮真 詞曲

我 要 敲 一 個 大 的 聲 音，
小

我 要 敲 一 個 大 的 聲 音，
小

我 要 敲 一 個 大 的 聲 音，
小

我 要 敲 一 個 大 的 聲 音。
小

教材說明

1. 此一首歌曲是讓幼兒學習一邊唱，一邊用敲樂器活動來表示大聲與小聲的對比概念。

2. 作者進一步藉由歌曲與敲樂器活動，引導幼兒學習幾種與音樂有關的對比概念（如聲音的高低、快慢等）。

整體考量

1. 主要讓幼兒透過單元歌曲的活動，引導幼兒透過一邊念，一邊進行「敲大的聲音」、「敲小的聲音」活動。

2. 運用敲打樂器的方式，建立幼兒「大」、「小」的對比概念。

特殊考量

1. 認知理解能力較弱的幼兒

本書所設計的音樂活動內容簡單，採取基本型式之節奏型態，整首單元歌曲簡短，配合敲打樂器的方式，以建立幼兒「大聲」、「小聲」之對比概念。

2. 口語表達不佳的幼兒

針對口語表達不佳的幼兒，可以鼓勵其改用哼唱ㄅㄨ的聲音，以及運用敲樂

器方式作為回應；主要是藉由音樂活動之際，讓幼兒自然順勢地唱出ㄅㄨ的聲音，以漸進引導其發出「大」的聲音；同時，也可藉由樂器這個媒介，來作為表達自己想法的管道。

3. 動作發展落後的幼兒

面對動作發展落後的幼兒，單元歌曲是以八拍為一個動作，規畫幼兒運用敲打樂器的方式，進行「敲大的聲音」、「敲小的聲音」活動。

4. 自閉症的幼兒

對於自閉症的幼兒而言，此一單元歌曲活動可以運用固定順序的方式，以利於其依照既定順序來進行「大聲」、「小聲」對比概念之活動。

㈢布偶音樂劇場

兩個布偶對話：介紹常見的特殊節慶所使用的音樂，以及敘述相關之節慶故事。

教材說明

作者藉由兩個布偶介紹常見的特殊節慶音樂與相關的故事，並在說故事歷程中，播放營造特殊節慶音樂之故事劇情氣氛的音樂；以透過布偶的角色扮演，增進幼兒對於特殊節慶音樂之基本認知，例如：母親節、聖誕節、過年等。

整體考量

作者運用兩個布偶的對話活動，引發幼兒探知教學內容之動機及提升學習的參與感，也透過布偶之間對話過程，幫助幼兒對於特殊節慶所使用的音樂與其相關的故事，有一初步之認識與統整。

特殊考量

本書所設計的音樂活動內容簡單，乃以設計適合特殊幼兒認知理解之教學內容為主，特別是布偶的出現，引發特殊幼兒學習之好奇心與高度的注意力。

㈣音樂律動

1. 引導幼兒跟著單元主題之歌曲，做出相關的動作。
2. 進行「快樂的小音符」歌曲律動。

教材說明

1. 作者依據有趣的音樂世界單元歌曲內容，設計與詞意相互對應的肢體動作，以加深幼兒對詞意的理解，並進而開展幼兒的身體動作，及訓練身體協調發展。
2. 進行「快樂的小音符」歌曲律動，增進幼兒四肢與身體軀幹協調的能力。

整體考量

　　作者為了強化幼兒對有趣的音樂世界教學單元之記憶，不僅運用說白節奏的活動設計，同時指導幼兒跟著主題相關的背景音樂，運用手勢、肢體動作，做出與說白節奏內容相互對應的動作；同時，也透過「快樂的小音符」歌曲律動，增進幼兒四肢與身體軀幹協調的能力。

特殊考量

　　作者在規畫音樂律動活動時，是以動作發展落後幼兒易於學習、模仿的動作為設計基礎；對於動作能力較佳的幼兒，可鼓勵其發展自創的動作。

㈤音樂故事聯想

　　作者運用有趣音樂，讓幼兒進行辨認快慢（大黃蜂的飛行及天鵝湖）、大小（胡桃鉗組曲）、高低（青蛙歌曲）之遊戲。

教材說明

　　作者依據大黃蜂的飛行、天鵝湖、胡桃鉗組曲、青蛙歌曲等背景音樂，讓幼兒從聆聽音樂之中發揮聯想力，展現屬於自己風格的創意動作，進而增進幼兒創造力之發展。

整體考量

　　作者運用「音樂故事聯想」的型式，串連「布偶音樂劇場」、「說白節奏」之內容核心，以另一個活動型態展現此一單元之教學內涵，讓幼兒從聆聽古典音樂，一邊引導幼兒跟著作者進行辨認快慢、大小、高低的音樂活動；同時讓幼兒體會音樂旋律所流露出的意境，以激發其想像力與聯想力。

特殊考量

　　作者在規畫音樂故事聯想活動時，乃以設計適合特殊幼兒認知理解的教學內容為基本活動，並且考量動作發展落後幼兒易於學習與模仿之相關動作模式，例如：「快慢」、「大小」、「高低」等動作。

㈥手指音樂遊戲

　　一邊讓幼兒聆聽大黃蜂的飛行、天鵝湖、胡桃鉗組曲、青蛙歌曲等四種古典音樂，一邊引導幼兒伸出左右兩隻手，與同儕一組做出快與慢、大與小、高與低的手勢。

教材說明

作者依據四首古典音樂，設計出相關的手指動作遊戲，主要是以另一種有趣且具創意的型式，增進幼兒對古典音樂意涵的認識。

整體考量

「手指音樂遊戲」乃結合單元主題中的音樂故事聯想活動，主要是以手指的型態，引導幼兒跟著古典音樂進行手指音樂遊戲，以完成故事意境中的動作。

特殊考量

作者在規畫手指音樂遊戲活動時，乃以設計適合特殊幼兒認知理解的教學內容為基本活動，並且考量動作發展落後幼兒易於學習、模仿之基本手指動作模式。

㈦音樂溝通遊戲

在四個方位擺放不同樂器（音樂鐘、鼓、鈴鼓、沙鈴、木魚等），指導幼兒進行辨識樂器的名稱與位置。

教材說明

作者依據有趣的音樂世界主題，設計團體的音樂遊戲活動，以增進師生、同儕間的互動。

整體考量

作者在四個方位擺放不同樂器，如音樂鐘、鼓、沙鈴、木魚等，指導幼兒進行辨識樂器的名稱與位置。

特殊考量

作者在規畫音樂溝通遊戲活動時，乃以設計適合特殊幼兒認知理解的教學內容為基本活動，及考量動作發展落後幼兒手功能之現況，提供適合幼兒學習的簡易樂器——鼓、沙鈴。

㈧打擊樂器

指導幼兒拿著自然樂器——竹片、石頭，跟著說白節奏、歌曲旋律，依大與小的音量，與同儕一起敲出大、小聲音。

教材說明

作者設計與有趣的音樂世界主題相關之打擊樂器活動，讓幼兒能學習敲打竹

片、石頭的方法，且藉此了解「大」、「小」聲音概念。

整體考量

「打擊樂器」活動乃結合有趣的音樂世界主題，設計使用竹片、石頭，進行相關之節奏活動，讓幼兒能認識大自然取材的節奏樂器。

特殊考量

作者在規畫打擊樂器活動時，乃以考量動作發展落後幼兒手功能之現況，提供適合幼兒學習的簡易樂器——竹片、石頭。

㈨即興表演

引導幼兒聆聽音樂，跟著故事情節做出彈舌、拍手等動作，亦即聽音樂進行聽音反應及即興表演遊戲。

教材說明

作者引導幼兒結合動作、節拍，進行聽音反應及即興表演，讓幼兒從自主發揮的即興表演活動中，表達自己之內在情感。

整體考量

運用「彈舌」與「拍手」之音樂活動，引導幼兒根據所聆聽的音樂，進行聽音反應及即興表演遊戲。

特殊考量

作者在設計即興表演活動時，乃以適合特殊幼兒認知理解的教學內容為基本活動，同時也考量動作發展落後幼兒易於學習、模仿之拍手動作，作為基本的動作模式。

作者參與「有趣的音樂世界」
音樂教學活動情形

表6-3 「有趣的音樂世界」大單元簡案

主要教學流程摘要	時間(分)	教學資源	多元智能向度
一、師生問候歌（或暖身歌曲）	2	布偶	人
二、點名歌 　　指導幼兒唱到點名歌「在這裡」時，敲音磚三下。	3	布偶、音磚	人、肢、音、內
三、布偶音樂劇場 　　兩個布偶對話：常見的特殊節慶音樂與相關故事。	5	布偶、音樂	音、內、自
四、說白節奏 　　運用竹片進行單元主題之說白節奏。	10	竹片	語、音
五、音樂律動 　　1.引導幼兒跟著單元主題之歌曲，做出相關的動作。 　　2.進行「音樂的小音符」歌曲律動。	8	音樂	肢、音、自
六、師生再見歌	2	布偶	人
一、師生問候歌（或暖身歌曲）	2	布偶	人
二、點名歌	3	布偶、音磚	人、肢、內
三、音樂故事聯想 　　運用有趣音樂，進行辨認快慢（大黃蜂的飛行及天鵝湖）、大小（胡桃鉗組曲）、高低（青蛙歌曲）之遊戲。	5	音樂	肢、音、自
四、手指音樂遊戲 　　一邊讓幼兒聆聽上述四首背景音樂，一邊引導幼兒伸出左右兩隻手，與同儕一組做出快與慢、大與小、高與低的手勢。	8	音樂	肢、音、人、自
五、歌曲教唱 　　單元主題之歌曲。	10	音樂	語、音
六、師生再見歌	2	布偶	人
一、師生問候歌（或暖身歌曲）	2	布偶	人
二、點名歌	3	布偶、音磚	人、肢、內
三、音樂溝通遊戲 　　在四個方位擺放不同樂器（音樂鐘、鼓、鈴鼓、沙鈴、木魚等），指導幼兒進行辨識樂器的名稱與位置。	5	音樂鐘、鼓、鈴鼓、沙鈴、木魚	邏、空、人
四、打擊樂器 　　指導幼兒拿著自然樂器——竹片、石頭，跟著說白節奏、歌曲旋律，依大與小的音量，與同儕一起敲出大、小聲音。	10	竹片、石頭	音、人
五、即興表演 　　引導幼兒聆聽音樂，跟著故事情節做出彈舌、拍手等動作，亦即聽音樂進行聽音反應及即興表演遊戲。	8	音樂	肢、內
六、師生再見歌	2	布偶	人

四、好玩的紙

㈠單元主題之說白節奏譜

黃榮真 詞

紙　可　以　做　紙　船，

紙　可　以　做　紙　箱　火　　　車，

紙　杯　可　以　　做　樂　器，

紙　盒　可　以　　做　沙　鈴。

教材說明

　　主要是透過此首說白節奏，讓幼兒一邊念，一邊以動作之方式，加深幼兒在日常生活中對紙功能的認知概念。

整體考量

　　本首說白節奏，以幼兒日常生活學習經驗為出發點，整個實驗方案內容素材選自幼兒平日對於紙產品接觸的經驗；然後，再透過音樂活動與幼兒的經驗結合。

特殊考量

1. 認知理解能力較弱的幼兒

　　本書所設計的音樂活動內容簡單，乃以設計適合特殊幼兒認知理解的教學內容為主，說白節奏簡短，並且採取基本型式之節奏型態。

2. 口語表達不佳的幼兒

　　針對口語表達不佳的幼兒，可以鼓勵其改用發出ㄌㄚ的聲音，漸進提升其發出聲音之能力，建構出有意義的簡單語句表達，同時建立更多詞彙之理解力。

3. 動作發展落後的幼兒

　　面對動作發展落後的幼兒，說白節奏是以八拍為一個動作，規畫幼兒易於學

習、模仿的動作為基礎。

4. 自閉症的幼兒

對於自閉症的幼兒而言，此一音樂活動可以運用固定順序的輪流方式，以利於其根據既定順序來進行此一活動，強化其對於紙船、紙箱火車、紙杯、紙盒之所見與所聞的經驗。

㈡單元主題之歌曲教唱譜

黃榮真 詞曲

紙　可　以　做　紙　船，

紙　可　以　做　紙　箱　火　　　車，

紙　杯　可　以　　做　樂　器，

紙　盒　可　以　　做　沙　鈴。

教材說明

　　主要是透過此首歌曲，讓幼兒一邊唱，一邊以動作方式，加強幼兒對於紙的相關產品用途之認識。

整體考量

　　本首單元歌曲，以幼兒日常生活學習經驗為出發點，整個音樂實驗方案內容素材選自幼兒平日對於紙產品接觸的經驗，然後，再透過音樂歌曲與幼兒的經驗結合。

特殊考量

1. 認知理解能力較弱的幼兒

　　本書所設計的音樂活動內容簡單，乃以設計適合特殊幼兒認知理解的教學內容為主，單元歌曲簡短，並且採取基本型式之節奏型態。

2. 口語表達不佳的幼兒

　　針對口語表達不佳的幼兒，可以鼓勵其改用唱出ㄅㄚ的聲音，漸進提升其發出聲音能力，建構出有意義的簡單語句表達，同時建立更多詞彙之理解力。

3. 動作發展落後的幼兒

　　面對動作發展落後的幼兒，說白節奏是以八拍為一個動作，擬定幼兒易於學習、模仿的動作為基礎。

4.自閉症的幼兒

對於自閉症的幼兒而言，此一音樂活動可以運用固定順序的輪流方式，以利於其按照既定規則來進行此一活動，強化其對於紙船、紙箱火車、紙杯、紙盒之所見與所聞的生活經驗。

㈢布偶音樂劇場

兩個布偶對話：介紹紙的功能與用途之故事。

教材說明

作者藉由兩個布偶說出有關常見的紙產品功能與用途之故事，並在說故事的歷程中，播放適合營造好玩的紙故事劇情氣氛之音樂；主要是透過布偶的角色扮演，增進幼兒對於紙產品功能與用途之基本認知。

整體考量

作者運用兩個布偶的對話活動，引發幼兒探知教學內容之動機及提升學習的參與感，也藉由布偶之間對話過程中，幫助幼兒對於紙的功能與用途，有一初步認識與統整。

特殊考量

本書所設計的音樂活動內容簡單，乃以設計適合特殊幼兒認知理解的教學內容為主，特別是布偶之出現，引發特殊幼兒學習之好奇心與高度的注意力。

㈣音樂律動

將船、紙箱火車、紙杯、紙盒等四項物件放在幼兒面前，引導幼兒跟著單元主題之歌曲做出相關的動作，以進行律動遊戲。

教材說明

作者依據好玩的紙單元歌曲內容，設計與詞意相互對應的肢體動作，以加深幼兒對詞意之理解，並進而開展幼兒的身體動作，及訓練身體協調之能力。

整體考量

作者為了強化幼兒對好玩的紙教學單元之記憶，不僅運用說白節奏的活動設計，同時指導幼兒跟著主題相關之背景音樂，運用手勢、肢體動作，做出與說白節奏內容相互對應的動作。

特殊考量

作者在規畫音樂律動活動時，是以動作發展落後幼兒易於學習、模仿的動作為設計基礎，對於動作能力較佳的幼兒，可鼓勵其發展自創之動作。

㈤音樂故事聯想

運用捕魚歌、火車快飛、點膠仔、胡桃鉗等有趣音樂，進行船、紙箱火車、紙杯、紙盒之音樂故事聯想遊戲。

教材說明

作者依據捕魚歌、火車快飛、點膠仔、胡桃鉗等背景音樂，讓幼兒從聆聽音樂之中發揮聯想力，展現屬於自己風格的創意動作，進而增進幼兒創造力之發展。

整體考量

作者運用「音樂故事聯想」的型式，串連「布偶音樂劇場」、「說白節奏」之內容核心，以另一個活動型態展現此一單元之教學內涵；讓幼兒從聆聽捕魚歌、火車快飛、點膠仔、胡桃鉗等有趣音樂，一邊引導幼兒跟著作者進行船、紙箱火車、紙杯、紙盒之音樂故事聯想遊戲；同時讓幼兒體會音樂旋律所流露出的意境，以激發其想像力與聯想力。

特殊考量

作者在規畫音樂故事聯想活動時，乃以設計適合特殊幼兒認知理解的教學內容為基本的活動，並且考量動作發展落後幼兒易於學習之動作模式，例如運用手臂模仿做出「高低」的動作。

㈥手指音樂遊戲

一邊讓幼兒聆聽「好玩的紙」單元主題之歌曲音樂，一邊進行手指音樂遊戲；唱到「紙杯可以做樂器」時，讓幼兒彈拉套在紙杯上的橡皮筋，唱到「紙盒可以做沙鈴」時，讓幼兒手搖裝有綠豆、鈴鐺的紙盒。

教材說明

作者依據「好玩的紙」單元主題之歌曲音樂，設計出相關的手指動作遊戲，以另一種有趣且具有創意的型式，增進幼兒對古典音樂意涵的認識。

整體考量

「手指音樂遊戲」乃結合單元主題之歌曲，主要是以手指的型態，引導幼兒

完成歌曲意境中的動作。

特殊考量

作者在規畫手指音樂遊戲活動時，乃以設計適合特殊幼兒認知理解的教學內容為基本的活動，並且考量動作發展落後幼兒易於學習、模仿的動作，例如：彈拉橡皮筋、手搖紙盒等動作。

㈦音樂溝通遊戲

指導幼兒在聽到音樂特殊段落時，做出紙人、機器人、土人、大巨人、稻草人、木頭人、聖誕老人……等動作，及變換不同人數組合的型態。

教材說明

作者依據好玩的紙主題，設計團體的音樂遊戲活動，以增進師生、同儕間的互動。

整體考量

指導幼兒在聽到音樂特殊段落時，做出模擬各種不同造型人物的動作，並且能學習以不同人數組合的型態，進行音樂溝通遊戲活動，例如：一個機器人、二個聖誕老人……等。

特殊考量

作者在規畫音樂溝通遊戲活動時，乃以設計特殊幼兒在聽到音樂特殊段落時，能做出指定的動作。

㈧打擊樂器

指導幼兒拿著自然樂器──竹片、石頭，跟著單元主題歌曲，與同儕一起進行打擊樂器的活動。

教材說明

作者設計與好玩的紙主題相關之打擊樂器活動，讓幼兒能學習敲打竹片、石頭的方法。

整體考量

「打擊樂器」活動乃結合好玩的紙主題，設計使用竹片、石頭，進行單元歌曲之節奏活動，讓幼兒能認識大自然取材的節奏樂器。

特殊考量

作者在規畫打擊樂器活動時，乃以考量動作發展落後幼兒手功能的現況，提供適合幼兒學習的簡易樂器——竹片、石頭。

㈨即興表演

引導幼兒邊唱邊進行律動，間奏音樂時，讓幼兒手拿船、紙箱火車、紙杯、紙盒等相關道具進行即興表演。

教材說明

作者引導幼兒結合動作、歌曲節拍，在進行間奏音樂段落時，讓幼兒手拿船、紙箱火車、紙杯、紙盒等相關道具進行即興表演；也就是讓幼兒從自主發揮的即興表演活動，藉由音樂活動表達自己的想法。

整體考量

作者運用「紙產品道具」，引導幼兒使用生活中常見的紙船、紙箱火車、紙杯、紙盒，進行即興表演遊戲。

特殊考量

作者在規畫即興表演活動時，乃以設計適合特殊幼兒認知理解的教學內容為基本活動，同時也考量動作發展落後幼兒易於學習、模仿之即興動作，作為基本的動作模式。

作者參與「好玩的紙」音樂教學活動情形

表 6-4　「好玩的紙」大單元簡案

主要教學流程摘要	時間(分)	教學資源	多元智能向度
一、師生問候歌（或暖身歌曲）	2	布偶	人
二、點名歌 　　指導幼兒唱到點名歌「在這裡」時，敲音磚三下。	3	布偶、音磚	人、肢、內
三、布偶音樂劇場 　　布偶對話：介紹紙的功能與用途之故事。	5	布偶、音樂	內、自
四、說白節奏 　　單元主題之說白節奏。	10	竹片	語
五、音樂律動 　　將船、紙箱火車、紙杯、紙盒等四項物件放在幼兒面前，引導幼兒跟著單元主題之歌曲做出相關的動作，以進行律動遊戲。	8	音樂	肢、音、自
六、師生再見歌	2	布偶	人
一、師生問候歌（或暖身歌曲）	2	布偶	人
二、點名歌	3	布偶、音磚	人、肢、內
三、音樂故事聯想 　　運用捕魚歌、火車快飛、點膠仔、胡桃鉗等有趣音樂，進行船、紙箱火車、紙杯、紙盒之音樂故事聯想遊戲。	5	音樂	肢、音、人、自
四、手指音樂遊戲 　　一邊讓幼兒聆聽「好玩的紙」單元主題之歌曲音樂，一邊進行手指音樂遊戲；唱到「紙杯可以做樂器」時，讓幼兒彈拉套在紙杯上的橡皮筋，唱到「紙盒可以做沙鈴」時，讓幼兒手搖裝有綠豆、鈴鐺的紙盒。	8	音樂	肢、人、自
五、歌曲教唱 　　單元主題之歌曲。	10	音樂	語、音、人
六、師生再見歌	2	布偶	人
一、師生問候歌（或暖身歌曲）	2	布偶	人
二、點名歌	3	布偶、音磚	人、肢、內
三、音樂溝通遊戲 　　指導幼兒在聽到音樂特殊段落時，作出紙人、機器人、土人、大巨人、稻草人、木頭人、聖誕老人……等動作，及變換不同人數組合的型態。	5	音樂	邏、空、人
四、打擊樂器 　　指導幼兒拿著自然樂器——竹片、石頭，跟著單元主題歌曲，與同儕一起進行打擊樂器的活動。	10	竹片、石頭	音、人
五、即興表演 　　引導幼兒邊唱邊進行律動，間奏音樂時，讓幼兒手拿船、紙箱火車、紙杯、紙盒等相關道具進行即興表演。	8	音樂	肢、內
六、師生再見歌	2	布偶	人

第 **7** 章

學前融合班
幼兒音樂教學活動教材實例㈡

暖身歌曲

黃榮真 詞曲

快 來 快 來， 快 點 坐 好，

我 們 開 始 上 音 樂 課，

快 來 快 來， 快 點 坐 好，

我 們 開 始 上 音 樂 課。

教材說明

　　此一首歌乃延續上學期之歌曲，透過幼兒熟悉的暖身歌曲，引導幼兒準備好進行音樂課的心情，亦即藉由此首歌曲揭開上課之序幕；作者在此一學期，也針對此首歌曲做了一些手勢動作的變化，由八拍做一個動作，適時進階為四拍做一個動作，以增進幼兒在歌曲與動作之間的協調度。

整體考量

　　本首歌曲乃從兩類幼兒日常生活學習經驗為出發點，透過歌曲提醒幼兒「現在要準備上音樂課了」，主要在於培養兩類幼兒團體規範之建立，能圍個圓圈坐下來進行音樂教學活動。

特殊考量

1. 認知理解能力較弱的幼兒

　　本書所設計的音樂活動內容簡單，乃以適合特殊幼兒認知理解之基本節奏型式的教學內容為主，歌曲簡短，旋律不複雜，採取每四個小節為單位之歌曲。

2. 口語表達不佳的幼兒

　　針對口語表達不佳的幼兒，可以鼓勵其改用哼唱，或是以手勢的方式進行，作者希冀透過歌唱活動，漸進提升其發出聲音的能力，建構出有意義的簡單語句表達，同時建立更多詞彙之理解力。

3. 動作發展落後的幼兒

面對動作發展落後的幼兒，本歌曲是以四拍為一個動作，規畫其易於學習、模仿的動作為教學內容之基礎。

4. 自閉症的幼兒

對於自閉症的幼兒乃是提供結構化的音樂活動，有利於其依照既定的音樂活動順序來學習；特別是在結構性的暖身歌曲中，讓其能夠了解此一活動代表音樂教學活動即將要開始了，以建立其培養遵守團體規範之能力，並且能學習聽從「快來快來」、「快點坐好」、「我們開始上音樂課」之歌曲中所附帶的三個重要指令。

點名歌

黃榮真 詞曲

(問)○ ○ ○，你 在 哪 裡？ (答)在 這 裡。

教材說明

1. 每次音樂活動皆進行「點名歌」活動，讓幼兒聽到自己的名字時，能有所回應，同時也能認識其他同儕的名字；作者一邊手拿布偶與幼兒一起唱點名歌，一邊則是指導點到名字的幼兒，以敲樂器之音樂型式來進行點名活動。

2. 作者在這學期會依單元之不同，在樂器種類的考量上，會有些變化，例如：在「有趣的交通工具」大單元中，運用布偶音樂劇場中的情境故事主角——青蛙造型木魚，來進行「點名歌」活動；在「好吃的食物」大單元中，運用布偶音樂劇場的水果造型沙鈴、蔬菜造型沙鈴，來進行「點名歌」活動，以增進點名活動的趣味性，以及加深幼兒對於該單元的印象。

3. 由於該學期有新生入班，因此，作者前六次的音樂活動，會先由作者主動拿樂器到每位幼兒面前，讓其進行點名敲樂器之回應活動，此時作者透過與幼兒近距離的互動，和幼兒之間建立正向關係。

4. 待幼兒熟悉教學流程後，後六次則安排幼兒聽到自己名字時，走到圓心放置樂器區域，自行敲樂器完成點名回應活動，以逐步建立團體活動之規範。

整體考量

本首歌曲藉由師生之間一問一答，以增進每位幼兒彼此的認識，並加強兩類幼兒對自己名字訊息的注意力。

特殊考量

1. 認知理解能力較弱的幼兒

本書所設計的音樂活動內容簡單，乃以設計適合特殊幼兒在認知方面易於理解的教學內容為主，歌曲簡短，旋律是由 Do、Re、Mi、Sol 四個音所構成的，並且採取基本型式之節奏型態。

2. 口語表達不佳的幼兒

針對口語表達不佳的幼兒，可以鼓勵其改用哼唱，或是以手勢、動作的方式進行；作者希冀透過歌唱活動，漸進提升其發出聲音的能力，以及能有簡單語句

之表達，同時增進其更多詞彙的理解力。

3. 動作發展落後的幼兒

　　面對動作發展落後的幼兒，本歌曲是以八拍為一個動作，規畫幼兒在聽到自己名字的時候，能以敲樂器之方式來回應「在這裡」。

4. 自閉症的幼兒

　　對於自閉症的幼兒而言，本書乃是提供結構化的音樂活動，有利於其依照既定的音樂活動順序來學習；特別是在固定教學順序的點名歌曲中，可以建立其對自己名字訊息的注意力，並且可以滿足特殊幼兒對音樂活動順序之掌控力，在輪到其敲樂器回應時，特別能增進其學習的成就感。

作者參與「點名歌」音樂教學活動情形

師生再見歌

黃榮真 詞曲

音樂課　要結束，黃老師再見，小朋友再見，下次　再　見(再見)

教材說明

　　1. 此一首歌乃延續上學期之歌曲，藉由幼兒熟悉的師生再見歌，讓幼兒藉此知道教學活動即將接近尾聲，師生之間互道再見，並期待下次見面。作者使用奧福中的五聲音階（Do、Re、Mi、Sol、La）原理，加上簡單歌詞，並運用手勢的動作來進行活動。

　　2. 上學期在唱到「再見」時，請幼兒做出揮手的動作，這學期在一開始的前面八拍，須再加上「音樂課要結束」的動作。

整體考量

　　1. 本首歌曲乃從兩類幼兒日常生活學習經驗為出發點，在於協助一般幼兒與特殊幼兒能在適當的情境中，學習與老師、同儕進行再見或道別；也透過此一音樂活動，讓幼兒心理預知此節課的音樂活動要準備結束。

　　2. 最後一小節的再見，以說白節奏的方式進行，主要在於加深幼兒「再見」的概念，同時增添師生再見歌的樂趣。

特殊考量

1. 認知理解能力較弱的幼兒

　　本書所規畫的音樂活動內容簡單，設計適合特殊幼兒認知理解的教學內容為主，歌曲簡短，旋律不複雜，同時也採取基本型式的節奏型態。

2. 口語表達不佳的幼兒

　　針對口語表達不佳的幼兒，可以鼓勵其改用哼唱，或是以手勢的方式進行，作者希冀透過歌唱活動，漸進激發其發出聲音，建構出有意義的簡單語句表達，同時建立更多詞彙之理解力。

3. 動作發展落後的幼兒

　　面對動作發展落後的幼兒，本歌曲是以八拍為一個動作，規畫其易於學習、模仿的動作，作為教學內容之基礎。

4.自閉症的幼兒

對於自閉症的幼兒乃是提供結構化的音樂活動，有利於其依照既定的音樂活動順序來學習；特別是在結構性的師生再見歌中，讓其能夠了解此一活動代表音樂教學活動即將要結束，亦即透過再見歌曲，讓其心理有所預知，以滿足自閉症幼兒對音樂活動流程的掌控力，具有穩定特殊幼兒情緒之效果。

作者參與「師生再見歌」音樂教學活動情形

一、快樂玩具店

㈠單元主題之說白節奏譜

黃榮真 詞

| 我 | 想 | 要 | 買 | 汽 | 車。(拍腿／敲響棒) |
| 娃 | | 娃， | | | |

教材說明

　　此一首說白節奏，主要是讓幼兒以簡單之節奏性語句，表達自己想要的玩具名稱。幼兒可以運用說出或運用手指頭指出的方式表達，也可以選擇以手拍腿的動作，或是以敲響棒的方式來敘述。

整體考量

　　「玩具」是幼兒生活中最喜歡的物件，本首說白節奏乃是讓幼兒透過買玩具為題材，高度引發幼兒對此單元的興趣。

特殊考量

1. 認知理解能力較弱的幼兒

　　本書所規畫的音樂活動內容簡單，乃以設計適合特殊幼兒認知理解的教學內容為主，說白節奏簡短，並且採取基本型式之節奏型態。

2. 口語表達不佳的幼兒

　　針對口語表達不佳的幼兒，可以鼓勵其改用哼念ㄅㄨ的聲音，主要是藉由音樂活動之際，讓幼兒自然順勢地發出ㄅㄨ的聲音，以增進幼兒更多發音之機會。

3. 動作發展落後的幼兒

　　面對動作發展落後的幼兒，說白節奏是以八拍為一個動作，規畫幼兒能仿做以手拍腿的動作，或是以敲響棒的方式來表示。該學期未有肢體障礙的幼兒，上述簡易的動作，是可以漸進式地引導幼兒跟上作者之示範動作。

4. 自閉症的幼兒

　　對於自閉症的幼兒而言，此一音樂活動可以運用固定順序的方式，以利於其依照既定的流程來進行此一活動，培養其對於買玩具應注意事項的了解。

㈡單元主題之歌曲教唱譜

A.

黃榮真 詞曲

我　想　要　買　汽　車。(拍腿／敲響棒)
　　　　　　　娃　娃。

教材說明

此一首歌曲是以 Sol、Mi 兩個基本的音構成旋律，主要是讓幼兒以簡單的曲調加上節奏性語句，表達出自己想要的玩具名稱。幼兒可以一邊用唱歌的方式表示，一邊也可以用手拍腿的動作，或是以敲響棒的方式來描述自己想要買之玩具名稱。

整體考量

本首單元歌曲，乃是讓幼兒透過買玩具為題材，學習表達出自己所選擇的玩具；由於「玩具」是幼兒生活中最喜歡的物件，高度引發幼兒對此單元之興趣。

特殊考量

1. 認知理解能力較弱的幼兒

本書音樂活動內容簡單，乃以設計適合特殊幼兒認知理解的教學內容為主，單元歌曲簡短，並且採取基本型式之節奏型態。

2. 口語表達不佳的幼兒

針對口語表達不佳的幼兒，可以鼓勵其改用哼唱ㄉㄨ的聲音，主要是藉由音樂活動之際，讓幼兒自然順勢地唱出ㄉㄨ之聲音，以增進幼兒發出更多字音的機會。

3. 動作發展落後的幼兒

面對動作發展落後的幼兒，說白節奏是以八拍為一個動作，設計幼兒能仿做以手拍腿的動作，或是以敲響棒的方式來表示。該學期未有肢體障礙的幼兒，上述簡易的動作，是可以逐步地引導幼兒跟上作者的示範動作。

4. 自閉症的幼兒

對於自閉症的幼兒而言，此一音樂活動可以運用固定順序的方式，以利於其依照既定之規則來進行此一活動，指導其學會選擇買一種玩具時，應注意的事項。

B.

黃榮真 詞曲

我　想　要　買　汽　車　和　娃　娃。(拍腿)

教材說明

　　此首歌曲是以 Sol、Mi 兩個基本的音構成旋律，主要是讓幼兒以簡單的曲調加上節奏性語句，表達出自己想要的兩種玩具名稱；幼兒可以一邊唱，一邊用手拍腿的方式來表示。

整體考量

　　本首單元歌曲，乃是延伸上一首歌曲，讓幼兒藉由買玩具為題材，學習選擇兩種不同的玩具。

特殊考量

1. 認知理解能力較弱的幼兒

　　本書的音樂活動內容簡單，乃以設計適合特殊幼兒認知理解的教學內容為主，單元歌曲簡短，並且採取基本型式之節奏型態。

2. 口語表達不佳的幼兒

　　針對口語表達不佳的幼兒，可以鼓勵其改用哼唱ㄅㄨ的聲音，主要是藉由音樂活動之際，讓幼兒自然順勢地唱出ㄅㄨ之聲音，以增進幼兒更多發音的機會。

3. 動作發展落後的幼兒

　　面對動作發展落後的幼兒，說白節奏是以八拍為一個動作，規畫幼兒能仿做以手拍腿的動作，或是以敲響棒的方式來表示。由於該學期末有肢體障礙的幼兒，上述簡易的動作，是可以透過作者的示範動作，而漸進式地引導幼兒跟上音樂活動中的動作。

4. 自閉症的幼兒

　　對於自閉症的幼兒而言，此一音樂活動可以運用固定順序的方式，以利於其依照既定的流程來進行此一活動，培養其學習如何選擇與購買兩種玩具。

作者參與「快樂玩具店」
音樂教學活動情形

C.

黃榮真 詞曲

我 想 要 買 汽 車 和 娃 娃 和 球。 (拍腿)

教材說明

1. 此首歌曲乃延伸前兩首歌曲,待幼兒熟悉此一種表達方式之後,可進一步讓幼兒用指出或說出的方式,表示自己想要買的三種玩具;幼兒可以一邊唱,一邊用手拍腿的方式來進行。

2. 此首歌曲也可以進一步擴充後續的音樂活動,指導幼兒一邊聽音樂,一邊到教室中的玩具商店選購自己想要買的玩具。

3. 作者也進一步引導幼兒模擬常見的玩具動作,以肢體動作來加深幼兒對玩具特性的概念。

整體考量

讓幼兒藉由買玩具為題材,並且學習選擇三種不同的玩具。

特殊考量

1. 認知理解能力較弱的幼兒

本書的音樂活動內容簡單,設計出適合特殊幼兒認知理解的教學內容,單元歌曲簡短,並且採取基本型式之節奏型態。

2. 口語表達不佳的幼兒

針對口語表達不佳的幼兒,可以鼓勵其改用哼唱ㄅㄨ的聲音,主要是藉由音樂活動之際,讓幼兒自然順勢地發出ㄅㄨ的聲音,以增加幼兒更多發音之情境。

3. 動作發展落後的幼兒

面對動作發展落後的幼兒,說白節奏是以八拍為一個動作,規畫幼兒能仿做以手拍腿的動作,或是以敲響棒的方式來表示。該學期末有肢體障礙的幼兒,上述簡易的動作,是可以逐步地引導幼兒跟上作者的示範動作。

4. 自閉症的幼兒

對於自閉症的幼兒而言,此一音樂活動可以運用固定順序的方式,以利於其依照既定的流程來進行此一活動,指導其選擇買三種玩具時,應該注意的事項。

作者參與「快樂玩具店」音樂教學活動情形

㈢布偶音樂劇場

兩個布偶對話：從布偶買東西的對話中，引導每位幼兒輪流說出一種想要買的玩具名稱。

教材說明

作者藉由兩個布偶，說出常見玩具之相關故事，並在說故事的歷程中，播放適合營造快樂玩具店之故事劇情氣氛之音樂；主要是透過布偶的角色扮演，增進幼兒對於玩具名稱、玩法之基本認知。

整體考量

作者運用兩個布偶的對話活動，引發幼兒探知教學內容之動機及提升學習的參與感；也藉由布偶之間的對話過程，幫助幼兒對於玩具名稱、外形、使用方法，有一初步之認識與統整。

特殊考量

本書所設計的音樂活動內容簡單，乃以適合特殊幼兒認知理解的教學內容為主，特別是布偶的出現，引發特殊幼兒學習之好奇心與高度的注意力。

㈣音樂律動

引導幼兒跟著單元主題之歌曲做出相關的動作，以進行律動遊戲。

教材說明

作者依據快樂玩具店單元歌曲內容，設計與詞意相互對應的肢體動作，以加深幼兒對詞意之理解，並進而開展幼兒的身體動作，及訓練身體協調能力。

整體考量

作者為了強化幼兒對快樂玩具店教學單元之記憶，不僅運用說白節奏的活動設計，同時指導幼兒跟著主題相關的背景音樂，運用手勢、肢體動作，做出與說白節奏內容相互對應之動作。

特殊考量

作者在規畫音樂律動活動時，是以動作發展落後幼兒易於學習、模仿的動作為設計基礎，對於動作能力較佳的幼兒，可鼓勵其發展自創之動作。

㈤音樂故事聯想

指導幼兒聽音樂，輪流到教室中的玩具商店買玩具。

教材說明

作者依據玩具背景音樂，讓幼兒從聆聽音樂之中發揮聯想力，展現買玩具的創意動作，進而增進幼兒創造力之發展。

整體考量

作者運用「音樂故事聯想」的型式，串連「布偶音樂劇場」、「說白節奏」之內容核心，以另一個活動型態展現此一單元之教學內涵，讓幼兒從聆聽有趣的玩具音樂中，引導幼兒輪流到玩具商店，進行買玩具之音樂故事聯想遊戲；同時讓幼兒體會音樂旋律所流露出的意境，以激發其想像力與聯想力。

特殊考量

作者在規畫音樂故事聯想活動時，乃以設計適合特殊幼兒認知理解的教學內容為基本活動，並且考量動作發展落後幼兒易於學習、模仿之買玩具的動作模式。

㈥手指音樂遊戲

先引導幼兒知道要運用哪幾種交通工具的方式（走路、跑步、騎馬、騎腳踏車、坐摩托車、坐汽車、坐火車、坐國內飛機、坐國外飛機），可以買到玩具；一邊聆聽以玩具為主題之背景音樂，一邊進行以手指做出指定交通工具之動作，以進行相關的音樂遊戲活動。

教材說明

作者依據「快樂玩具店」單元主題之歌曲音樂，設計相關的手指動作遊戲，以另一種有趣且具創意的型式，增進幼兒對於「買玩具時，可運用哪幾種交通工

具的方式」，有基本的認識。

整體考量

　　「手指音樂遊戲」乃結合單元主題之歌曲，主要是以手指的型態，引導幼兒完成歌曲意境中的動作。

特殊考量

　　作者在規畫手指音樂遊戲活動時，乃以設計適合特殊幼兒認知理解的教學內容為基本活動，並且考量動作發展落後幼兒易於學習、模仿之手指動作模式。

(七)音樂溝通遊戲

　　指導幼兒當聽到 A 段玩具音樂時，幼兒隨著音樂往前走；聽到 B 段玩具音樂時，則原地停止。

教材說明

　　作者依據快樂玩具店主題，設計團體的音樂遊戲活動，以增進師生、同儕間的互動。

整體考量

　　1. 指導幼兒在聽到 A 段音樂段落時，做出跟著音樂往前走的動作；當聽到 B 段玩具音樂時，則在原地停止不動。

　　2. 透過音樂活動情境，讓幼兒能學習分辨不同的音樂段落，以增進其對於聲音的敏覺度。

特殊考量

　　作者在規畫音樂溝通遊戲活動時，乃以設計適合特殊幼兒易於區辨的音樂，指導其在聽到兩首不同音樂特殊段落時，能分別做出「往前走」、「原地停止」的動作。

(八)打擊樂器

　　指導幼兒跟著單元主題歌曲，與同儕一起進行打擊樂器的活動。

教材說明

　　作者設計與快樂玩具店主題相關的打擊樂器活動，讓幼兒能學習敲打響棒的方法。

整體考量

「打擊樂器」活動乃結合快樂玩具店主題，設計使用響棒，進行單元歌曲之節奏活動。

特殊考量

作者在規畫打擊樂器活動時，乃以考量動作發展落後幼兒手功能之現況，提供適合幼兒學習的簡易樂器——響棒。

㈨即興表演

在幼兒面前擺放若干種幼兒常玩的玩具，指導幼兒觀察這幾種玩具之特性，同時以肢體動作方式，模仿這幾種玩具的動作，即興表演出這幾種玩具的特質。

教材說明

作者引導幼兒結合動作、歌曲節拍，模仿這幾種玩具的動作，以即興表演出玩具特質的動作遊戲方式，讓幼兒從自主發揮的即興表演活動中，表達自己的想法。

整體考量

作者運用若干種幼兒常玩的玩具，引導幼兒進行即興表演遊戲。

特殊考量

作者在規畫即興表演活動時，乃以設計適合特殊幼兒認知理解的教學內容為基本活動，同時也考量動作發展落後幼兒易於學習、模仿之即興動作，作為基本的動作模式。

作者參與「快樂玩具店」
音樂教學活動情形

表 7-1 「快樂玩具店」大單元簡案

主要教學流程摘要	時間(分)	教學資源	多元智能向度
一、師生問候歌（或暖身歌曲）	2	布偶	人
二、點名歌	3	布偶、鼓	人、肢、內
三、布偶音樂劇場	5	布偶、音樂	內、自
布偶對話：從布偶買東西的對話中，引導每位幼兒輪流說出一種想要買的玩具名稱。			
四、說白節奏	10	響棒	語
單元主題之說白節奏。			
五、音樂律動	8	音樂	肢、音、自
引導幼兒跟著單元主題之歌曲，做出相關的動作。			
六、師生再見歌	2	布偶	人
一、師生問候歌（或暖身歌曲）	2	布偶	人
二、點名歌	3	布偶、鼓	人、肢、內
三、音樂故事聯想	5	音樂、玩具若干種	肢、音、人、自
指導幼兒聽音樂，輪流到教室中的玩具商店買玩具。			
四、手指音樂遊戲	8	音樂、交通工具圖卡、交通工具模型	肢、人、自
先引導幼兒知道要運用哪幾種交通工具的方式（走路、跑步、騎馬、騎腳踏車、坐摩托車、坐汽車、坐火車、坐國內飛機、坐國外飛機），可以買到玩具；一邊聆聽以玩具為主題之背景音樂，一邊進行以手指做出指定交通工具之動作，進行相關的音樂遊戲活動。			
五、歌曲教唱	10	音樂	語、音、人
單元主題之歌曲			
六、師生再見歌	2	布偶	人
一、師生問候歌（或暖身歌曲）	2	布偶	人
二、點名歌	3	布偶、鼓	人、肢、內
三、音樂溝通遊戲	5	音樂	邏、空、人
指導幼兒當聽到 A 段玩具音樂時，跟著音樂往前走；聽到 B 段玩具音樂時，則原地停止。			
四、打擊樂器	10	響棒	音、人
指導幼兒跟著單元主題歌曲，與同儕一起進行打擊樂器的活動。			
五、即興表演	8	音樂	肢、內
在幼兒面前擺放若干種幼兒常玩的玩具，指導幼兒觀察這幾種玩具的特性，同時模仿這幾種玩具的動作，並且以即興方式，表演出這幾種的玩具特質。			
六、師生再見歌	2	布偶	人

二、春天來了

㈠單元主題之說白節奏譜

黃榮真 詞

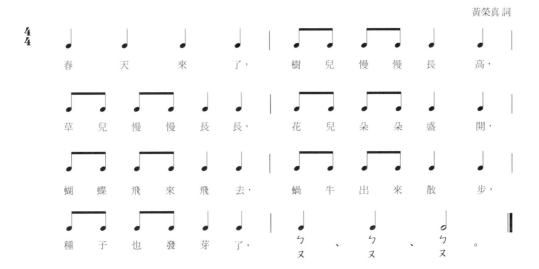

春 天 來 了， 樹 兒 慢 慢 長 高，

草 兒 慢 慢 長 長， 花 兒 朵 朵 盛 開，

蝴 蝶 飛 來 飛 去， 蝸 牛 出 來 散 步，

種 子 也 發 芽 了， ㄅㄡ 、 ㄅㄡ 、 ㄅㄡ 。

教材說明

作者運用幼兒常見的春天情景，構成簡單的節奏性語句，再讓幼兒配合作者預先設計好的「春天」情境圖，一邊聆聽韋瓦第「春天」的音樂，一邊依序將春天景物貼在海報紙上；同時藉由一邊念說白節奏，一邊進行手指遊戲、音樂律動等音樂活動型式，讓幼兒加深對「春天」的認知。

整體考量

1. 本首說白節奏，以幼兒日常生活學習經驗為出發點，整個音樂實驗方案內容素材選自幼兒平日對於春天來了的觀察與感受，然後，再透過音樂活動與幼兒的經驗結合。

2. 此首說白節奏之曲式結構化，歌詞簡單，融入幼兒日常生活中熟悉的聲音，例如：種子的發芽聲音，讓說白節奏充滿趣味化的特質。

特殊考量

1. 認知理解能力較弱的幼兒

本書所設計的音樂活動內容簡單，乃以設計適合特殊幼兒認知理解的教學內容為主，說白節奏簡短，並且採取基本型式之節奏型態。

2. 口語表達不佳的幼兒

　　針對口語表達不佳的幼兒，可以鼓勵其改用發出ㄅㄡ的聲音，漸進提升其發出聲音之能力，建構出有意義的簡單語句表達，同時建立更多詞彙之理解力。

3. 動作發展落後的幼兒

　　面對動作發展落後的幼兒，說白節奏是以八拍為一個動作，規畫幼兒易於學習、模仿的動作為基礎。

4. 自閉症的幼兒

　　對於自閉症的幼兒而言，此一音樂活動可以運用固定順序的輪流方式，以利於其依照既定流程來進行此一活動，強化其對於春天來了之所見與所聞的經驗。

作者參與「春天來了」音樂教學活動情形

(二)單元主題之歌曲教唱譜

黃榮真 詞曲

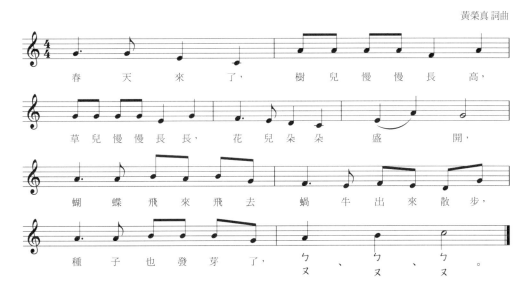

教材說明

作者將上述說白節奏轉換為簡單的歌曲，讓幼兒可以一邊唱，一邊進行相關的音樂活動（例如：手指遊戲、音樂律動、打擊樂器、即興表演等），以強化幼兒對「春天」的認識。

整體考量

1. 本首單元歌曲，以幼兒日常生活學習經驗為出發點，整個音樂實驗方案內容素材選自幼兒平日對於春天來了的觀察與感受；然後，再透過音樂活動與幼兒的經驗結合。

2. 此首單元歌曲之曲式結構化，融入幼兒日常生活中熟悉的聲音，例如種子發芽的聲音，讓幼兒唱起此首歌曲時，充滿趣味化之特質。

特殊考量

1. 認知理解能力較弱的幼兒

本書所設計的音樂活動內容簡單，適合特殊幼兒認知理解的教學內容，單元歌曲簡短，並且採取基本型式之節奏型態。

2. 口語表達不佳的幼兒

針對口語表達不佳的幼兒，可以鼓勵其改用發出ㄅㄡ的聲音，漸進提升其發出聲音的能力，建構出有意義的簡單語句表達，同時建立更多詞彙之理解力。

3. 動作發展落後的幼兒

　　面對動作發展落後的幼兒，單元歌曲是以四拍為一個動作，規畫幼兒以易於學習、模仿的動作為基礎。

4. 自閉症的幼兒

　　對於自閉症的幼兒而言，此一音樂活動可以運用固定順序的輪流方式，以利於其依照既定之流程來進行此一活動，強化其對於春天來了之所見與所聞的經驗。

作者參與「春天來了」音樂教學活動情形

(三)布偶音樂劇場

　　1. 布偶對話：討論春天來了，大自然的景物發生了哪些變化。

　　2. 延伸活動：一邊讓幼兒聆聽韋瓦第的「春天」，一邊讓幼兒輪流在春天為主題的海報上，黏貼樹、草等若干在春天會出現的代表景物及蝴蝶、蝸牛等動物，藉此讓幼兒由圖像來加深對春天景物之記憶。

教材說明

　　作者藉由兩個布偶說出春天來了故事，並在說故事的歷程中，播放適合春天來了故事劇情氣氛之音樂；希冀透過兩個布偶的角色對話，增進幼兒對大自然景物發生哪些變化之覺知能力。

整體考量

　　1. 作者運用兩個布偶的對話活動，引發幼兒探知教學內容之動機及提升學習的參與感，也藉由兩個不同造型布偶之間的對話，幫助幼兒對於春天來了之相關

景物，有一初步的認識與統整。

　　2. 作者一邊讓幼兒聆聽韋瓦第的「春天」，一邊讓幼兒輪流在春天為主題的海報上，黏貼樹、草等若干在春天會出現的代表景物及蝴蝶、蝸牛等動物；主要是藉由這個活動，讓幼兒由圖像來加深對於春天景物之概念。

特殊考量

　　本書所設計的音樂活動內容簡單，乃以適合特殊幼兒認知理解的教學內容為主，特別是兩個不同造型布偶出現，引發特殊幼兒學習之好奇心與高度的注意力。

㈣音樂律動

　　引導幼兒跟著單元主題之歌曲，做出相關的動作。

教材說明

　　作者依據春天來了單元歌曲內容，設計與詞意相互對應的肢體動作，以加深幼兒對詞意之理解，並進而開展幼兒的身體動作，及訓練身體協調能力之發展。

整體考量

　　作者為了強化幼兒對春天來了教學單元之記憶，不僅運用說白節奏的活動設計，同時指導幼兒跟著主題相關的背景音樂，運用手勢、肢體動作，做出與說白節奏內容相互對應的動作。

特殊考量

　　作者在規畫音樂律動活動時，係以動作發展落後幼兒易於學習、模仿的動作為設計基礎，對於動作能力較佳的幼兒，可鼓勵其發展自創之動作。

㈤音樂故事聯想

　　一邊讓幼兒聆聽韋瓦第的「春天」，一邊讓幼兒輪流拿著不同顏色的絲巾，分別當作是樹、草、花、蝴蝶、蝸牛、種子（樹：藍色的絲巾；草：黃色的絲巾；花：紫色的絲巾；蝴蝶：粉紅色的絲巾；蝸牛：褐色的絲巾；種子：綠色的絲巾），當故事進行到某一情節時，則代表該項角色的幼兒要出來表演。

教材說明

　　作者指導幼兒一邊聆聽韋瓦第的「春天」音樂故事，一邊讓幼兒輪流拿著不同顏色的絲巾，分別當作是樹、草、花、蝴蝶、蝸牛、種子，以進行角色扮演的遊戲。

整體考量

　　1.讓幼兒從聆聽韋瓦第的「春天」音樂故事中，體會音樂旋律所流露出「春天來了即將會有哪些景物發生變化」的故事，幼兒則是輪流扮演不同故事情節之角色；亦即以春天來了的故事，作為幼兒角色扮演之題材，以激發其想像力與聯想力。

　　2.每次音樂故事進行時，幼兒須依序按照故事情節出場表演；亦即當音樂故事進行到某一情節時，則代表該項角色的幼兒要出來表演。

特殊考量

　　作者在規畫音樂故事聯想活動時，乃以設計適合特殊幼兒認知理解的教學內容為基本活動，並且考量動作發展落後幼兒易於學習、模仿之動作，以引導特殊幼兒對於大自然事物的變化，有更多敏銳之觀察能力。

㈥手指音樂遊戲

　　一邊讓幼兒聆聽以「春天」為主題的背景音樂，一邊讓幼兒以手指當作是樹、草、花、蝴蝶、蝸牛、種子，藉此讓幼兒由手指動作，來強化幼兒對春天景物之印象。

教材說明

　　作者指導幼兒一邊聆聽韋瓦第的「春天」音樂故事，一邊讓幼兒運用手指，分別扮演樹、草、花、蝴蝶、蝸牛、種子等角色。

整體考量

　　讓幼兒從聆聽韋瓦第的「春天」音樂故事中，體會音樂旋律所流露出「春天來了即將會有哪些景物發生變化」的故事，幼兒則是運用手指，依序扮演不同角色的出現。

特殊考量

　　作者在規畫手指音樂遊戲活動時，乃以設計適合特殊幼兒認知理解的教學內容為基本活動，並且考量動作發展落後幼兒易於學習、模仿之手指動作。

㈦音樂溝通遊戲

　　指導幼兒分成三組，分別扮演不同種類的植物，依序進行種子發芽、長大等活動；最後，再由全班共同合作成為一種植物，隨著音樂旋律漸次地長大。

教材說明

　　作者依據有關種子長大的背景音樂，讓幼兒從聆聽音樂之中，假想自己是一棵種子慢慢地發芽、長高、長出葉子；進一步音樂活動可以延伸為分成三組、全班幼兒一組，以不同型式的方式，進行植物漸次地長大的音樂故事遊戲。

整體考量

　　讓幼兒從聆聽植物的背景音樂中，體會音樂旋律所流露出不同植物生長的意境，以激發不同型式之想像力與聯想力，包括有小組合作之創意作品、全班共同協力合作的作品。

特殊考量

　　作者在規畫音樂故事聯想活動時，乃以設計適合特殊幼兒認知理解的教學內容為基本活動，並且考量動作發展落後幼兒易於學習、模仿之動作，例如：想像自己是一棵植物，運用軀幹與四肢的伸展，做出植物生命不斷成長、變化的肢體動作，以引導特殊幼兒對於大自然事物的變化，有更多敏銳之觀察能力。

㈧打擊樂器

　　指導幼兒在不同音樂段落呈現時，依序由不同樂器代表春天景物中不同的角色：(1)鑼：揭開春天的序曲；(2)鼓：樹；(3)鈴鼓：草；(4)音樂鐘：花；(5)響板：蝴蝶；(6)高低木魚：蝸牛；(7)自製沙鈴：種子。

教材說明

　　作者設計和春天來了主題相關的打擊樂器活動，讓幼兒能學習敲打樂器的方法，學習聽辨各種不同的聲音。

整體考量

　　指導幼兒在不同音樂段落呈現時，依序輪流使用不同樂器，以了解代表春天景物中，各種角色所使用節奏樂器的聲音特質。

特殊考量

　　作者在規畫打擊樂器活動時，乃以考量動作發展落後幼兒手功能之現況，提供適合幼兒學習的簡易樂器——響板、鈴鼓、自製沙鈴。

㈨即興表演

　　先講述在春天裡有哪些人物或角色出來玩耍，然後讓幼兒兩手拿著響棒，聆

聽每個音樂段落，再模擬這些人物或角色的動作，如兔子、小木偶……等。

教材說明

　　作者指導幼兒進行春天裡有哪些人物或角色出來玩耍之即興表演，讓幼兒從自主發揮的即興表演活動，表達出自己所創作人物角色的動作、想法與構思。

整體考量

　　引導幼兒聆聽每個音樂段落，再模擬這些人物或角色的動作，如兔子、小木偶……等，並且創作各種具有變化性的動作，同時也請幼兒分享自己獨特動作所想要表達之內在想法。

特殊考量

　　作者在規畫即興表演活動時，乃以設計適合特殊幼兒認知理解的教學內容為基本活動，同時也考量動作發展落後幼兒易於學習、模仿之人物或角色的動作。

作者參與「春天來了」音樂教學活動情形

表7-2　「春天來了」大單元簡案

主要教學流程摘要	時間(分)	教學資源	多元智能向度
一、師生問候歌（或暖身歌曲）	2	布偶	人
二、點名歌	3	布偶、鼓	人、肢、內
三、布偶音樂劇場	5	布偶、音樂、代表春天的物件	內、自
1.布偶對話：討論春天來了，大自然的景物發生哪些變化。			
2.延伸活動：一邊讓幼兒聆聽韋瓦第的「春天」，一邊讓幼兒輪流在春天為主題的海報上，黏貼樹、草等若干在春天會出現之代表景物及蝴蝶、蝸牛等動物，藉此讓幼兒由圖像來加深對春天景物之記憶。			
四、說白節奏 　　單元主題之說白節奏。	10	響棒	語
五、音樂律動 　　引導幼兒跟著單元主題之歌曲，做出相關的動作。	8	音樂	肢、音、自
六、師生再見歌	2	布偶	人
一、師生問候歌（或暖身歌曲）	2	布偶	人
二、點名歌	3	布偶、鼓	人、肢、內
三、音樂故事聯想 　　一邊讓幼兒聆聽韋瓦第的「春天」，一邊讓幼兒輪流拿著不同顏色的絲巾，分別當作是樹、草、花、蝴蝶、蝸牛、種子（樹：藍色的絲巾；草：黃色的絲巾；花：紫色的絲巾；蝴蝶：粉紅色的絲巾；蝸牛：褐色的絲巾；種子：綠色的絲巾），當故事進行到某一情節時，則代表該項角色的幼兒要出來表演。	5	音樂、絲巾	肢、音、人、自
四、手指音樂遊戲 　　一邊讓幼兒聆聽以「春天」為主題的背景音樂，一邊讓幼兒以手指當作是樹、草、花、蝴蝶、蝸牛、種子，藉此讓幼兒由手指動作，來強化幼兒對春天景物之印象。	8	音樂	肢、人、自
五、歌曲教唱 　　單元主題之歌曲。	10	音樂	語、音、人
六、師生再見歌	2	布偶	人

續表 7-2

主要教學流程摘要	時間 (分)	教學資源	多元智能向度
一、師生問候歌（或暖身歌曲）	2	布偶	人
二、點名歌	3	布偶、鼓	人、肢、內
三、音樂溝通遊戲 　　指導幼兒分成三組，分別自選不同種類的植物，依序進行種子發芽、長大等活動；最後，全班再共同合作成為一種植物，聽音樂旋律漸次地長大。	5	音樂	邏、空、人
四、打擊樂器 　　指導幼兒在不同音樂段落呈現時，依序由不同樂器代表春天景物中不同的角色：(1)鑼：揭開春天的序曲；(2)鼓：樹；(3)鈴鼓：草；(4)音樂鐘：花；(5)響板：蝴蝶；(6)高低木魚：蝸牛；(7)自製沙鈴：種子。	10	鑼、鼓、鈴鼓、音樂鐘、響板、高低木魚、自製沙鈴	音、人
五、即興表演 　　先講述在春天裡有哪些人物或角色出來玩耍，然後讓幼兒兩手拿著響棒，聆聽每個音樂段落，再模擬這些人物或角色的動作，如兔子、小木偶……等。	8	音樂、響棒	肢、內
六、師生再見歌	2	布偶	人

三、有趣的交通工具

㈠單元主題之說白節奏譜

黃榮真 詞

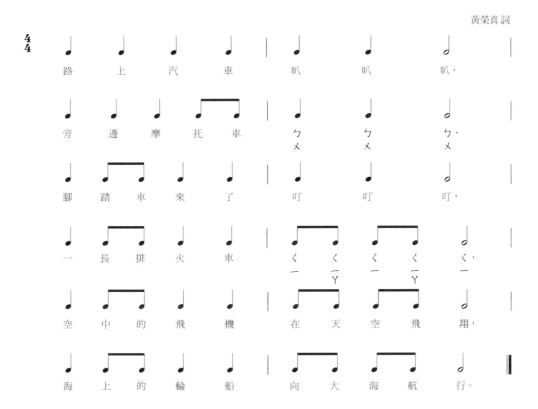

教材說明

　　作者先由布偶音樂劇場之場景，來引發幼兒對幾種常見交通工具的基本認識。此首說白節奏係運用故事中的幾種常見的交通工具，來引導幼兒學習交通工具的名稱及特性，例如汽車發出「叭叭叭」的聲音，腳踏車發出「叮叮叮」的聲音；希望藉由有趣的交通工具說白節奏，讓幼兒從視覺圖像、聲響、肢體動作等方面，建構幼兒對交通工具的基本認知概念。

整體考量

　　1. 本首說白節奏，以幼兒日常生活學習經驗為出發點，整個音樂實驗方案內容素材選自幼兒平日對於常見的交通工具汽車、摩托車、腳踏車、火車、飛機、輪船之觀察與感受，然後，再透過音樂活動與幼兒的經驗結合。

2. 此首說白節奏之曲式結構化，歌詞簡單，融入幼兒日常生活中熟悉的聲音，例如各種交通工具所發出特有且具代表性的聲音，讓說白節奏充滿趣味化的特質。

特殊考量

1.認知理解能力較弱的幼兒

本書所設計的音樂活動內容簡單，乃以設計適合特殊幼兒認知理解的教學內容為主，說白節奏簡短，並且採取基本型式之節奏型態。

2. 口語表達不佳的幼兒

針對口語表達不佳的幼兒，可以鼓勵其改用發出ㄅㄚ之聲音，以漸進提升其發出聲音的能力，進一步有助於其建構出有意義之簡單語句表達，同時建立更多詞彙之理解力。

3. 動作發展落後的幼兒

面對動作發展落後的幼兒，說白節奏是以八拍為一個動作，規畫幼兒易於學習、模仿的動作為基礎。

4. 自閉症的幼兒

對於自閉症的幼兒而言，此一音樂活動可以運用固定步驟的輪流方式，以利於其依照既定之順序來進行此一活動，強化其對於交通工具汽車、摩托車、腳踏車、火車、飛機、輪船之所見與所聞的經驗。

作者參與「有趣的交通工具」音樂教學活動情形

㈡單元主題之歌曲教唱譜

黃榮真 詞曲

教材說明

　　作者將上述說白節奏轉為簡單的旋律，讓幼兒可以一邊唱，一邊進行相關的音樂活動（例如：手指遊戲、音樂律動、打擊樂器、即興表演等）。

整體考量

　　1. 本首單元歌曲，以幼兒日常生活對於汽車、摩托車、腳踏車、火車、飛機、輪船之觀察經驗加以結合。

　　2. 此首單元歌曲之曲式結構化，歌詞簡單，融入幼兒日常生活中熟悉的聲音，例如各種交通工具所發出特有且具代表性的聲音，例如汽車發出「叭叭叭」的聲音，腳踏車發出「叮叮叮」的聲音，讓單元歌曲富有趣味化的特質。

特殊考量

1. 認知理解能力較弱的幼兒

　　本書所設計的音樂活動內容簡單，適合特殊幼兒之認知理解的教學內容，單

元歌曲簡短，並且採取基本型式之節奏型態。

2. 口語表達不佳的幼兒

針對口語表達不佳的幼兒，可以鼓勵其改用唱出ㄅㄨ的聲音，整首歌曲模擬汽車發出「叭、叭、叭」的聲音，摩托車發出「ㄅㄨ、ㄅㄨ、ㄅㄨ」的聲音，腳踏車發出「叮、叮、叮」的聲音，火車發出「ㄑㄧ、ㄑㄧㄚ、ㄑㄧ、ㄑㄧㄚ、ㄑㄧ、ㄑㄧㄚ」的聲音；主要是希望幼兒在音樂情境中，很自然地藉由模仿交通工具的聲音，而能建構出簡單字詞或語句表達，並且建立更多詞彙之理解力。

3. 動作發展落後的幼兒

面對動作發展落後的幼兒，說白節奏是以八拍為一個動作，規畫幼兒易於學習、模仿的動作為基礎。

4. 自閉症的幼兒

對於自閉症的幼兒而言，此一音樂活動可以運用固定順序的輪流方式，以利於其依照既定之模式來進行此一活動，強化其對於汽車、摩托車、腳踏車、火車、飛機、輪船等交通工具之所見與所聞的經驗。

作者參與「有趣的交通工具」音樂教學活動情形

㈢布偶音樂劇場

1. 布偶對話：討論黃老師家附近常有哪些交通工具經過。
2. 延伸活動：一邊讓幼兒聆聽交通工具的背景音樂，一邊輪流讓幼兒在交通工具為主題之海報上，黏貼若干交通工具的圖卡。

教材說明

　　作者藉由兩個布偶說出有趣的交通工具故事，並在說故事之歷程中，播放適合營造交通工具故事劇情氣氛的音樂；透過兩個布偶的角色對話，增進幼兒對於常見交通工具之名稱、外形、用途，有基本的認知。

整體考量

　　1. 作者運用兩個布偶的對話活動，引發幼兒探知教學內容之動機及提升學習的參與感，也藉由兩個不同造型布偶之間的對話，幫助幼兒對於交通工具之相關景物，有一初步的認識與統整。

　　2. 讓幼兒聆聽交通工具的背景音樂，一邊輪流讓幼兒在交通工具為主題的海報上，黏貼若干交通工具之圖卡，以加深對交通工具的印象。

特殊考量

　　本書所規畫的音樂活動內容簡單，乃以設計適合特殊幼兒認知理解的教學內容為主，特別是兩個不同造型布偶的出現，引發特殊幼兒學習之好奇心與高度的注意力。

㈣音樂律動

　　引導幼兒跟著單元主題之歌曲，做出相關的動作。

教材說明

　　作者依據有趣的交通工具單元歌曲內容，設計與詞意相互對應的肢體動作，以加深幼兒對詞意之理解，並進而開展幼兒的身體動作，及訓練身體協調能力之發展。

整體考量

　　作者為了強化幼兒對於有趣的交通工具教學單元之記憶，不僅運用說白節奏的活動設計，同時指導幼兒跟著主題相關的背景音樂，運用手勢、肢體動作，做出與說白節奏內容相互對應的動作。

特殊考量

　　作者在規畫音樂律動活動時，係以動作發展落後幼兒易於學習、模仿的動作為設計基礎，對於動作能力較佳的幼兒，可鼓勵其發展自創之動作。

(五)音樂故事聯想

1. 一邊讓幼兒聆聽以「交通工具」為主題的背景音樂，並在胸前配戴幼兒所選擇的交通工具圖片，假想每位幼兒各開了一輛汽車、摩托車、腳踏車。

2. 當聽到 A 段音樂時，則有綠燈指示牌同步呈現，此時，幼兒模擬正開著一輛車的動作，隨著音樂節奏往前走；當聽到 B 段音樂時，有紅燈指示牌出現，則幼兒在原地，停止不動地等待，直到 A 段音樂再次出現，則幼兒再隨著音樂節奏往前走，以此循環進行。

教材說明

指導幼兒模擬正開著一輛車的動作，在聽到 A 段的音樂段落時，做出隨著音樂節奏往前走的動作，當聽到 B 段音樂時，則在原地停止不動。

整體考量

讓幼兒學習聽辨不同音樂段落，且能做出正確的反應，進一步延伸綠燈時，車輛才可以通行，遇紅燈時，車輛必須在原地，停止不動地等待；亦即深一層提醒幼兒，要記得遵守交通規則。

特殊考量

作者在規畫音樂故事聯想活動時，乃以設計適合特殊幼兒易於區辨的音樂，並且能根據兩段不同的音樂段落，分別做出「往前走」、「原地停止」的動作。

(六)手指音樂遊戲

一邊讓幼兒聆聽「有趣的交通工具」單元主題之歌曲，一邊讓幼兒運用手指動作，依序做出不同的交通工具動作，藉此讓幼兒以手指動作進行音樂遊戲活動。

教材說明

作者指導幼兒一邊聆聽「有趣的交通工具」單元主題之歌曲，一邊讓幼兒運用手指，依序做出不同交通工具所代表的手指動作。

整體考量

讓幼兒從「有趣的交通工具」單元主題之歌曲中，運用手指來扮演不同交通工具的出現。

特殊考量

作者在規畫手指音樂遊戲活動時，乃以設計適合特殊幼兒認知理解的教學內

容為基本活動，並且考量動作發展落後幼兒之易於學習、模仿之手指動作。

㈦音樂溝通遊戲

指導幼兒分成兩組，各組分別開一輛紙箱汽車，讓幼兒一邊聆聽「交通工具」為主題的背景音樂，一邊比賽哪一組幼兒已全部輪流各開過一次紙箱汽車，以培養幼兒團隊合作精神；先到的那一組，則表示優勝。

教材說明

作者讓幼兒一邊聆聽「交通工具」為主題的背景音樂，讓幼兒從聆聽音樂之中，假想每組正在輪流以接龍的方式，進行駕駛紙箱汽車之音樂故事遊戲。

整體考量

讓幼兒從聆聽「交通工具」為主題的背景音樂中，體會音樂旋律所流露出交通工具駕駛的意境，以激發不同型式之想像力與聯想力。

特殊考量

作者在規畫音樂故事聯想活動時，乃以設計適合特殊幼兒認知理解的教學內容為基本活動，並且考量動作發展落後幼兒易於學習、模仿之動作，例如：想像自己是一輛車，運用自己軀幹與四肢的伸展，做出駕駛汽車之肢體動作，以引導特殊幼兒對於交通工具，有更多敏銳之觀察能力。

㈧打擊樂器

指導幼兒唱到某個交通工具音樂段落時，依序敲出特定表示該交通工具的樂器；每項樂器代表不同的交通工具：(1)鈴鼓：汽車；(2)玩具棒槌：摩托車；(3)銅鐘：腳踏車；(4)手搖鈴：火車；(5)雙頭木魚：飛機；(6)刮胡：輪船。

教材說明

1. 作者設計幼兒唱到某個交通工具音樂段落時，依序敲出特定代表該交通工具的樂器。

2. 每項樂器代表不同的交通工具，讓幼兒能學習敲打樂器的方法，學會聽辨各種不同樂器之聲音。

整體考量

指導幼兒在不同音樂段落呈現時，依序輪流使用不同樂器，以了解代表六種交通工具各使用節奏樂器的聲音特質。

特殊考量

作者在規畫打擊樂器活動時，乃以考量動作發展落後幼兒手功能之現況，提供適合幼兒學習的簡易樂器——鈴鼓、手搖鈴、玩具棒槌。

㈨即興表演

指導幼兒聽到某個交通工具音樂段落時，模擬那一種交通工具的動作，如模仿做出代表汽車、摩托車、腳踏車、火車、飛機、輪船等交通工具之肢體動作。

教材說明

作者引導幼兒聽到某個交通工具音樂段落時，模擬那一種交通工具之即興表演動作，如汽車、摩托車、腳踏車、火車、飛機、輪船；讓幼兒從自主發揮的音樂即興表演活動中，表達出自己所創作人物角色的動作、想法與構思。

整體考量

引導幼兒聽到某個交通工具音樂段落時，能模擬交通工具動作，並且創作各種具有變化性的動作；同時，也請幼兒分享自己獨特動作所想要表達之內在想法。

特殊考量

作者在規畫即興表演活動時，乃以設計適合特殊幼兒認知理解的教學內容為基本活動，同時也考量動作發展落後幼兒易於學習、模仿之交通工具的動作。

作者參與「有趣的交通工具」音樂教學活動情形

表 7-3 「有趣的交通工具」大單元簡案

主要教學流程摘要	時間(分)	教學資源	多元智能向度
一、師生問候歌（或暖身歌曲）	2	布偶	人
二、點名歌	3	布偶、青蛙木魚	人、肢、內
三、布偶音樂劇場 　1.布偶對話：討論黃老師家附近常有哪些交通工具經過。 　2.延伸活動：一邊讓幼兒聆聽交通工具的背景音樂，一邊輪流讓幼兒在交通工具為主題的海報上，黏貼若干交通工具的圖卡。	5	布偶、音樂、交通工具圖卡	內、自
四、說白節奏 　單元主題之說白節奏。	10	響棒	語
五、音樂律動 　引導幼兒跟著單元主題之歌曲，做出相關的動作。	8	音樂	肢、音、自
六、師生再見歌	2	布偶	人
一、師生問候歌（或暖身歌曲）	2	布偶	人
二、點名歌	3	布偶、青蛙木魚	人、肢、內
三、音樂故事聯想 　一邊讓幼兒聆聽以「交通工具」為主題的背景音樂，並在胸前配戴幼兒所選擇的交通工具圖片，假想每位幼兒各開了一輛汽車、摩托車、腳踏車；當聽到 A 段音樂時，則有綠燈指示牌同步呈現，則幼兒模擬正開著一輛車的動作，隨著音樂節奏往前走；當聽到 B 段音樂時，有紅燈指示牌出現，則幼兒在原地停止不動地等待；直到 A 段音樂再次出現，則幼兒再跟著音樂節奏往前走，以此循環進行。	5	音樂、交通工具圖片、綠燈指示牌、紅燈指示牌	肢、音、人、自
四、手指音樂遊戲 　一邊讓幼兒聆聽「交通工具」單元主題之歌曲，一邊讓幼兒運用手指動作，依序做出不同交通工具的動作，藉此讓幼兒以手指動作進行音樂遊戲活動。	8	音樂	肢、人、自
五、歌曲教唱 　單元主題之歌曲。	10	音樂	語、音、人
六、師生再見歌	2	布偶	人

續表 7-3

主要教學流程摘要	時間(分)	教學資源	多元智能向度
一、師生問候歌（或暖身歌曲）	2	布偶	人
二、點名歌	3	布偶、青蛙木魚	人、肢、內
三、音樂溝通遊戲 　　指導幼兒分兩組，各組分別開一輛紙箱汽車，讓幼兒一邊聆聽「交通工具」為主題的背景音樂，一邊比賽哪一組幼兒已全部輪流各開過一次紙箱汽車，以培養幼兒團隊合作精神；先到的那一組，則表示優勝。	8	音樂、紙箱汽車	邏、空、人
四、打擊樂器 　　指導幼兒唱到某個交通工具音樂段落時，依序敲出特定表示該交通工具的樂器；每項樂器代表不同的交通工具：⑴鈴鼓：汽車；⑵玩具棒槌：摩托車；⑶銅鐘：腳踏車；⑷手搖鈴：火車；⑸雙頭木魚：飛機；⑹刮胡：輪船。	10	鈴鼓、玩具棒槌、銅鐘、手搖鈴、雙頭木魚、刮胡	音、人
五、即興表演 　　指導幼兒聽到某個交通工具音樂段落時，模擬那一種交通工具的動作，如汽車、摩托車、腳踏車、火車、飛機、輪船。	5	音樂、響棒	肢、內
六、師生再見歌	2	布偶	人

四、好吃的食物

(一)單元主題之說白節奏譜

A.

黃榮真 詞

$\frac{4}{4}$ ♩ ♫ ♩ ♩ | ♩ 𝄽 𝄽 ‖

　我　　想　要　選　○　　○（水果名稱）。

教材說明

　　作者先由布偶音樂劇場中的布偶對話進行開場白，幾個角色各自敘說自己喜歡吃的水果，再引導幼兒以節奏性語句的表達方式，選出或說出自己喜歡吃的水果。

整體考量

　　1.此一首說白節奏主要是讓幼兒以簡單之節奏性語句，表達自己想要選的水果名稱。幼兒可以運用說出或運用手指頭指出的方式表達，也可以選擇以手拍腿的動作，或是以敲響棒的方式來敘述。

　　2.本首說白節奏乃是讓幼兒透過選擇顏色鮮明又好吃的水果為題材，高度引發幼兒對此單元的興趣。

特殊考量

1.認知理解能力較弱的幼兒

　　本書所設計的音樂活動內容簡單，乃以規畫適合特殊幼兒認知理解的教學內容為主，說白節奏簡短，並且採取基本型式之節奏型態。

2.口語表達不佳的幼兒

　　針對口語表達不佳的幼兒，可以鼓勵其改用哼念ㄌㄚ的聲音，主要是藉由音樂活動之際，讓幼兒自然順勢地發出ㄌㄚ之聲音，以增進幼兒更多發音的機會。

3.動作發展落後的幼兒

　　面對動作發展落後的幼兒，說白節奏是以八拍為一個動作，規畫幼兒能仿做以手拍腿的動作，或是以敲響棒的方式來表示。該學期未有肢體障礙的幼兒，上述簡易之動作，是可以漸進式地引導幼兒跟上作者的示範動作。

4. 自閉症的幼兒

　　對於自閉症的幼兒而言，此一音樂活動可以運用固定順序的方式，以利於其依照既定之模式來進行此一活動，培養其對於選水果應注意的事項。

B-1.

黃榮真 詞

$\frac{4}{4}$

水　果　水　果　　我　最　喜　歡　吃　水　果，

○　　○　　　○　　○　　我　最　喜　歡　吃　○　○。

教材說明

　　作者接續選水果的說白節奏活動，進一步引導幼兒以節奏性之語句來表達自己想吃的水果；其中，在說白節奏譜中○○，可以隨著每位幼兒自己喜歡吃的水果，自行進行水果名稱之替換。

整體考量

　　1. 本首說白節奏內容，主要是讓幼兒能以指出或說出之方式，來表達自己最喜歡吃的水果名稱。

　　2. 希冀透過此一音樂活動，加深幼兒對於日常生活中所吃水果名稱、外形特色，有基本的認知。

特殊考量

1. 認知理解能力較弱的幼兒

　　本書乃設計適合特殊幼兒認知理解的教學內容為主，採取基本型式之節奏型態。說白節奏共有八個小節，每四個小節為單位，讓幼兒學習在別人面前表達自己最喜歡吃的水果名稱。

2. 口語表達不佳的幼兒

　　針對口語表達不佳的幼兒，可以鼓勵其改用哼念《ㄨ的聲音，主要是藉由音樂活動之際，讓幼兒自然順勢地發出《ㄨ之聲音，以協助其漸進發出水果的「果」之字音。

3. 動作發展落後的幼兒

　　面對動作發展落後的幼兒，本歌曲是以四拍為一個動作，規畫幼兒做出水果的簡單手勢動作。

4. 自閉症的幼兒

對於自閉症的幼兒而言，此一音樂活動可以運用固定順序的方式，以利於其依照既定之規則來進行此一活動；同時，增強其對於自己最喜歡吃的水果特質，有進一步之認識。

B-2. 🎹

黃榮真 詞

$\frac{4}{4}$

水　果　　水　果　　我　最　喜　歡　吃　水　果，

○　○　　□　□　　每　樣　我　都　喜　歡　吃。

教材說明

　　此首說白節奏主要是讓幼兒以容易朗朗上口的節奏，表達出兩種自己喜歡吃的水果；在說白節奏譜中○○、□□，可以讓幼兒隨著自己喜歡吃的水果種類或是蔬菜種類，而自由地進行更替。

整體考量

　　1. 本首說白節奏內容，主要是讓幼兒能以指出或說出的方式，來表達自己最喜歡吃的水果名稱；同時，也能養成不挑食的習慣，每樣水果都能夠喜歡吃。

　　2. 透過音樂活動，加深幼兒在日常生活中對於所吃水果名稱、外形特色之基本的認知。

　　3. 運用水果沙鈴與水果模型，來示範說白節奏，並讓幼兒自選想使用的水果沙鈴，進行單元主題之說白節奏；當幼兒熟悉水果遊戲之後，再進行蔬菜遊戲。

特殊考量

1. 認知理解能力較弱的幼兒

　　本書乃設計適合特殊幼兒認知理解的教學內容為主，採取基本型式之節奏型態。說白節奏共有八個小節，每四個小節為單位，讓幼兒學習在別人面前表達自己喜歡吃的兩樣水果名稱。

2. 口語表達不佳的幼兒

　　針對口語表達不佳的幼兒，可以鼓勵其改用哼念《ㄨ的聲音，主要是藉由音樂活動之際，讓幼兒自然順勢地念出《ㄨ之聲音，以協助其漸進發出水果的「果」之字音。

3. 動作發展落後的幼兒

　　面對動作發展落後的幼兒，本歌曲是以四拍為一個動作，規畫幼兒做出水果

的簡單手勢動作。

4. 自閉症的幼兒

　　對於自閉症的幼兒而言，此一音樂活動可以運用固定順序的方式，以利於其按照既定之型態來進行此一活動，增強其對於自己喜歡吃的水果特質，有進一步之認識；同時，也能養成不挑食的習慣，每樣水果都能夠喜歡吃。

作者參與「好吃的食物」音樂教學活動情形

㈡單元主題之歌曲教唱譜

A.

黃榮真 詞曲

我　　想　　要　　選　　○　　　○（水果名稱）。

教材說明

　　此首歌曲是以 Sol、Mi 兩個基本的音構成旋律，主要是讓幼兒以簡單的曲調加上節奏性語句，表達出自己想要選的水果名稱。

整體考量

　　1. 此一首單元歌曲，主要是讓幼兒以簡單的節奏性語句，表達出自己想要選的水果名稱。幼兒可以運用唱出或運用手指頭指出的方式表達，也可以選擇以手拍腿的動作，或是以敲響棒的方式來敘述。

　　2. 本首單元歌曲，乃是讓幼兒透過選擇顏色鮮明又好吃的水果為題材，高度引發幼兒對此單元的興趣。

特殊考量

1. 認知理解能力較弱的幼兒

　　本書的音樂活動內容簡單，乃以設計適合特殊幼兒認知理解的教學內容為主，單元歌曲簡短，並且採取基本型式之節奏型態。

2. 口語表達不佳的幼兒

　　針對口語表達不佳的幼兒，可以鼓勵其改用哼唱ㄌㄚ的聲音，主要是藉由音樂活動之際，讓幼兒自然順勢地唱出ㄌㄚ的聲音，以增進幼兒更多發音之機會。

3. 動作發展落後的幼兒

　　面對動作發展落後的幼兒，說白節奏是以八拍為一個動作，規畫幼兒能仿做以手拍腿的動作，或是以敲響棒的方式來表示。

4. 自閉症的幼兒

　　對於自閉症的幼兒而言，此一音樂活動可以運用固定順序的方式，以利於其依照既定之程序來進行此一活動，培養其對於選水果應注意的事項，以及正確的態度。

作者參與「好吃的食物」音樂教學活動情形

B.

黃榮真 詞曲

水 果 水 果 我 最 喜 歡 吃 水 果，
青 菜 青 菜 我 最 喜 歡 吃 青 菜，

○　○　□　□　1.每 樣 我 都 喜 歡 吃。
○　○　○　○　2.我 最 喜 歡 吃 ○ ○。

教材說明

　　作者將簡易的節奏性語句加以延伸，並且加上簡單的旋律，激發幼兒從自己喜歡吃的水果，加以擴充到喜歡吃的蔬菜，或其他的食物；讓幼兒以容易朗朗上口的節奏唱出來，並且引導幼兒能從最喜歡吃的食物，漸進培養喜歡吃每樣食物，養成不偏食的習慣。

整體考量

　　1. 本首單元歌曲內容，主要是讓幼兒能以指出或說出的方式，來表達自己最喜歡吃的水果、青菜名稱；同時，也能養成不挑食的習慣，每樣水果都能夠喜歡吃。

　　2. 透過音樂活動，加深幼兒對於日常生活所吃水果與青菜名稱、外形特色，有基本的認知。

特殊考量

1. 認知理解能力較弱的幼兒

　　本書乃設計適合特殊幼兒認知理解的教學內容為主，採取基本型式之節奏型態。單元歌曲共有八個小節，每四個小節為單位，讓幼兒學習在別人面前表達自己喜歡吃的水果、青菜名稱。

2. 口語表達不佳的幼兒

　　針對口語表達不佳的幼兒，可以鼓勵其改用哼唱《ㄨ的聲音，主要是藉由音樂活動之際，讓幼兒自然順勢地唱出《ㄨ的聲音，以協助其漸進發出水果的「果」之字音。

3. 動作發展落後的幼兒

　　面對動作發展落後的幼兒，本歌曲是以四拍為一個動作，規畫幼兒做出水果、青菜的簡單手勢動作。

4. 自閉症的幼兒

對於自閉症的幼兒而言，此一音樂活動可以運用固定順序的方式，以利於其依照既定的順序來進行此一活動，增強其對於自己喜歡吃的水果、青菜特質，有進一步之認識；同時，也能養成不挑食的習慣，每樣水果、青菜都能夠喜歡吃。

作者參與「好吃的食物」音樂教學活動情形

㈢布偶音樂劇場

兩個布偶對話：互相討論自己喜歡吃哪些水果、蔬菜。

教材說明

作者藉由兩個布偶互相討論自己喜歡吃哪些水果、蔬菜之故事，並在說故事的歷程中，播放適合好吃的食物故事劇情氣氛之音樂；透過兩個布偶的角色扮演，增進幼兒對日常生活中常看到或吃到若干種水果、蔬菜，有基本的認識。

整體考量

作者運用兩個布偶的對話活動，引發幼兒探知教學內容之動機及提升學習的參與感，也藉由兩個不同造型布偶之間的對話，幫助幼兒對於生活中所見、所聞、所吃的相關水果、蔬菜之特色，有一初步的認識與統整。

特殊考量

本書所設計的音樂活動內容簡單，乃以設計適合特殊幼兒認知理解的教學內容為主，特別是兩個不同造型布偶的出現，引發特殊幼兒學習之動機與高度的好奇。

㈣音樂律動

1. 引導幼兒跟著單元主題之歌曲，做出相關的動作。

2. 當呈現 A 段音樂時，同步出現布偶在甜筒外，幼兒則搖動手中的水果、蔬菜沙鈴；當呈現 B 段音樂時，布偶在甜筒內，幼兒則是將水果沙鈴拿在手中不搖動。

教材說明

作者依據好吃的食物單元歌曲內容，設計與詞意相互對應的肢體動作，以加深幼兒對詞意的理解，並進而開展幼兒的身體動作，及訓練身體協調之能力。

整體考量

作者為了強化幼兒對好吃的食物教學單元之記憶，不僅運用說白節奏的活動設計，同時指導幼兒跟著主題相關的背景音樂，運用手勢、肢體動作，做出與說白節奏內容相互對應的動作。

特殊考量

作者在規畫音樂律動活動時，係以動作發展落後幼兒易於學習、模仿的動作為設計基礎；對於動作能力較佳的幼兒，可鼓勵其發展自創之動作。

㈤音樂故事聯想

一邊讓幼兒聆聽水果蔬菜湯的背景音樂，一邊引導幼兒跟著水果蔬菜湯之音樂故事情節做出相關的動作，以及進行水果蔬菜湯之音樂故事及遊戲。

教材說明

作者依據有關水果蔬菜湯的音樂故事情節，進行角色扮演遊戲。

整體考量

讓幼兒從聆聽水果蔬菜湯的音樂故事中，激發其想像力與聯想力，以扮演各種水果、蔬菜的角色。

特殊考量

作者在規畫音樂故事聯想活動時，乃以設計適合特殊幼兒認知理解的教學內容為基本活動，並且考量動作發展落後幼兒易於學習、模仿之動作，以引導特殊幼兒對於水果蔬菜湯該加些什麼料，有更多流暢口語表達，以及提升其運用肢體動作之能力。

㈥手指音樂遊戲

一邊讓幼兒聆聽水果主題的背景音樂，一邊引導幼兒跟著自編水果沙拉的故事，進行手指音樂遊戲，藉此讓幼兒運用手指動作，進行音樂遊戲。

教材說明

作者依據有關水果主題的背景音樂，運用手指進行自編水果沙拉的故事。

整體考量

讓幼兒從聆聽水果主題的背景音樂，激發其想像力與聯想力，以手指進行水果、蔬菜沙拉之料理遊戲。

特殊考量

作者在規畫手指音樂遊戲活動時，乃以設計適合特殊幼兒認知理解的教學內容為基本活動，並且考量動作發展落後幼兒之精細動作能力，以編擬幼兒易於學習、模仿之手指動作，成為音樂教學活動的內容。

㈦音樂溝通遊戲

當呈現 A 段音樂時，幼兒邊走邊做出摘水果、蔬菜的動作；在 B 段音樂時，幼兒則做出面對圓心，搖動手中水果、蔬菜沙鈴之動作。

教材說明

作者依據好吃的食物主題，設計團體音樂遊戲活動，以增進師生、同儕間的互動，並學習同儕間如何相互合作。

整體考量

1. 透過音樂活動情境，讓幼兒能學習分辨不同的音樂段落，以增進其對於聲音的敏覺度。

2. 引導每位幼兒一聽到特定音樂段落時，能自我創作摘水果、蔬菜的動作，以及搖動手中水果、蔬菜沙鈴之動作；藉由每位幼兒做出摘水果、蔬菜的動作，激發其自我想像之能力；接下來，作者引導幼兒與大家分享自己所表演的是摘哪一種水果、蔬菜的動作。

特殊考量

作者在規畫音樂溝通遊戲活動時，乃以設計適合特殊幼兒認知理解的教學內容為基本活動，並且考量動作發展落後幼兒易於學習、模仿之動作，例如摘水果、

蔬菜的動作，以及做出搖動手中水果、蔬菜沙鈴之動作。

㈧打擊樂器

由作者進行水果、蔬菜沙鈴之介紹，並讓幼兒找出哪些是有聲音的水果、蔬菜造型的沙鈴，指導其進行分類遊戲與使用樂器之活動。

教材說明

作者設計和好吃的食物主題相關之節奏樂器活動，讓幼兒能學習使用樂器的方法，以及聽辨各種不同之聲音。

整體考量

結合蔬菜、水果之分類主題，設計使用水果、蔬菜造型的沙鈴樂器，激發幼兒參與水果、蔬菜之分類遊戲，以及運用有聲音的水果、蔬菜造型的沙鈴，進行合奏的練習。

特殊考量

作者在規畫節奏樂器活動時，乃以考量動作發展落後幼兒手功能之現況，提供適合幼兒學習的簡易樂器——沙鈴。

㈨即興表演

指導幼兒進行「水果蔬菜湯」歌曲，當唱到「加點什麼會更好喝」的時候，幼兒要能用肢體動作，做出代表想加入鍋子中的水果、蔬菜之動作。

教材說明

作者進行「水果蔬菜湯」歌曲之即興表演，讓幼兒藉由音樂即興活動，能運用其肢體動作，來展現自己構思的心得。

整體考量

引導幼兒依據「水果蔬菜湯」歌曲中，需要增加水果或蔬菜材料為前提，運用自己身體的肢體動作，假想自己就是加入鍋子中的水果或蔬菜；藉此創作各種代表水果或蔬菜等具有變化性的動作，也進一步指導幼兒展現個人創意動作，同時也請幼兒分享自己獨特動作之想法。

特殊考量

作者規畫即興表演活動時，以設計適合特殊幼兒認知理解的教學內容為基本活動，並考量動作發展落後幼兒易於學習、模仿之動作，作為基本的動作模式。

作者參與「好吃的食物」音樂教學活動情形

表 7-4 「好吃的食物」大單元簡案

主要教學流程摘要	時間(分)	教學資源	多元智能向度
一、師生問候歌（或暖身歌曲）	2	布偶	人
二、點名歌 指導幼兒唱到點名歌「在這裡」時，搖水果沙鈴三下。	3	布偶、水果沙鈴	人、肢、內
三、布偶音樂劇場 布偶對話：互相討論自己喜歡吃哪些水果、蔬菜。	5	布偶、音樂	內、自
四、說白節奏 運用水果沙鈴與水果模型，來示範說白節奏，並讓幼兒自選想使用的水果沙鈴進行單元主題之說白節奏；當幼兒熟悉水果遊戲之後，再進行蔬菜遊戲。	10	水果沙鈴	語
五、音樂律動 1. 引導幼兒跟著單元主題之歌曲，做出相關的動作。 2. 當呈現A段音樂時，同步出現布偶在甜筒外，幼兒則搖動手中的水果、蔬菜沙鈴；當呈現B段音樂時，布偶在甜筒內，幼兒則是將水果沙鈴拿在手中不搖動。	8	音樂、水果及蔬菜沙鈴、甜筒布偶	肢、音、自
六、師生再見歌	2	布偶	人
一、師生問候歌（或暖身歌曲）	2	布偶	人
二、點名歌	3	布偶、水果沙鈴	人、肢、內
三、音樂故事聯想 水果蔬菜湯的音樂故事及遊戲。	5	音樂、水果、蔬菜	肢、音、人、自
四、手指音樂遊戲 一邊讓幼兒聆聽水果主題的背景音樂，一邊引導幼兒跟著自編水果沙拉的故事，進行手指音樂遊戲，藉此讓幼兒運用手指動作，進行音樂遊戲。	8	音樂、盤子	肢、人、自
五、歌曲教唱 1. 單元主題之歌曲。 2. 「水果蔬菜湯」：指導幼兒進行「水果蔬菜湯」歌曲，當唱到「加點什麼會更好喝」的時候，幼兒要能指出想要加的水果／蔬菜模型或是說出想要加的水果／蔬菜名稱，並且指導幼兒將水果／蔬菜模型放入鍋子中。	10	音樂、水果模型、蔬菜模型	語、音、人
六、師生再見歌	2	布偶	人

續表 7-4

主要教學流程摘要	時間 (分)	教學資源	多元智能向度
一、師生問候歌（或暖身歌曲）	2	布偶	人
二、點名歌	3	布偶、水果沙鈴	人、肢、內
三、音樂溝通遊戲 　　當呈現A段音樂時，幼兒邊走邊做出摘水果、蔬菜的動作；B段音樂時，幼兒面對圓心，搖動手中的水果、蔬菜沙鈴。	8	音樂、水果沙鈴	邏、空、人
四、打擊樂器 　　水果、蔬菜沙鈴之介紹，並找出哪些是有聲音的水果、蔬菜沙鈴，進行分類遊戲與節奏樂器活動。	10	水果沙鈴	音、人
五、即興表演 　　指導幼兒進行「水果蔬菜湯」歌曲，當唱到「加點什麼會更好喝」的時候，幼兒要能用肢體動作做出代表想加入鍋子中的水果、蔬菜之動作。	5	音樂	肢、內
六、師生再見歌	2	布偶	人

第 **8** 章

學前融合班
幼兒音樂教學活動教材實例㈢

師生問候歌

黃榮真 詞曲

小 朋 友， 快 快 來，

圍 個 圈， 坐 下 來，

小 朋 友 早， 老 師 早，

我 們 一 起 來 點 名。

教材說明

作者使用奧福中的五聲音階（Do、Re、Mi、Sol、La）原理，再加上簡單的歌詞，建構出本首點名歌，主要目的有三：

1. 希望能夠建立幼兒上音樂課的常規（圍個圈、坐下來）。

2. 藉由師生之間互相問候，建立幼兒有禮貌的社交行為。

3. 讓幼兒有心理準備要銜接下一個點名歌曲的活動。

整體考量

本首歌曲乃從兩類幼兒日常生活學習經驗為出發點，透過歌曲提醒幼兒「現在要準備上音樂課了」；主要在於培養兩類幼兒團體規範之建立，能放下手邊的事，快來圍個圓圈坐下來，並且能與老師、同儕問候，一起來進行「點名」的音樂教學活動。

特殊考量

1. 認知理解能力較弱的幼兒

本書所設計的音樂活動內容簡單，乃以適合特殊幼兒認知理解之基本節奏型式的教學內容為主，歌曲簡短，旋律不複雜，採取每四個小節為單位之歌曲。

2. 口語表達不佳的幼兒

針對口語表達不佳的幼兒，可以鼓勵其改用哼唱，或是以手勢的方式進行；

作者希冀透過歌唱活動，漸進提升其發出聲音的能力，建構出有意義的簡單語句表達，同時建立更多詞彙之理解力。

3. 動作發展落後的幼兒

面對動作發展落後的幼兒，本歌曲是以四拍為一個動作，規畫其易於學習、模仿的動作為教學內容之基礎。

4. 自閉症的幼兒

對於自閉症的幼兒乃是提供結構化的音樂活動，有利於其依照既定的音樂活動順序來學習；特別是在結構性的師生問候歌中，讓其能夠了解此一活動代表音樂教學活動將要開始了，以建立其培養遵守團體規範之能力；並且能學習聽從「快來圍個圈坐好」、「與老師同儕問早」、「我們要開始進行音樂課點名活動」之歌曲中所附帶的三個重要指令。

作者參與「師生問候歌」音樂教學活動情形

點名歌

黃榮真 詞曲

(問)○ ○ ○ 你 在 哪 裡？

(答)在 這 裡。

教材說明

1. 作者使用奧福中的五聲音階（Do、Re、Mi、Sol、La）原理，再加上簡單的歌詞，構成點名歌旋律；此首歌曲乃是指導幼兒在聽到自己名字的時候，能以敲樂器之方式來回應「在這裡」。

2. 每次音樂活動皆進行「點名歌」活動，讓幼兒聽到自己的名字能有所回應，同時也能認識其他同儕的名字；作者一邊手拿布偶與幼兒一起唱點名歌，一邊則是指導點到名字的幼兒，以敲樂器之音樂型式來進行點名活動。

3. 每學期前六次的音樂活動，會先由作者主動拿樂器到每位幼兒面前，讓其進行點名敲樂器之回應活動，此時作者透過與幼兒近距離的互動，和幼兒之間建立正向關係。

4. 待幼兒熟悉教學流程後，後六次則安排幼兒聽到自己名字時，走到圓心放置樂器區域，自行敲樂器完成點名回應活動，以逐步建立團體活動之規範。

整體考量

本首歌曲藉由師生之間一問一答，以增進每位幼兒彼此的認識，並加強兩類幼兒對自己名字訊息的注意力。

特殊考量

1. 認知理解能力較弱的幼兒

本書所設計的音樂活動內容簡單，乃以設計適合特殊幼兒認知理解的教學內容為主，歌曲簡短，旋律是由 Do、Re、Mi、Sol、La 五個音所構成的，並且採取基本型式之節奏型態。

2. 口語表達不佳的幼兒

針對口語表達不佳的幼兒，可以鼓勵其改用哼唱，或是以手勢、動作的方式進行，作者希冀透過歌唱活動，漸進提升其發出聲音的能力，以及能運用簡單語

句予以表達，同時增進其更多詞彙之理解力。

3. 動作發展落後的幼兒

　　面對動作發展落後的幼兒，本歌曲是以八拍為一個動作，規畫幼兒在聽到自己名字的時候，能以敲樂器之方式來回應「在這裡」。

4. 自閉症的幼兒

　　對於自閉症的幼兒而言，本書乃是提供結構化的音樂活動，有利於其依照既定的音樂活動流程來學習；特別是在固定教學順序的點名歌曲中，可以建立其對自己名字訊息的注意力，並且可以滿足特殊幼兒對音樂活動模式的掌控力，在輪到其敲樂器回應時，特別能增進其學習的成就感。

師生再見歌

黃榮真 詞曲

快樂 時 光　就 要 結　束，老　師、同　學　下 次 再　見 (再見)

教材說明

　　作者自編此首歌曲，主要是希望透過歌曲，很自然地讓幼兒知道教學活動將要接近尾聲，藉由師生之間互道再見，培養幼兒與人建立良好的禮儀舉止。

整體考量

　　1. 本首歌曲乃從兩類幼兒日常生活學習經驗為出發點，在於協助一般幼兒與特殊幼兒能在適當的情境中，學習與老師、同儕互道再見，也透過此一音樂活動，讓幼兒心理預知此節快樂的音樂活動，即將在歌聲中結束。

　　2. 最後一小節的再見，以說白節奏之方式進行，主要在於加深幼兒「再見」的概念，同時增添師生再見歌之樂趣。

特殊考量

1. 認知理解能力較弱的幼兒

　　本書所設計的音樂活動內容簡單，適合特殊幼兒認知理解之教學內容為主，歌曲簡短，旋律不複雜，同時也採取基本型式之節奏型態。

2. 口語表達不佳的幼兒

　　針對口語表達不佳的幼兒，可以鼓勵其改用哼唱，或是以手勢的方式進行；作者希冀透過歌唱活動，漸進激發其發出聲音，建構出有意義的簡單語句表達，同時建立更多詞彙之理解能力。

3. 動作發展落後的幼兒

　　面對動作發展落後的幼兒，本歌曲是以八拍為一個動作，規畫其易於學習、模仿的動作，成為教學內容之基礎。

4. 自閉症的幼兒

　　對於自閉症的幼兒乃是提供結構化的音樂活動，有利於其依照既定的音樂活動順序來學習；特別是在結構性的師生再見歌中，讓其能夠了解此一活動代表音樂教學活動即將要結束；亦即透過再見歌曲，讓其心理有所預知，以滿足自閉症幼兒對音樂活動步驟的掌控力，具有穩定特殊幼兒情緒之效果。

一、我的身體真奇妙

㈠單元主題之說白節奏譜

黃榮真 詞

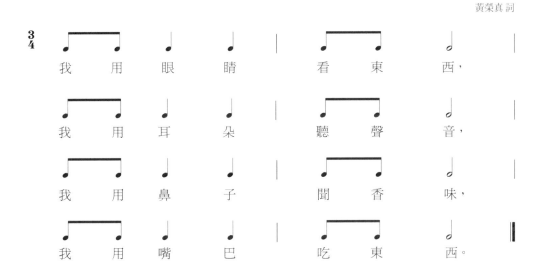

我用眼睛看東西，
我用耳朵聽聲音，
我用鼻子聞香味，
我用嘴巴吃東西。

教材說明

　　作者透過此首說白節奏，主要是希望指導幼兒能一邊念，一邊認識自己的五官名稱、位置及功能。

整體考量

　　本首說白節奏，乃是讓幼兒認識自己臉上的五官名稱、位置及功能，以「認識自我」為教學題材，以引發幼兒對此單元的興趣。

特殊考量

1. 認知理解能力較弱的幼兒

　　本書所設計的音樂活動內容簡單，乃以設計適合特殊幼兒認知理解的教學內容為主，說白節奏簡短，並且採取基本型式之節奏型態。

2. 口語表達不佳的幼兒

　　針對口語表達不佳之幼兒，可以鼓勵其改用哼念ㄅㄨ的聲音，主要是藉由音樂活動之際，讓幼兒自然順勢地發出ㄅㄨ之聲音，以增進幼兒更多發音的機會。

3. 動作發展落後的幼兒

　　面對動作發展落後的幼兒，說白節奏是以八拍為一個動作，規畫幼兒能仿做各個五官最重要的功能動作，如看、聽、聞、吃等具有代表性的動作。由於該學期有一位肢體障礙的幼兒；所以，四個動作必須簡單而不複雜，以易於仿做，亦即能以漸進的方式，引導其能慢慢地跟上作者所示範的動作模式。

4. 自閉症的幼兒

　　對於自閉症的幼兒而言，此一音樂活動可以運用固定順序的方式，以利於其依照既定的規則來進行此一活動，培養其對於自己的五官名稱、位置及功能，有基本之認知。

㈡單元主題之歌曲教唱譜

黃榮真　詞

我用眼睛看東西，

我用耳朵聽聲音，

我用鼻子聞香味，

我用嘴巴吃東西。

教材說明

　　作者將此首說白節奏轉為歌曲，讓幼兒能一邊唱，一邊以肢體動作，來加深本身對於自己五官的認識。

整體考量

　　本首單元主題歌曲，乃是讓幼兒認識自己臉上的五官名稱、位置及功能，以「認識自我」為教學題材，以引發幼兒對此單元的興趣。

特殊考量

1. 認知理解能力較弱的幼兒

　　本書所設計的音樂活動內容簡單，乃以設計適合特殊幼兒認知理解的教學內容為主，單元歌曲簡單，並且採取基本型式之節奏型態。

2. 口語表達不佳的幼兒

　　針對口語表達不佳之幼兒，可以鼓勵其改用哼唱ㄅㄨ的聲音，主要是藉由音樂活動之際，讓幼兒自然順勢地唱出ㄅㄨ的聲音，以增進幼兒更多發音之機會。

3. 動作發展落後的幼兒

　　面對動作發展落後的幼兒，說白節奏是以八拍為一個動作，規畫幼兒能仿做各個五官最重要的功能動作，如看、聽、聞、吃等具有代表性的動作。由於該學期有一位肢體障礙的幼兒，所以，四個動作必須要簡單而不複雜，以易於仿做，

亦即能以漸進的方式，指導其能逐步地跟上作者所示範的動作。

4. 自閉症的幼兒

對於自閉症的幼兒而言，此一音樂活動可以運用固定順序的方式，以利於其依照既定的流程來進行此一活動，培養其對於自己的五官名稱、位置及功能，有基本的認知。

(三)布偶音樂劇場

兩個布偶對話：從對話中具體舉例說明五官的功能。

教材說明

作者藉由兩個布偶，分享自己五官功能之故事，並在說故事的歷程中，播放適合營造五官功能之故事劇情氣氛的音樂，增進幼兒對於自己五官功能之基本認知。

整體考量

作者運用兩個布偶的對話活動，引發幼兒探知教學內容之動機及提升其學習的參與感，也藉由布偶之間的對話，幫助幼兒對於自己五官的名稱、外形特色、功能，有一初步之認識與統整。

特殊考量

本書所設計的音樂活動內容簡單，乃以規畫適合特殊幼兒認知理解的教學內容為主，特別是兩個不同造型的布偶出現，引發特殊幼兒進一步探索之動機。

(四)音樂律動

引導幼兒跟著單元主題之歌曲，做出相關的動作。

教材說明

作者依據我的身體真奇妙單元歌曲內容，設計與詞意相互對應的肢體動作，以加深幼兒對詞意之理解，並進而開展幼兒的身體動作，及訓練身體協調能力之發展。

整體考量

作者為了強化幼兒對我的身體真奇妙教學單元之記憶，不僅運用說白節奏的活動設計，同時指導幼兒跟著主題相關的背景音樂，運用手勢、肢體動作，做出與說白節奏內容相互對應的動作。

特殊考量

　　作者在規畫音樂律動活動時，是以動作發展落後幼兒易於學習、模仿的動作為設計基礎，對於動作能力較佳的幼兒，可鼓勵其發展自創的動作。

㈤音樂故事聯想

　　引導幼兒針對五官各主角，進行音樂故事聯想的遊戲：聽到不同的音樂段落時，分別將響棒輕放在眼睛（望遠鏡）、耳朵（聽筒）、鼻子（大象）、嘴巴（吹笛子）的位置，以加深自己對於五官位置之認識。

教材說明

　　作者運用一首四拍輕快的古典音樂，讓幼兒聆聽四個不同音樂段落之際，將響棒輕放在眼睛前，自由聯想自己正在使用望遠鏡看遠方的景物，再把響棒輕靠在耳朵旁，假裝使用聽筒聽聲音；接著，將響棒輕擺在鼻子下方，扮演大象長鼻子的動作，再把響棒輕貼於嘴巴位置，假想自己正愉快地吹著笛子。亦即藉由此一音樂故事聯想的活動，激發幼兒發揮聯想力，展現屬於自己風格的創意動作，並且也增進幼兒創造力之發展。

整體考量

　　作者運用「音樂故事聯想」的型式，串連「布偶音樂劇場」、「說白節奏」之內容核心，以另一個活動型態展現此一單元之教學內涵；讓幼兒聆聽四個不同古典音樂段落，藉由響棒分別放置在不同五官位置上，並且與音樂故事之間加以連結，分別假扮不同的動作或角色，以加深幼兒對於自己五官位置的印象。

特殊考量

　　作者在規畫音樂故事聯想活動時，乃以設計適合特殊幼兒認知理解的教學內容為基本活動，並且考量動作發展落後幼兒易於學習、模仿之動作，例如運用響棒裝扮成使用望遠鏡看景物、使用聽筒聽聲音、扮演大象長鼻子、模擬吹笛子等動作模式。

㈥手指音樂遊戲

　　一邊讓幼兒唱著單元主題之歌曲，一邊引導幼兒進行與歌曲有關的手指音樂遊戲，藉此讓幼兒運用手指動作，進行音樂遊戲之活動。

教材說明

作者依據我的身體真奇妙主題歌曲，設計與詞意相互對應的手指動作遊戲，以另一種有趣且具創意的型式，增進幼兒對於自己五官位置之認識。

整體考量

「手指音樂遊戲」乃結合單元主題中的主題歌曲，引導幼兒伸出左右兩手的手指，完成歌詞意境中之動作。

特殊考量

作者在規畫手指音樂遊戲活動時，乃以設計適合特殊幼兒認知理解的教學內容為基本活動，並且考量動作發展落後幼兒易於學習、模仿之基本手指動作模式。

㈦音樂溝通遊戲

引導幼兒當聽到 A 段音樂時，則指導幼兒繞圈往右走；聽到 B 段音樂時，指導幼兒兩人一組，將各自的手、腳、臀部貼在一起。

教材說明

作者依據我的身體真奇妙主題，設計團體之音樂遊戲活動，以增進師生、同儕間的互動。

整體考量

1.「音樂溝通遊戲」係透過律動音樂，與同儕進行由單元主題所建構的溝通活動；作者指導幼兒圍個圈，一邊聆聽律動音樂，一邊做出正確的動作反應，如聽到 A 段音樂時，則繞圈往右走；聽到 B 段音樂時，指導幼兒兩人一組，各自將手、腳、臀部貼在一起，學習與同儕共同合作完成一件事。

2. 透過音樂活動情境，讓幼兒能學習分辨不同的音樂段落，以增進其對於聲音的敏覺度。

特殊考量

作者在規畫音樂溝通遊戲活動時，乃以設計適合特殊幼兒認知理解的教學內容為基本活動，並且考量動作發展落後幼兒易於學習、模仿之動作；故此，此一活動是讓幼兒能與人進行肢體性互動之遊戲。

㈧打擊樂器

指導幼兒跟著單元主題歌曲，與同儕一起進行響棒打擊樂器的活動。

教材說明

作者設計與我的身體真奇妙主題相關的打擊樂器活動，讓幼兒能學習使用樂器的方法，且藉此抒發自己的情感。

整體考量

「打擊樂器」活動乃結合我的身體真奇妙主題，設計使用響棒，進行相關之節奏活動，讓幼兒能認識外形為圓柱形的一種節奏樂器。

特殊考量

作者在規畫打擊樂器活動時，乃以考量動作發展落後幼兒手功能的現況，提供適合幼兒學習的簡易樂器——響棒。

㈨即興表演

引導幼兒一邊聆聽與五官相關的背景音樂，一邊即興做出眼睛看東西、耳朵聽聲音、鼻子聞花香、嘴巴吃東西及說話的肢體動作；在嘴巴說話的部分，引導幼兒說出語尾詞（喔嘿），以增加律動的趣味性。

教材說明

1. 作者引導幼兒一邊聆聽與五官相關的背景音樂，一邊即興做出最能代表五官功能之動作，讓幼兒從自主發揮的即興表演活動中，表達自己之情感與意念。

2. 此一即興表演的活動設計別具特色，融入幼兒日常生活中熟悉之聲音，例如，引導幼兒知道嘴巴具有說話的功能，並且指導幼兒在以動作詮釋嘴巴具有說話功能之際，讓幼兒能說出語尾詞（喔嘿），使曲子充滿趣味化的特質。

整體考量

引導幼兒根據代表五官功能之象徵性動作，進一步展現個人創意動作，同時分享自己獨特動作之想法。

特殊考量

作者在規畫即興表演活動時，乃以設計適合特殊幼兒認知理解的教學內容為基本活動，同時也考量動作發展落後幼兒易於即興做出的一種指定動作，例如眼睛看東西、耳朵聽聲音、鼻子聞花香、嘴巴吃東西及說話的肢體動作。

作者參與「我的身體真奇妙」音樂教學活動情形

表 8-1　「我的身體真奇妙」大單元簡案

主要教學流程摘要	時間（分）	教學資源	多元智能向度
一、師生問候歌（或暖身歌曲）	2	布偶	人
二、點名歌	3	布偶、鼓	人、肢、內
三、布偶音樂劇場 　　布偶對話：從對話中具體舉例說明五官的功能。	5	布偶、音樂	內、自
四、說白節奏 　　單元主題之說白節奏。	10	音樂、響棒	語
五、音樂律動 　　引導幼兒跟著單元主題歌曲，做出相關的動作。	8	音樂	肢、音、自
六、師生再見歌	2	布偶	人
一、師生問候歌（或暖身歌曲）	2	布偶	人
二、點名歌	3	布偶	人、肢、內
三、音樂故事聯想 　　引導幼兒針對五官各主角，進行音樂故事聯想的遊戲：聽到不同的音樂段落時，分別將響棒輕放在眼睛（望遠鏡）、耳朵（聽筒）、鼻子（大象）、嘴巴（吹笛子）的位置，以加深自己五官位置的認識。	5	音樂、響棒	肢、音、人、自
四、手指音樂遊戲 　　一邊讓幼兒唱著單元主題之歌曲，一邊引導幼兒進行與歌曲有關的手指音樂遊戲，藉此讓幼兒運用手指動作，進行音樂遊戲之活動。	8	音樂	肢、人、自
五、歌曲教唱 　　單元主題之歌曲。	10	音樂	語、音、人
六、師生再見歌	2	布偶	人
一、師生問候歌（或暖身歌曲）	2	布偶	人
二、點名歌	3	布偶	人、肢、內
三、音樂溝通遊戲 　　引導幼兒聽到 A 段音樂時，則指導幼兒繞圈往右走；聽到 B 段音樂時，指導幼兒兩人一組，各自將手、腳、臀部貼在一起。	8	音樂	邏、空、人
四、打擊樂器 　　指導幼兒跟著單元主題歌曲，與同儕一起進行打擊樂器的活動。	10	音樂、響棒	音、人
五、即興表演 　　引導幼兒一邊聆聽與五官相關的背景音樂，一邊即興做出眼睛看東西、耳朵聽聲音、鼻子聞花香、嘴巴吃東西及說話的肢體動作；在嘴巴說話的部分，引導幼兒說出語尾詞（喔嘿），以增加律動的趣味性。	5	音樂	肢、內
六、師生再見歌	2	布偶	人

二、動物王國

㈠單元主題之說白節奏譜

黃榮真 詞曲

森	林	裡	有	隻	○	○，	＊ ＊	＊。
動	物	園	有	隻	＠	＠，	＃ ＃	＃。

教材說明

　　動物對幼兒來說，具有極大的親和力；作者運用幼兒熟悉的幾種動物為題材，並且進一步將此主題延伸為有些動物住在不同生態環境，例如：森林、動物園；作者分別引導幼兒以節奏性的語句，念出代表該動物的叫聲，並且引導幼兒做出具有象徵此一動物的動作，以增加此首說白節奏的趣味性。

整體考量

　　本首說白節奏，乃是以幼兒熟悉的幾種動物為題材，作者分別引導幼兒以節奏性的語句，模擬發出該動物的叫聲，以及做出具有象徵此一動物的代表性動作，引發幼兒對此單元的參與；同時，讓幼兒從模仿有趣的動物叫聲中，強化其發出簡單聲音的能力。

特殊考量

1. 認知理解能力較弱的幼兒

　　本書所設計的音樂活動內容簡單，乃以設計適合特殊幼兒認知理解的教學內容為主，說白節奏簡短，並且採取基本型式之節奏型態。

2. 口語表達不佳的幼兒

　　針對口語表達不佳的幼兒，可以鼓勵其從模仿有趣的動物叫聲中，自然順勢地發出單音，以增進幼兒更多發音的機會。

3. 動作發展落後的幼兒

　　面對動作發展落後的幼兒，說白節奏是以八拍為一個動作，可以鼓勵其從模仿有趣的動物動作中，自然順勢地仿做與四肢相關之動作。

4. 自閉症的幼兒

　　對於自閉症的幼兒而言，此一音樂活動可以運用固定順序之方式，以利於其依照既定的規則來進行此一活動，培養其對於象徵此一動物的叫聲與動作，有所基本之認知。

作者參與「動物王國」音樂教學活動情形

㈡單元主題之歌曲教唱譜

黃榮真 詞曲

| 森 | 林 | 裡 | 有 | 隻 | ○ | ○， | ＊ | ＊ | ＊。 |
| 動 | 物 | 園 | 有 | 隻 | ＠ | ＠， | ＃ | ＃ | ＃。 |

教材說明

　　作者運用十六拍歌曲，以不斷反覆呈現的方式，讓幼兒以唱歌之方式，依序模擬出動物的叫聲與動作。

整體考量

　　本首單元主題歌曲，乃是以幼兒熟悉的幾種動物為題材，作者分別引導幼兒以節奏性歌詞，模擬唱出該動物之叫聲，以及做出具有象徵此一動物的代表性動作，以引發幼兒對此單元之參與；在此之際，也讓幼兒從模仿有趣的動物叫聲中，強化其發出簡單聲音之興趣。

特殊考量

1. 認知理解能力較弱的幼兒

　　本書所設計的音樂活動內容簡單，乃以設計適合特殊幼兒認知理解的教學內容為主，單元主題歌曲簡短，並且採取基本型式之節奏型態。

2. 口語表達不佳的幼兒

　　針對口語表達不佳之幼兒，可以鼓勵其從模仿有趣的動物叫聲中，自然順勢地唱出單音，以增進幼兒更多發音之情境。

3. 動作發展落後的幼兒

　　面對動作發展落後的幼兒，單元歌曲是以八拍為一個動作，可以鼓勵其從模仿有趣的動物動作中，自然順勢地仿做與四肢相關之動作。

4. 自閉症的幼兒

　　對於自閉症的幼兒而言，此一音樂活動可以運用固定順序的方式，以利於其依照既定規則來進行此一活動；主要是培養其對於象徵此一動物的叫聲與動作，有基本之認知，以及提高其對於音樂活動的參與感。

作者參與「動物王國」音樂教學活動情形

㈢布偶音樂劇場

1. 布偶對話：從對話中舉例說明森林、動物園有哪些常見的動物。

2. 引導幼兒從若干個動物布偶中，共同討論常見動物的外形、特徵、叫聲及動作。

教材說明

作者藉由兩個布偶，說出森林、動物園有哪些常見動物之故事，並在說故事的歷程中，播放適合營造動物故事劇情氣氛之音樂，透過若干個動物布偶的角色扮演，增進幼兒對動物外形、特徵、叫聲及動作之認知。

整體考量

作者運用兩個布偶的對話活動，引發幼兒探知教學內容之動機及提升學習的參與感，也藉由布偶之間對話，幫助幼兒對於動物的主要特性，有一初步之認識與統整。

特殊考量

本書所設計的音樂活動內容簡單，乃以規劃適合特殊幼兒認知理解的教學內容為主，特別是若干個動物布偶之出現，引發特殊幼兒學習之好奇心與高度的興致。

㈣音樂律動

引導幼兒跟著單元主題之歌曲，做出相關的動作。

教材說明

作者依據動物王國單元歌曲內容，設計與詞意相互對應的肢體動作，以加深幼兒對詞意之理解，並進而開展幼兒的身體動作，及訓練其身體動作之協調發展能力。

整體考量

作者為了強化幼兒對於動物王國教學單元之記憶，不僅運用說白節奏的活動設計，同時指導幼兒跟著主題相關之背景音樂，運用手勢、肢體動作，做出與說白節奏內容相互對應的動作。

特殊考量

作者在規畫音樂律動活動時，是以動作發展落後幼兒易於學習、模仿的動作為設計基礎；對於動作能力較佳的幼兒，可鼓勵其發展自創的動作。

㈤音樂故事聯想

引導幼兒針對森林、動物園常見的動物，進行音樂故事聯想的遊戲，當聽到不同的音樂故事段落時，做出該種動物的動作。

教材說明

作者依據動物王國的背景音樂，讓幼兒從聆聽音樂之中發揮聯想力，展現屬於自己風格的創意動作，進而增進幼兒創造力之發展。

整體考量

作者運用「音樂故事聯想」的型式，串連「布偶音樂劇場」、「說白節奏」之內容核心，以另一個活動型態展現此一單元之教學內涵；讓幼兒從聆聽動物主題的背景音樂，一邊引導幼兒跟著作者自編動物故事，做出森林、動物園常見的動物如大象、猴子、企鵝、牛、豬等動作；同時讓幼兒體會音樂旋律所流露出的意境，以激發其想像力與聯想力。

特殊考量

作者在規畫音樂故事聯想活動時，乃以設計適合特殊幼兒認知理解的教學內容為基本活動，並且考量動作發展落後幼兒易於學習、模仿的動作，作為基本之動作模式，例如模擬指定動物具有特色或象徵性的動作。

㈥手指音樂遊戲

指導幼兒邊聽幾種常見動物情境型式的音樂故事，一邊同步配合音樂做出手指遊戲，藉此讓幼兒運用手指動作，進行音樂遊戲的活動。

教材說明

作者依據動物王國主題，設計與詞意相互對應的手指動作遊戲，以另一種有趣且具創意之型式，增進幼兒對動物特質的辨認。

整體考量

「手指音樂遊戲」乃結合單元主題中的音樂故事聯想活動，主要是以手指之型態，引導幼兒跟著作者自編動物故事進行手指音樂遊戲，以完成故事意境中常見動物的動作。

特殊考量

作者在規畫手指音樂遊戲活動時，乃以設計適合特殊幼兒認知理解的教學內容為基本活動，並且考量動作發展落後幼兒易於學習、模仿之手指活動。

㈦音樂溝通遊戲

引導幼兒在聽到單元主題歌曲特定節拍時，做出與同儕拍手、兩人牽手一起跳、兩人牽手踏腳及兩人共同組成一種動物造型的動作。

教材說明

作者依據動物王國單元主題，設計團體的音樂遊戲活動，以增進師生、同儕間之互動。

整體考量

「音樂溝通遊戲」係透過背景音樂、單元主題音樂、律動音樂，與同儕進行由單元主題所建構的溝通活動，指導幼兒圍個圈，做出與同儕拍手、兩人牽手一起跳、兩人牽手踏腳、兩人共同組成一種動物造型的動作。

特殊考量

作者在規畫音樂溝通遊戲活動時，乃以設計適合特殊幼兒認知理解的教學內容為基本活動，並且考量動作發展落後幼兒易於學習、模仿之動作，作為基本的動作模式。

㈧打擊樂器

　　1. 指導幼兒跟著單元主題歌曲，與同儕一起進行打擊樂器的活動。

　　2. 引導幼兒在聽到單元主題歌曲特定節拍時，敲打響棒三下。

教材說明

　　作者設計與動物王國主題相關的打擊樂器活動，讓幼兒能學習敲打樂器之方法，且藉此抒發自己的情感。

整體考量

　　「打擊樂器」活動乃結合動物王國主題，設計使用響棒，進行相關之節奏活動，讓幼兒能認識一種外形為圓柱形的節奏樂器。

特殊考量

　　作者在規畫打擊樂器活動時，乃以考量動作發展落後幼兒手功能之現況，提供適合幼兒學習的簡易樂器——響棒。

㈨即興表演

　　引導幼兒一邊聆聽動物組曲的背景音樂，一邊即興做出常見動物之叫聲及動作。

教材說明

　　作者引導幼兒結合動作、節拍、身體、方位，進行動物組曲之即興表演，讓幼兒從自主發揮的即興表演活動中，藉此表達自己對於動物的感受，是凶猛、會吃人、會跳等特質。

整體考量

　　運用動物組曲之背景音樂，引導幼兒根據該動物之象徵性動作，進一步展現個人創意的肢體動作，同時也分享自己獨特動作之想法。

特殊考量

　　作者在規畫即興表演活動時，乃以設計適合特殊幼兒認知理解的教學內容為基本活動，同時也考量動作發展落後幼兒易於學習、模仿之動作，作為基本的動作模式。

作者參與「動物王國」音樂教學活動情形

表 8-2　「動物王國」大單元簡案

主要教學流程摘要	時間(分)	教學資源	多元智能向度
一、師生問候歌（或暖身歌曲）	2	布偶	人
二、點名歌	3	布偶、鼓	人、肢、內
三、布偶音樂劇場	5	布偶、音樂	內、自
1.布偶對話：從對話中舉例說明森林、動物園有哪些常見的動物。			
2.引導幼兒從若干個動物布偶中，共同討論常見動物的外形、特徵、叫聲及動作。			
四、說白節奏	10	音樂、響棒	語
單元主題之說白節奏。			
五、音樂律動	8	音樂	肢、音、自
引導幼兒跟著單元主題歌曲，模仿動物叫聲及動作。			
六、師生再見歌	2	布偶	人
一、師生問候歌（或暖身歌曲）	2	布偶	人
二、點名歌	3	布偶	人、肢、內
三、音樂故事聯想	5	音樂、響棒	肢、音、人、自
引導幼兒針對森林、動物園常見的動物，進行音樂故事聯想之遊戲；當聽到不同的音樂故事段落時，做出該種動物的動作。			
四、手指音樂遊戲	8	音樂	肢、人、自
指導幼兒邊聽幾種常見動物情境型式的音樂故事，一邊同步配合音樂做出手指遊戲，藉此讓幼兒運用手指動作，進行音樂遊戲的活動。			
五、歌曲教唱	10	音樂	語、音、人
單元主題之歌曲。			
六、師生再見歌	2	布偶	人
一、師生問候歌（或暖身歌曲）	2	布偶	人
二、點名歌	3	布偶	人、肢、內
三、音樂溝通遊戲	8	音樂	邏、空、人
引導幼兒在聽到單元主題歌曲特定節拍時，做出與同儕拍手、兩人牽手一起跳、兩人牽手踏腳、兩人共同組合成為一種動物的造型動作。			
四、打擊樂器	10	音樂、響棒	音、人
1.指導幼兒跟著單元主題歌曲，與同儕一起進行打擊樂器的活動。			
2.引導幼兒在聽到單元主題歌曲規律節拍時，敲打響棒三下。			
五、即興表演	5	音樂	肢、內
引導幼兒一邊聆聽動物組曲之背景音樂，一邊即興做出常見動物的叫聲及動作。			
六、師生再見歌	2	布偶	人

三、美麗的花園

(一)單元主題之說白節奏譜

黃榮真 詞

美　麗　的　花　園　　有　許　多　花，

1.紅　黃　藍　紫　　我　都　很　喜　歡。
2.各　種　顏　色

教材說明

　　作者扮演牛媽媽之角色,先與布偶音樂劇場的人物對話,在音樂故事情境中,由牛媽媽種很多花之情境切入,然後引導幼兒認識花的顏色;作者讓幼兒一邊聽音樂,一邊在牛媽媽花園裡種花;同時,也透過節奏性語句,加深幼兒對於「花園」與「花的顏色」之概念。

整體考量

　　本首說白節奏,乃是讓幼兒透過牛媽媽種很多花的故事情境導入,逐漸引導幼兒認識不同顏色之花,建立幼兒紅、黃、藍、紫等顏色的概念。

特殊考量

1.認知理解能力較弱的幼兒

　　本書所設計的音樂活動內容簡單,適合特殊幼兒之認知理解能力,說白節奏簡短,並且採取基本型式之節奏型態。

2.口語表達不佳的幼兒

　　針對口語表達不佳之幼兒,可以鼓勵其改用哼念ㄏㄨ的聲音,主要是藉由音樂活動之際,讓幼兒自然順勢地發出「花」的聲音,以增進幼兒更多發音之機會。

3.動作發展落後的幼兒

　　面對動作發展落後的幼兒,說白節奏是以四拍為一個動作,規畫幼兒能仿做花的動作。

4. 自閉症的幼兒

　　對於自閉症的幼兒而言，此一音樂活動可以運用固定順序之方式，以利於其依照既定的規則來認識花的顏色。

作者參與「美麗的花園」音樂教學活動情形

㈡單元主題之歌曲教唱譜

A.

黃榮真 詞曲

美　麗　的　花　園　　有　　許　多　花，

1. 紅　黃　藍　紫　　我　都　很　喜　歡。
2. 各　種　顏　色

教材說明

　　作者將上述說白節奏轉為歌曲，並且運用手勢動作，加深幼兒對於花園中不同顏色花朵的認識。

整體考量

　　本首單元歌曲，乃是讓幼兒透過牛媽媽種很多花之故事情境，逐漸地引導幼兒認識不同顏色的花，以建立幼兒紅、黃、藍、紫等顏色之概念。

特殊考量

1. 認知理解能力較弱的幼兒

　　本書所設計的音樂活動內容簡單，以特殊幼兒易於理解的教學內容為主，單元歌曲簡單，並且採取基本型式之節奏型態。

2. 口語表達不佳的幼兒

　　針對口語表達不佳的幼兒，可以鼓勵其改用哼唱ㄏㄨ的聲音，主要是藉由音樂活動之際，讓幼兒自然順勢地唱出「花」的聲音，以增進幼兒更多發音之機會。

3. 動作發展落後的幼兒

　　面對動作發展落後的幼兒，說白節奏是以四拍為一個動作，引導幼兒運用雙手仿做出花的動作。

4. 自閉症的幼兒

　　對於自閉症的幼兒而言，此一音樂活動可以運用固定順序的方式，以利於其根據既有之流程，來認識這幾種顏色的花朵。

B.

黃榮真 詞曲

請 你 找 一 找 呀， 哪 一 朵 花 開 了？ Do、Re、Mi、Fa、 Sol，

請 你 找 一 找 呀， 哪 一 朵 花 謝 了？ Sol、Fa、Mi、Re、 Do。

教材說明

1. 作者發給每位幼兒一條有顏色絲巾，分別放在自己兩手的手心中間，象徵著一朵花，當幼兒聽到「哪一朵花開了」之指令時，可自由選擇自己的花是「開」或「謝」之情境，然後，作者引導幼兒數數看有幾朵花開了；當幼兒聽到「哪一朵花謝了」之指令時，也是可以自由選擇花開或花謝的動作，之後，作者再引導幼兒數數看有幾朵花謝了；此活動主要是透過音樂遊戲，建立幼兒數字與數量的概念。

2. 此外，作者同時運用 Do、Re、Mi、Fa、Sol 上行的音階旋律，讓幼兒感受花兒不斷往上開之感覺，再運用 Sol、Fa、Mi、Re、Do 下行的音階旋律，讓幼兒感受到花朵慢慢枯萎之情境。

3. 接下來，作者引導幼兒將「哪一朵花開了」、「哪一朵花謝了」之指令，隨機改為任何一種顏色的花，例如：紅色、黃色等，若幼兒手中拿的是指令所說之顏色，就必須將手中的絲巾花舉高，然後，由作者引導幼兒數出有幾朵指定顏色的花；此活動主要是從音樂遊戲中，加深幼兒對顏色的認知力與辨認能力。

整體考量

1. 本首單元歌曲結合說白節奏，讓幼兒透過找花的故事情境，逐漸引導幼兒辨識「花開」、「花謝」之概念。

2. 透過這個音樂活動，讓幼兒體會「花開」對應音階上升的音樂，代表花兒是向上綻放花朵；而「花謝」對應音階下降的音樂，代表花兒是向下枯萎。

3. 逐步指導幼兒花朵「一對一」之對應概念，並且能具有 1 至 5 數數能力，及具備 1 至 5 的數量觀念。

4. 也可進一步延伸哪一種顏色的花「花開」、「花謝」，以及「○色的花開了幾朵」、「○色的花謝了幾朵」，藉此提升其對於「顏色」、「數量」之應用

能力。

特殊考量

1. 認知理解能力較弱的幼兒

本書所設計的音樂活動內容簡單，乃以規畫適合特殊幼兒認知理解的教學內容為主，單元歌曲簡單，並且採取基本型式之節奏型態。

2. 口語表達不佳的幼兒

針對口語表達不佳之幼兒，可以鼓勵其改用哼唱ㄏㄨ的聲音，主要是藉由音樂活動之際，讓幼兒自然順勢地唱出「花」的聲音，以增進幼兒更多發音之機會。

3. 動作發展落後的幼兒

面對動作發展落後的幼兒，說白節奏是以四拍為一個動作，規畫幼兒能仿做花之動作。

4. 自閉症的幼兒

對於自閉症的幼兒而言，此一音樂活動可以運用固定順序的方式，以利於其依照既定之規則來認識幾種顏色的花朵，以及能進行「花開」、「花謝」之花朵數量的計算。

C.

黃榮真 詞

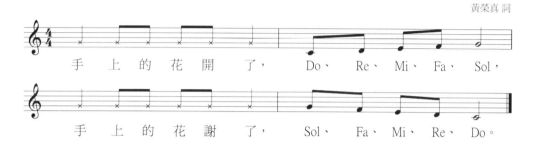

手 上 的 花 開 了， Do、 Re、 Mi、 Fa、 Sol，

手 上 的 花 謝 了， Sol、 Fa、 Mi、 Re、 Do。

教材說明

1. 作者指導幼兒分別運用手掌、絲巾、音樂鐘，各自象徵不同造型的一朵花，當幼兒聽到「花開了」指令時，則分別將手掌花、絲巾花、音樂鐘，模擬做出花開了之動作；而當幼兒聽到「花謝了」時，則將手掌花、絲巾花、音樂鐘做出花謝了的動作。

2. 作者待幼兒熟悉「手上的花開／謝了」音樂活動之後，進一步隨機改為任何一種顏色的花，例如：紅色、黃色等，亦即為「紅色的花開了」，若幼兒手中拿的是紅色物件，就必須將手中的紅色絲巾花，模擬做出花開之動作，或是舉起手中紅色的音樂鐘。

3. 作者在指導幼兒進行此項音樂活動時，一邊說出「手上的花開／謝了」，一邊則按著節拍敲奏青蛙木魚，並且在音磚上敲出 Do、Re、Mi、Fa、Sol 上行音階，或是 Sol、Fa、Mi、Re、Do 下行音階，亦即由作者敲音磚伴奏，以增進音樂活動的愉悅感受。

整體考量

1. 本首單元歌曲延伸上一首曲子的結構，同樣是運用單元歌曲結合說白節奏，讓幼兒透過「花開」、「花謝」之故事情境，能仿做「花開」、「花謝」的動作。

2. 透過這個音樂活動，主要是讓幼兒體會「花開」對應音階上升的音樂，代表花兒是向上綻放花朵；而「花謝」對應音階下降的音樂，代表花兒是向下枯萎之明顯對比的情境。

3. 逐步指導幼兒花朵「顏色」與「數量」之間的對應技巧。

特殊考量

1. 認知理解能力較弱的幼兒

本書所設計的音樂活動內容簡單，乃以規畫適合特殊幼兒認知理解的教學內容為主，單元歌曲簡單，並且採取基本型式之節奏型態。

2. 口語表達不佳的幼兒

針對口語表達不佳的幼兒，可以鼓勵其改用哼唱ㄏㄨ的聲音，主要是藉由音樂活動之際，讓幼兒自然順勢地唱出「花」的聲音，以增進幼兒更多發音之機會。

3. 動作發展落後的幼兒

面對動作發展落後的幼兒，說白節奏是以四拍為一個動作，規畫幼兒能仿做花的動作。

4. 自閉症的幼兒

對於自閉症的幼兒而言，此一音樂活動可以運用固定順序之方式，以利於其依照既定的步驟，來進行「花開」、「花謝」之花朵數量的計算；同時也藉此體驗「花開」對應音階上升的音樂，代表花兒是向上綻放花朵；而「花謝」對應音階下降的音樂，代表花兒是向下枯萎之情境。

作者參與「美麗的花園」音樂教學活動情形

㈢布偶音樂劇場

1. 布偶對話：從對話中討論牛媽媽種了哪些花。

2. 引導幼兒一邊聆聽美麗花園的情境音樂，一邊輪流在牛媽媽美麗花園為主題之海報上，黏貼幼兒自選的花朵，亦即象徵在牛媽媽之花園裡，進行種花的活動。

教材說明

作者藉由兩個布偶說出牛媽媽種花之故事，並在說故事的歷程中，播放適合營造牛媽媽種花故事劇情氣氛的音樂；透過兩個布偶的角色對話，指導幼兒覺察出牛媽媽的花園發生哪些有趣之事情，以建立其敏銳的觀察能力。

整體考量

作者運用兩個布偶的對話活動，引發幼兒探知教學內容之動機及提升學習的參與感；也藉由兩個不同造型布偶之間對話，幫助幼兒對於牛媽媽在花園種花之相關事件，有一初步的認識與統整。

特殊考量

本書所設計的音樂活動內容簡單，適合特殊幼兒之認知理解的程度，特別是兩個不同造型布偶之出現，引發特殊幼兒對於牛媽媽在花園種花這件事，有高度的注意力。

㈣音樂律動

引導幼兒跟著單元主題之歌曲，做出相關的動作。

教材說明

作者依據美麗的花園單元歌曲內容，設計出與詞意相互對應之肢體動作，加深幼兒對詞意的理解，並進而開展幼兒之身體動作，及訓練身體的協調能力。

整體考量

作者為了強化幼兒對美麗的花園教學單元之記憶，不僅運用說白節奏的活動設計，同時指導幼兒跟著主題相關之背景音樂，運用手勢、肢體動作，做出與說白節奏內容相互對應的動作。

特殊考量

作者在規畫音樂律動活動時，係以動作發展落後幼兒易於學習、模仿的動作為設計基礎，對於動作能力較佳之幼兒，可鼓勵其發展自創的動作。

㈤音樂故事聯想

引導幼兒針對牛媽媽在花園種花之情境，進行音樂故事聯想的遊戲。

教材說明

作者指導幼兒一邊聆聽美麗的花園情境音樂，一邊讓幼兒輪流拿著不同顏色的花，分別在牛媽媽之花園裡，和牛媽媽一起進行種花的音樂故事聯想遊戲。

整體考量

讓幼兒從聆聽美麗的花園情境音樂中，激發其想像牛媽媽花園即將會有哪些故事的發生。

特殊考量

作者在規畫音樂故事聯想活動時，乃以設計適合特殊幼兒認知理解的教學內容為基本活動，並且考量動作發展落後幼兒易於學習、模仿之動作，以引導特殊幼兒對於大自然事物的變化，有更多敏銳之觀察能力。

㈥手指音樂遊戲

指導幼兒一邊唱單元主題歌曲，一邊同步配合音樂做出手指遊戲，藉此讓幼兒運用手指動作，進行音樂遊戲之活動。

教材說明

作者指導幼兒一邊聆聽美麗的花園單元歌曲內容，一邊同步配合音樂做出手指遊戲。

整體考量

讓幼兒從聆聽美麗的花園單元歌曲，體會音樂旋律所流露出美麗的花園，即將會有哪些景物發生變化之故事，幼兒則是運用手指，來進行音樂遊戲之活動。

特殊考量

作者在規畫手指音樂遊戲活動時，乃以設計適合特殊幼兒認知理解的教學內容為基本活動，並且考量動作發展落後幼兒之精細動作能力，編擬幼兒易於學習、模仿之手指動作內容。

㈦音樂溝通遊戲

引導幼兒一邊唱歌，一邊進行若干種顏色花開花謝的遊戲。

教材說明

　　作者依據美麗的花園單元歌曲，讓幼兒一邊唱歌，一邊與同儕進行若干種顏色花開花謝的遊戲。

整體考量

　　讓幼兒從聆聽美麗的花園單元歌曲中，體會音樂旋律所流露出花開花謝之意境，以激發幼兒對於「花開」、「花謝」的想像力與聯想力。

特殊考量

　　作者在規畫音樂溝通遊戲活動時，乃以設計適合特殊幼兒認知理解的教學內容為基本活動，並且考量動作發展落後幼兒易於學習、模仿之動作，例如：想像自己兩隻手的手掌是一朵花的兩個花瓣，聽著上升或下降音階的音樂，正確做出花朵生命成長、枯萎等變化的肢體動作，以引導特殊幼兒對於大自然事物的變化，有更多敏銳之觀察能力。

⑻打擊樂器

　　指導幼兒將音樂鐘模擬為一朵花，讓幼兒跟著單元主題歌曲，與同儕一起進行手搖音樂鐘的活動。

教材說明

　　作者設計和美麗的花園主題相關之打擊樂器活動，讓幼兒能學習敲打樂器的方法。

整體考量

　　指導幼兒在「花開」音樂段落呈現時，則拿起手上的音樂鐘搖一搖，表示花開了；當呈現「花謝」音樂段落之際，則是將手上的音樂鐘朝向下方，代表花謝了。

特殊考量

　　作者在規畫打擊樂器活動時，乃以考量動作發展落後幼兒手功能之現況，提供適合幼兒學習的簡易樂器——音樂鐘。

⑼即興表演

　　引導幼兒手拿絲巾，模擬自己是花園中的花朵，以個人與團體型式，做出發芽、長葉、開花之動作。

教材說明

作者指導幼兒手拿絲巾，模擬自己是花園中的花朵，以個人與團體型式，進行花兒發芽、長葉、開花之動作之即興表演，讓幼兒從自主發揮的即興表演活動中，表達出自己開花的種類或名稱。

整體考量

引導幼兒聆聽美麗的花園情境音樂，再分別以個人與團體展演之方式，逐步模擬發芽、長葉、開花的動作，並且創作各種具有變化性之動作，同時也請幼兒分享自己獨特動作所想要表達的內在想法。

特殊考量

作者在規畫即興表演活動時，乃以設計適合特殊幼兒認知理解的教學內容為基本活動，同時也考量動作發展落後幼兒易於模仿之簡單化動作，如花開等。

作者參與「美麗的花園」音樂教學活動情形

表 8-3 「美麗的花園」大單元簡案

主要教學流程摘要	時間 (分)	教學資源	多元智能向度
一、師生問候歌（或暖身歌曲）	2	布偶	人
二、點名歌	3	布偶、鼓	人、肢、內
三、布偶音樂劇場	5	布偶、音樂	內、自
1. 布偶對話：從對話中討論牛媽媽種了哪些花。			
2. 引導幼兒一邊聆聽美麗的花園情境音樂，一邊輪流在牛媽媽美麗花園為主題的海報上，黏貼幼兒自選的花朵，亦即象徵在牛媽媽之花園裡，進行種花的活動。			
四、說白節奏 單元主題之說白節奏。	10	音樂、響棒	語
五、音樂律動 引導幼兒跟著單元主題歌曲，做出相關的動作。	8	音樂	肢、音、自
六、師生再見歌	2	布偶	人
一、師生問候歌（或暖身歌曲）	2	布偶	人
二、點名歌	3	布偶	人、肢、內
三、音樂故事聯想 引導幼兒針對牛媽媽在花園種花之情境，進行音樂故事聯想的遊戲。	5	音樂	肢、音、人、自
四、手指音樂遊戲 指導幼兒一邊唱單元主題歌曲，一邊同步配合音樂做出手指遊戲，藉此讓幼兒運用手指動作，進行音樂遊戲之活動。	8	音樂	肢、人、自
五、歌曲教唱 單元主題之歌曲。	10	音樂	語、音、人
六、師生再見歌	2	布偶	人
一、師生問候歌（或暖身歌曲）	2	布偶	人
二、點名歌	3	布偶	人、肢、內
三、音樂溝通遊戲 引導幼兒一邊唱歌，一邊進行若干種顏色花開花謝的遊戲。	8	音樂	邏、空、人
四、打擊樂器 指導幼兒將音樂鐘模擬為一朵花，讓幼兒跟著單元主題歌曲，與同儕一起進行手搖音樂鐘的活動。	10	音樂、音樂鐘	音、人
五、即興表演 引導幼兒手拿絲巾，模擬自己是花園中的花朵，以個人與團體型式，進行模擬發芽、長葉、開花之動作。	5	音樂、絲巾	肢、內
六、師生再見歌	2	布偶	人

四、冬天來了

㈠單元主題之說白節奏譜

黃榮真 詞

冬　天　來　了，　樹　葉　慢　慢　掉　落，

草　兒　慢　慢　變　黃，　花　兒　朵　朵　枯　萎，

冷　風　陣　陣　吹　來，　呼　呼　呼　(好　冷　喔！)

教材說明

　　作者運用幼兒常見的冬天情景，構成簡單的節奏性語句，再讓幼兒配合作者預先設計好的「冬天」情境圖，一邊聆聽韋瓦第「冬天」之音樂，一邊依序將冬天景物貼在海報紙上；同時藉由一邊念說白節奏，一邊進行手指遊戲、音樂律動等音樂活動型式，讓幼兒加深對「冬天」的認識。

整體考量

　　1. 本首說白節奏，以幼兒日常生活學習經驗為出發點，整個音樂實驗方案內容素材選自幼兒平日對於冬天來了的觀察與感受，然後，再透過音樂活動與幼兒之經驗結合。

　　2. 此首說白節奏之曲式結構化，歌詞簡單，融入幼兒日常生活中熟悉的聲音，例如冬天冷風呼呼叫的聲音，讓說白節奏充滿趣味化之特質。

特殊考量

1. 認知理解能力較弱的幼兒

　　本書所設計的音樂活動內容簡單，乃以規畫適合特殊幼兒認知理解的教學內容為主，說白節奏簡短，並且採取基本型式之節奏型態。

2. 口語表達不佳的幼兒

　　針對口語表達不佳的幼兒，可以鼓勵其改用發出ㄏㄨ之聲音，以模仿冬天冷

風「呼呼」的聲音，以漸進提升其發出聲音之能力；並且，也建構出有意義的簡單語句表達，建立更多詞彙之理解力。

3. 動作發展落後的幼兒

面對動作發展落後的幼兒，說白節奏是以四拍為一個動作，規畫幼兒以易於學習、模仿的動作為基礎。

4. 自閉症的幼兒

對於自閉症的幼兒而言，此一音樂活動可以運用固定順序的輪流方式，以利於其依照既定的模式來進行此一活動，強化其對於冬天來了之所見與所聞的經驗。

作者參與「冬天來了」音樂教學活動情形

(二)單元主題之歌曲教唱譜

黃棨真 詞曲

冬 天 來 了， 樹 葉 慢 慢 掉 落，

草 兒 慢 慢 變 黃， 花 兒 朵 朵 枯 萎，

冷 風 陣 陣 吹 來， 呼 呼 呼 （好 冷 喔！）

教材說明

作者將上述說白節奏轉換為簡單的歌曲，讓幼兒可以一邊唱，一邊進行相關之音樂活動（例如：手指遊戲、音樂律動、打擊樂器、即興表演等），以強化幼兒對「冬天」的了解。此外，作者在最後一句「冷風陣陣吹來，呼呼呼」，加上「好冷喔！」之說白，特別在「好冷喔！」的部分，作者又加上「哈啾」打噴嚏之聲音效果與動作，班上幼兒格外覺得有趣好玩，作者希冀藉此加深幼兒對冬天冷颼颼的印象。

整體考量

1. 本首單元歌曲，以幼兒日常生活學習經驗為出發點，整個音樂實驗方案內容素材選自幼兒平日對於冬天來了的觀察與感受，然後，再將音樂活動與幼兒的經驗加以結合。

2. 此首單元歌曲之曲式結構化，歌詞簡單，融入幼兒日常生活中熟悉之聲音，例如冬天冷風呼呼叫的聲音，讓單元歌曲充滿趣味化之特質。

特殊考量

1. 認知理解能力較弱的幼兒

本書的音樂活動內容簡單，乃以設計適合特殊幼兒認知理解的教學內容為主，單元歌曲簡短，並且採取基本型式之節奏型態。

2. 口語表達不佳的幼兒

針對口語表達不佳的幼兒，可以鼓勵其改用唱出ㄏㄨ之聲音，漸進提升其發出聲音的能力，建構出有意義之簡單語句表達，同時建立更多詞彙的理解力。

3. 動作發展落後的幼兒

面對動作發展落後的幼兒，主題歌曲是以四拍為一個動作，規畫幼兒易於學習、模仿的動作為基礎。

4. 自閉症的幼兒

對於自閉症的幼兒而言，此一音樂活動可以運用固定順序的輪流方式，以利於其依照既定的規則來進行此一活動，強化其對於冬天來了之所見與所聞之經驗。

作者參與「冬天來了」音樂教學活動情形

㈢布偶音樂劇場

1. 布偶對話：討論冬天來了，大自然的景物發生哪些變化，以及敘述冬天有哪些節慶。

2. 延伸活動：一邊讓幼兒聆聽韋瓦第「冬天」的音樂，一邊讓幼兒輪流在冬天為主題之海報上，黏貼冬天時被冷風吹落的葉子，藉此讓幼兒由圖像，來加深其對冬天景物之記憶。

教材說明

作者藉由兩個布偶說出冬天來了的故事，並在說故事之歷程中，播放營造冬天來了故事劇情氣氛的音樂；透過兩個布偶之角色對話，增進幼兒對大自然景物發生哪些變化的覺知能力，以及了解冬天有聖誕節及過年之節慶活動。

整體考量

1. 作者運用兩個布偶的對話活動，引發幼兒探知教學內容之動機及提升學習的參與感，也藉由兩個不同造型布偶之間的對話，幫助幼兒對於冬天來了之相關景物，有一初步的認識與統整。

2. 作者一邊讓幼兒聆聽韋瓦第的「冬天」，一邊讓幼兒輪流在冬天為主題之海報上，黏貼冬天時被冷風吹落的葉子，藉此讓幼兒由圖像來加深對冬天景物之記憶。

特殊考量

本書所設計的音樂活動內容簡單，適合特殊幼兒之認知理解，特別是兩個不同造型布偶之出現，引發特殊幼兒學習之好奇心與高度的專注力。

㈣音樂律動

1. 引導幼兒跟著單元主題之歌曲，做出相關的動作。

2. 配合律動旋律與節拍，在前八小節，重複唱著「冬天來了」，之後開始一連串以肢體動作模擬「冬天來了」情景的相關動作，以及在冷風情境時，讓幼兒模擬做出發抖之動作。

教材說明

作者依據冬天來了單元歌曲內容，設計與詞意相互對應的肢體動作，以加深幼兒對詞意之理解，並進而開展幼兒的身體動作，及訓練身體之協調能力。

整體考量

作者為了強化幼兒對冬天來了教學單元之記憶，指導幼兒跟著主題相關的背景音樂，運用手勢、肢體動作，做出與背景音樂節奏內容相互對應的動作。

特殊考量

作者在規畫音樂律動活動時，係以動作發展落後幼兒易於學習、模仿之動作為設計基礎，對於動作能力較佳的幼兒，可鼓勵其發展自創之動作。

㈤音樂故事聯想

一邊讓幼兒聆聽韋瓦第「冬天」的音樂，一邊讓幼兒輪流拿著不同顏色的絲巾，從音樂速度漸快之意境中，引導其漸快地揮動手上的絲巾；並從音樂故事中，體驗冬天冷風速度愈來愈快的感覺。

教材說明

作者指導幼兒一邊聆聽韋瓦第的「冬天」音樂故事，一邊讓幼兒輪流拿著不同顏色的絲巾，從音樂速度漸快的意境中，漸快地揮動手上的絲巾，並從音樂故事中，體驗冬天冷風速度愈來愈快之音樂故事聯想遊戲。

整體考量

讓幼兒從聆聽韋瓦第的「冬天」音樂故事中，體會音樂旋律所流露出冬天來了即將會有哪些景物發生變化的故事，藉此激發其想像力與聯想力。

特殊考量

作者在規畫音樂故事聯想活動時，乃以設計適合特殊幼兒認知理解的教學內容為基本活動，並且考量動作發展落後幼兒易於學習、模仿之動作，以引導特殊幼兒對於大自然事物的變化，有更多敏銳之觀察能力。

㈥手指音樂遊戲

指導幼兒一邊唱單元主題歌曲，一邊同步配合音樂做出手指遊戲，藉此讓幼兒運用手指動作，進行音樂遊戲；藉此讓幼兒由手指動作，來強化幼兒對冬天景物之印象。

教材說明

作者指導幼兒一邊聆聽韋瓦第「冬天」的音樂故事，一邊讓幼兒運用手指，分別扮演冬天樹葉掉落、草兒枯黃、花兒枯萎、冷風呼呼吹等情境。

整體考量

讓幼兒從聆聽韋瓦第「冬天」的音樂故事中，體會音樂旋律所流露出冬天來了即將會有哪些景物發生變化的故事，幼兒則是運用手指依序扮演出冬天裡不同之情境。

特殊考量

作者在規畫手指音樂遊戲活動時，乃以設計適合特殊幼兒認知理解的教學內

容為基本活動，並且考量動作發展落後幼兒易於學習、模仿之手指動作。

㈦音樂溝通遊戲

引導幼兒一邊聆聽韋瓦第「冬天」的音樂，一邊指導幼兒兩人一組，進行冬天下雪之遊戲；亦即指導幼兒將手中的棉花一團一團地撕開，做出雪花片片之動作，讓幼兒體驗下雪的情景與感受。

教材說明

作者依據韋瓦第「冬天」的音樂，讓幼兒從聆聽音樂之中，指導幼兒兩人一組，進行冬天下雪之音樂故事遊戲。

整體考量

讓幼兒從聆聽韋瓦第「冬天」之背景音樂中，體會音樂旋律所流露出冬天的意境，將手中的棉花一團一團地撕開，做出雪花片片之動作，讓幼兒體驗下雪的情境。

特殊考量

作者在規畫音樂溝通遊戲活動時，乃以設計適合特殊幼兒認知理解的教學內容為基本活動，並且考量動作發展落後幼兒易於學習、模仿之動作，例如：指導幼兒做出雪花片片之肢體動作，以引導特殊幼兒對於冬天下雪的情景，有更多學習之經驗。

㈧打擊樂器

指導幼兒在不同音樂段落呈現時，依序由不同樂器，來代表冬天景物中不同的角色：(1)鼓：冬天來了；(2)沙鈴：樹葉；(3)響棒：草；(4)音樂鐘：花；(5)辣齒：冷風；(6)鑼：好冷的感受。

教材說明

作者設計和冬天來了主題相關的打擊樂器活動，讓幼兒能學習敲打樂器之方法，以及聽辨各種不同的聲音。

整體考量

指導幼兒在不同音樂段落呈現時，依序輪流使用不同樂器，以了解代表冬天景物中，各種角色所使用節奏樂器的聲音特質。

特殊考量

作者在規畫打擊樂器活動時，乃以考量動作發展落後幼兒手功能之現況，提供適合其學習的簡易樂器──響棒、鼓、沙鈴。

㈨即興表演

引導幼兒手拿絲巾當作是洞穴，模擬自己是一隻動物，進行躲在洞穴中冬眠之即興表演活動。

教材說明

作者指導幼兒進行冬天情境中，動物躲在洞穴之即興表演，讓幼兒從自主發揮的音樂即興活動中，表達自己所創作人物角色的動作。

整體考量

引導幼兒聆聽韋瓦第「冬天」的音樂，再模擬動物冬眠之動作，並且創作各種具有變化性的動作，同時也請幼兒分享自己獨特動作所想要表達之動物的名稱。

特殊考量

作者在規畫即興表演活動時，乃以設計適合特殊幼兒認知理解的教學內容為基本活動，同時也考量動作發展落後幼兒易於學習、模仿之動物冬眠的動作。

作者參與「冬天來了」音樂教學活動情形

表 8-4 「冬天來了」大單元簡案

主要教學流程摘要	時間（分）	教學資源	多元智能向度
一、師生問候歌（或暖身歌曲）	2	布偶	人
二、點名歌	3	布偶、鼓	人、肢、內
三、布偶音樂劇場	5	布偶、音樂、代表冬天的物件	內、自
1.布偶對話：討論冬天來了，大自然的景物發生哪些變化，以及敘述冬天有哪些節慶。			
2.延伸活動：一邊讓幼兒聆聽韋瓦第「冬天」的音樂，一邊讓幼兒輪流在冬天為主題的海報上，黏貼冬天時被冷風吹落的葉子，藉此讓幼兒由圖像，來加深其對冬天景物之記憶。			
四、說白節奏	10	響棒	語
1.單元主題之說白節奏。			
2.在冷風情境時，讓幼兒模擬發出發抖的聲音。			
五、音樂律動	8	音樂	肢、音、自
1.引導幼兒跟著單元主題之歌曲，做出相關的動作。			
2.在冷風情境時，讓幼兒模擬做出發抖的動作。			
六、師生再見歌	2	布偶	人
一、師生問候歌（或暖身歌曲）	2	布偶	人
二、點名歌	3	布偶、鼓	人、肢、內
三、音樂故事聯想	5	音樂、絲巾	肢、音、人、自
一邊讓幼兒聆聽韋瓦第「冬天」的音樂，一邊讓幼兒輪流拿著不同顏色的絲巾，從音樂速度漸快的意境中，漸快地揮動手上的絲巾；並從音樂故事中，體驗冬天冷風速度愈來愈快的感覺。			
四、手指音樂遊戲	8	音樂	肢、人、自
指導幼兒一邊唱單元主題歌曲，一邊同步配合音樂做出手指遊戲，藉此讓幼兒運用手指動作，進行音樂遊戲。			
五、歌曲教唱	10	音樂	語、音、人
單元主題之歌曲。			
六、師生再見歌	2	布偶	人

續表 8-4

主要教學流程摘要	時間 (分)	教學資源	多元智能向度
一、師生問候歌（或暖身歌曲）	2	布偶	人
二、點名歌	3	布偶、鼓	人、肢、內
三、音樂溝通遊戲 　　引導幼兒一邊聽韋瓦第「冬天」的音樂，一邊指導幼兒兩人一組，進行冬天下雪的遊戲；亦即指導幼兒將手中的棉花一團一團地撕開，做出雪花片片之動作，讓幼兒體驗下雪的情景與感受。	5	音樂	邏、空、人
四、打擊樂器 　　指導幼兒在不同音樂段落呈現時，依序由不同樂器代表冬天景物中不同的角色：(1)鼓：冬天來了；(2)沙鈴：樹葉；(3)響棒：草；(4)音樂鐘：花；(5)辣齒：冷風；(6)鑼：好冷的感受。	10	鼓、沙鈴、響棒、音樂鐘、辣齒、鑼	音、人
五、即興表演 　　引導幼兒手拿絲巾當作是洞穴，模擬自己是一隻動物，躲在洞穴中進行冬眠之即興表演活動。	8	絲巾	肢、內
六、師生再見歌	2	布偶	人

第**9**章

學前融合班
幼兒音樂教學活動教材實例㈣

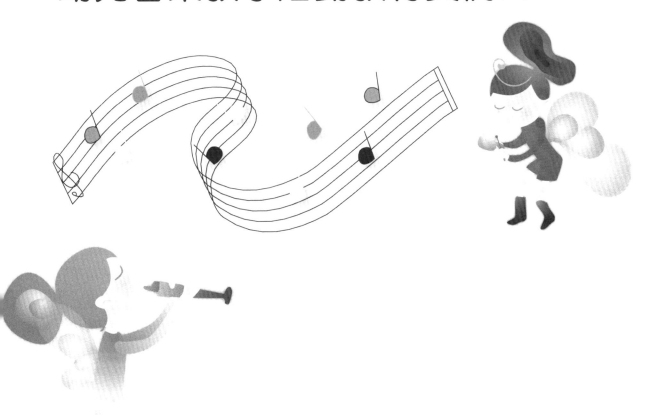

師生問候歌

黃榮真 詞曲

小 朋 友，	快 快 來，
圍 個 圈，	坐 下 來，
小 朋 友 早，	老 師 早，
我 們 一 起	來 點 名。

教材說明

　　作者使用奧福中的五聲音階（Do、Re、Mi、Sol、La）原理，再加上簡單的歌詞，建構出本首點名歌，主要目的有三：

　　1. 希望能夠建立幼兒上音樂課的常規（圍個圈、坐下來）。

　　2. 藉由師生之間互相問候，建立幼兒有禮貌的社交行為。

　　3. 讓幼兒有心理準備要銜接下一個點名歌曲的活動。

整體考量

　　本首歌曲乃從兩類幼兒日常生活學習經驗為出發點，透過歌曲提醒幼兒「現在要準備上音樂課了」，主要在於培養兩類幼兒團體規範之建立，能放下手邊的事，快來圍個圓圈坐下來，並且能與老師、同儕問候，一起來進行「點名」的音樂教學活動。

特殊考量

1. 認知理解能力較弱的幼兒

　　本書所設計的音樂活動內容簡單，乃以適合特殊幼兒認知理解之基本節奏型式的教學內容為主，歌曲簡短，旋律不複雜，採取每四個小節為單位之歌曲。

2. 口語表達不佳的幼兒

　　針對口語表達不佳的幼兒，可以鼓勵其改用哼唱，或是以手勢之方式進行；

作者希冀透過歌唱活動，漸進提升其發出聲音的能力，建構出有意義之簡單語句表達，同時建立更多詞彙的理解力。

3. 動作發展落後的幼兒

面對動作發展落後的幼兒，本歌曲是以四拍為一個動作，規畫其易於學習、模仿的動作為教學內容之基礎。

4. 自閉症的幼兒

對於自閉症的幼兒乃是提供結構化的音樂活動，有利於其依照既定之音樂活動順序來學習；特別是在結構性的師生問候歌中，讓其能夠了解此一活動代表音樂教學活動即將要開始了，以建立其培養遵守團體規範的能力，並且能學習聽從「快來圍個圈坐好」、「與老師同儕問早」、「我們開始要進行音樂課點名活動」之歌曲中所附帶的三個重要指令。

點名歌

黃榮真 詞曲

（問）○　　○　　○　　你　　在　　哪　　裡？

（答）在　　　　這　　　　裡。

教材說明

1. 作者使用奧福中五聲音階（Do、Re、Mi、Sol、La）原理，再加上簡單的歌詞，構成點名歌旋律；此首歌曲乃是指導幼兒在聽到自己名字時，能以敲樂器之方式來回應「在這裡」。

2. 每次音樂活動皆進行「點名歌」活動，讓幼兒聽到自己的名字能有所回應，同時也能認識其他同儕的名字；作者一邊手拿布偶與幼兒一起唱點名歌，一邊則是指導點到名字的幼兒，以敲樂器之音樂型式來進行點名活動。

3. 由於該學期有新生入班，每學期前六次的音樂活動，會先由作者主動拿樂器到每位幼兒面前，讓其進行點名敲樂器之回應活動，此時作者透過與幼兒近距離的互動，和幼兒之間建立正向關係。

4. 待幼兒熟悉教學流程後，後六次則安排幼兒聽到自己名字時，走到圓心放置樂器區域，自行敲樂器完成點名回應活動，以逐步建立團體活動之規範。

5. 作者在這學期會依單元之不同，在樂器種類的考量上，有些變化，以增進點名活動的趣味性，以及加深幼兒對於該單元之印象。

整體考量

本首歌曲藉由師生之間一問一答，以增進每位幼兒彼此的認識，並加強兩類幼兒對自己名字訊息之注意力。

特殊考量

1. 認知理解能力較弱的幼兒

本書的音樂活動內容簡單，乃設計適合特殊幼兒認知理解的教學內容為主，歌曲簡短，旋律係由 Do、Re、Mi、Sol、La 五個音所構成的，並且採取基本型式之節奏型態。

2. 口語表達不佳的幼兒

針對口語表達不佳的幼兒，可以鼓勵其改用哼唱，或是以手勢、動作之方式進行，作者希冀透過歌唱活動，漸進提升其發出聲音的能力，以及能有簡單語句之表達，同時增進其更多詞彙的理解力。

3. 動作發展落後的幼兒

面對動作發展落後的幼兒，本歌曲是以八拍為一個動作，規畫幼兒在聽到自己名字的時候，能以敲樂器之方式來回應「在這裡」。

4. 自閉症的幼兒

對於自閉症的幼兒而言，本書乃是提供結構化之音樂活動，有利於其依照既定的音樂活動順序來學習；特別是在固定教學順序之點名歌曲中，可以建立其對自己名字訊息的注意力，並且可以滿足特殊幼兒對音樂活動順序之掌控力，在輪到其敲樂器回應時，特別能增進其學習的成就感。

師生再見歌

黃榮真 詞曲

快樂 時 光 就要 結 束，老 師、同 學 下次 再 見 (再見)。

教材說明

作者自編此首歌曲，主要是希望透過歌曲，很自然地讓幼兒知道教學活動將要接近尾聲，藉由師生之間互道再見，培養幼兒與人建立良好的禮儀舉止。

整體考量

1. 本首歌曲乃從兩類幼兒日常生活學習經驗為出發點，在於協助一般幼兒與特殊幼兒能在適當的情境中，學習與老師、同儕互道再見，也透過此一音樂活動，讓幼兒心理預知此節快樂的音樂活動，即將在歌聲中結束。

2. 最後一小節的再見，以說白節奏的方式進行，主要在於加深幼兒「再見」之概念，同時增添師生再見歌的樂趣。

特殊考量

1. 認知理解能力較弱的幼兒

本書所設計的音樂活動內容簡單，以適合特殊幼兒認知理解之教學內容為主，歌曲簡短，旋律不複雜，同時也採取基本型式的節奏型態。

2. 口語表達不佳的幼兒

針對口語表達不佳的幼兒，可以鼓勵其改用哼唱，或是以手勢之方式進行；作者希冀透過歌唱活動，漸進激發其發出聲音，建構出有意義的簡單語句表達，同時建立更多詞彙之理解力。

3. 動作發展落後的幼兒

面對動作發展落後的幼兒，本歌曲是以八拍為一個動作，規畫其易於學習、模仿的動作為教學內容之基礎。

4. 自閉症的幼兒

對於自閉症的幼兒乃是提供結構化的音樂活動，有利於其依照既定的音樂活動順序來學習；特別是在結構性的師生再見歌中，讓其能夠了解此一活動代表音樂教學活動即將要結束，亦即透過再見歌曲，讓其心理有所預知，以滿足自閉症的幼兒對音樂活動程序的掌控力，具有穩定特殊幼兒情緒之效果。

一、辛苦的農夫

㈠單元主題之說白節奏譜

黃榮真 詞

$\frac{4}{4}$ 農　夫　下　田　｜　忙　插　秧，｜

不　怕　日　曬　｜　和　雨　淋，｜

稻　子　一　天　｜　天　長　大，｜

我　們　就　有　｜　米　飯　吃。‖

教材說明

　　作者透過此首說白節奏，主要是希望指導幼兒能一邊念，一邊認識農夫下田的工作性質，也因著農夫不畏太陽曬、大雨淋的付出，稻子才能漸漸長大收成，大家才能夠有米飯吃。教材目的在於培養幼兒，從小就能對於凡事心存感激，指導幼兒學習「謝謝農夫辛苦的耕耘，我們才有機會分享好的收成，三餐得以溫飽」之感恩心情。

整體考量

　　本首說白節奏，乃是讓幼兒透過大自然中所見人物與事物的觀察，以引發幼兒對於周遭事物，能有高度之敏銳觀察能力。

特殊考量

1. 認知理解能力較弱的幼兒

　　本書音樂活動的內容簡單，乃以設計適合特殊幼兒認知理解的教學內容為主，說白節奏簡短，並且採取基本型式之節奏型態。

2. 口語表達不佳的幼兒

針對口語表達不佳之幼兒，可以鼓勵其改用哼念ㄅㄨ的聲音，主要是藉由音樂活動之際，讓幼兒自然順勢地發出ㄅㄨ的聲音，以增進幼兒更多發音之機會。

3. 動作發展落後的幼兒

面對動作發展落後的幼兒，說白節奏是以八拍為一個動作，規畫幼兒能仿做農夫下田的工作項目動作、稻子向上慢慢漸進長大之代表性動作。由於該學期有一位肢體障礙的幼兒，所以，在八個小節之中，共規畫了四個動作，皆是簡單而不複雜，以易於幼兒仿做，亦即能以漸進式的方式，慢慢跟上作者所示範的動作模式。

4. 自閉症的幼兒

對於自閉症的幼兒而言，此一音樂活動可以運用固定順序的方式，以利於其依照既定的順序來進行此一活動，培養其對於農夫下田之辛勞，有基本的認知。

作者參與「辛苦的農夫」音樂教學活動情形

㈡單元主題之歌曲教唱譜

黃榮真 詞

農　夫　下　田　忙　插　　秧，

不　怕　日　曬　和　雨　　淋，

稻　子　一　天　天　長　　大，

我　們　就　有　米　飯　吃。

農　夫　真　辛　苦　呀，　我　們　感　謝　您！

教材說明

　　1. 作者將此首說白節奏轉為歌曲，讓幼兒能一邊唱，一邊以肢體動作，來加深本身對於農夫下田工作的基本認識；指導幼兒了解農夫因著不畏日曬、雨淋的付出，稻子就能收成，大家才會有米飯吃。

　　2. 最後兩小節所附加的說白節奏型式，主要是以語彙與肢體動作，來加深幼兒對於「農夫真辛苦」、「我們感謝您」之概念，漸進希望能培養實踐感恩的行動力。

整體考量

　　本首單元歌曲，主要是希望幼兒從小就能對於凡事「心存感恩」，指導幼兒學習感謝的正確態度。

特殊考量

1. 認知理解能力較弱的幼兒

　　本書所設計的音樂活動內容簡單，適合特殊幼兒之認知理解能力，單元歌曲簡短，並且採取基本型式之節奏型態。

2. 口語表達不佳的幼兒

針對口語表達不佳之幼兒，可以鼓勵其改用哼唱ㄉㄨ的聲音，主要是藉由音樂活動之際，讓幼兒自然順勢地唱出ㄉㄨ的聲音，以增進幼兒更多發音之機會。

3. 動作發展落後的幼兒

面對動作發展落後的幼兒，說白節奏是以八拍為一個動作，規畫幼兒能仿做農夫下田的工作項目動作、稻子向上慢慢漸進長大之代表性動作。由於該學期有一位肢體障礙的幼兒，所以，四個動作必須簡單而不複雜，以易於仿做，亦即能以漸進式的方式，慢慢跟上作者所示範的動作模式。

4. 自閉症的幼兒

對於自閉症的幼兒而言，此一音樂活動可以運用固定順序的方式，以利於其依照既定之規則來進行此一活動，培養其對於農夫下田的辛勞，有基本的認識。

作者參與「辛苦的農夫」音樂教學活動情形

㈢布偶音樂劇場

1. 布偶對話：從對話中具體舉例農夫下田的工作項目。

2. 延伸活動：一邊讓幼兒聆聽古典音樂，一邊讓幼兒輪流在辛苦的農夫為主題之海報上，黏貼象徵稻秧的圖案，藉此讓幼兒由圖像，來加深其對農夫工作之認識。

教材說明

作者藉由兩個布偶，分享農夫下田之故事，並在說故事的歷程中，播放營造農夫下田故事劇情氣氛之音樂，增進幼兒對於農夫工作的認識。

整體考量

　　作者運用兩個布偶的對話活動，引發幼兒探知教學內容之動機及提升學習的參與感，也藉由布偶之間的對話歷程，幫助幼兒對於農夫之工作，有一初步的認識與統整。

特殊考量

　　本書的音樂活動內容簡單，乃以設計適合特殊幼兒認知理解的教學內容為主，特別是兩個不同造型之布偶出現，引發特殊幼兒進一步探究農夫工作有哪些項目。

㈣音樂律動

　　引導幼兒跟著單元主題之歌曲，做出相關的動作。

教材說明

　　作者依據辛苦的農夫單元歌曲內容，設計與詞意相互對應的肢體動作，以加深幼兒對詞意之理解，並進而開展幼兒的身體動作，及訓練身體之協調能力。

整體考量

　　作者為了強化幼兒對辛苦的農夫教學單元之記憶，不僅運用說白節奏的活動設計，同時指導幼兒跟著主題相關之背景音樂，運用手勢、肢體動作，做出與單元主題歌曲內容相互對應的動作。

特殊考量

　　作者在規畫音樂律動活動時，是以動作發展落後幼兒易於學習、模仿之動作為設計基礎，對於動作能力較佳的幼兒，可鼓勵其發展自創之動作。

㈤音樂故事聯想

　　引導幼兒跟著辛苦的農夫主題音樂故事，進行農夫下田插秧、施肥、除蟲、稻子漸進長大收成、洗米煮飯等一連串的故事聯想活動。

教材說明

　　作者運用辛苦的農夫主題音樂故事，讓幼兒從聆聽音樂故事情境中發揮聯想力，展現屬於自己風格的創意動作，進而增進幼兒創造力之發展。

整體考量

　　作者運用「音樂故事聯想」的型式，串連「布偶音樂劇場」、「說白節奏」

之內容核心，以另一個活動型態展現此一單元的教學內涵；讓幼兒從聆聽農夫主題之音樂故事意境中，激發其想像力與聯想力。

特殊考量

作者在規畫音樂故事聯想活動時，乃以設計適合特殊幼兒認知理解的教學內容為基本活動，並且考量動作發展落後幼兒易於學習、模仿的動作，例如：下田插秧、施肥、除蟲、稻子漸進長大收成、洗米煮飯等動作，以作為音樂教學活動設計的內容。

㈥手指音樂遊戲

一邊讓幼兒唱著單元主題之歌曲，一邊引導幼兒進行與歌曲有關的手指音樂遊戲，藉此讓幼兒運用手指動作，進行音樂遊戲之活動。

教材說明

作者依據辛苦的農夫單元歌曲內容，設計與詞意相互對應的手指動作遊戲，以另一種有趣且具有創意之型式，增進幼兒對農夫工作項目，有基本的認識。

整體考量

「手指音樂遊戲」乃結合單元主題中的音樂故事聯想活動，主要是以手指的型態，引導幼兒運用兩手的十根手指，完成單元歌曲意境中之動作。

特殊考量

作者在規畫手指音樂遊戲活動時，乃以設計適合特殊幼兒認知理解的教學內容為基本活動，並且考量動作發展落後幼兒易於學習、模仿之手指教學內容。

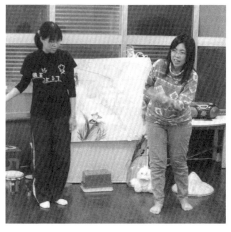

作者參與「辛苦的農夫」音樂教學活動情形

㈦音樂溝通遊戲

引導幼兒兩個人一組，當聽到 A 段音樂時，則指導幼兒扮演農夫，做出插秧、施肥、除蟲等動作；聽到 B 段音樂時，指導兩位幼兒共同扮演稻子，能隨著音樂一起漸進長大。

教材說明

作者依據辛苦的農夫主題，設計團體之音樂遊戲活動，以增進師生、同儕間的互動。

整體考量

「音樂溝通遊戲」係透過背景音樂、單元主題音樂、律動音樂，與同儕進行由單元主題所建構的溝通活動，指導幼兒圍個圈，一邊聆聽背景音樂，一邊引導幼兒在不同音樂段落，做出正確的動作；亦即透過音樂活動情境，讓幼兒能學習分辨不同之音樂段落，以增進其對於聲音的敏覺度。

特殊考量

作者在規畫音樂溝通遊戲活動時，乃以設計適合特殊幼兒認知理解的教學內容為基本活動，並且考量動作發展落後幼兒易於學習、模仿之動作，故此，此一活動是讓幼兒能與人進行肢體互動之遊戲活動。

㈧打擊樂器

指導幼兒跟著單元主題歌曲，與同儕一起進行敲擊曼波鼓的活動。

教材說明

作者設計與辛苦的農夫主題相關之打擊樂器活動，讓幼兒能學習敲打樂器的方法，且藉此抒發自己之情感。

整體考量

「打擊樂器」活動乃結合辛苦的農夫主題，設計使用曼波鼓，進行相關的節奏活動，讓幼兒能認識曼波鼓之節奏樂器。

特殊考量

作者在規畫打擊樂器活動時，乃以考量動作發展落後幼兒手功能之現況，提供適合幼兒學習的簡易樂器——曼波鼓。

㈨即興表演

指導每位幼兒輪流擔任農夫的角色，當聽到 A 段音樂時，則做出插秧、施肥、除蟲等動作；聽到 B 段音樂時，其他幼兒扮演稻子，能隨著音樂一株、一株分別地長高。

教材說明

作者引導幼兒透過農夫插秧、施肥、除蟲等具有代表性的動作，以及模擬稻子成長之肢體動作，讓幼兒從自主發揮的即興表演活動，表達自己內心深層的想法。

整體考量

引導幼兒扮演農夫插秧、施肥、除蟲等工作之象徵性動作，以及假想自己是一棵稻子逐漸地長高，透過這兩種意境，進一步指導幼兒展現個人創意動作，同時分享自己獨特動作之想法。

特殊考量

作者在規畫即興表演活動時，乃以設計適合特殊幼兒認知理解的教學內容為基本活動，同時也考量動作發展落後幼兒易於即興做出農夫下田、稻子長高的動作。

作者參與「辛苦的農夫」音樂教學活動情形

表 9-1 「辛苦的農夫」大單元簡案

主要教學流程摘要	時間（分）	教學資源	多元智能向度
一、師生問候歌（或暖身歌曲）	2	布偶	人
二、點名歌	3	布偶、鼓	人、肢、內
三、布偶音樂劇場 　　1. 布偶對話：從對話中具體舉例農夫下田的工作項目。 　　2. 延伸活動：一邊讓幼兒聆聽古典音樂，一邊讓幼兒輪流在辛苦的農夫為主題之海報上，黏貼象徵稻秧的圖案，藉此讓幼兒由圖像，來加深其對農夫工作之認識。	5	布偶、音樂	內、自
四、說白節奏 　　單元主題之說白節奏。	10	音樂、響棒	語
五、音樂律動 　　引導幼兒跟著單元主題歌曲，做出相關的動作。	8	音樂	肢、音、自
六、師生再見歌	2	布偶	人
一、師生問候歌（或暖身歌曲）	2	布偶	人
二、點名歌	3	布偶	人、肢、內
三、音樂故事聯想 　　引導幼兒跟著辛苦的農夫主題之音樂故事，進行農夫下田插秧、施肥、除蟲、稻子漸進長大收成、洗米煮飯等一連串的故事聯想活動。	5	音樂	肢、音、人、自
四、手指音樂遊戲 　　一邊讓幼兒唱著單元主題之歌曲，一邊引導幼兒進行與歌曲有關的手指音樂遊戲，藉此讓幼兒運用手指動作，進行音樂遊戲之活動。	8	音樂	肢、人、自
五、歌曲教唱 　　單元主題之歌曲。	10	音樂	語、音、人
六、師生再見歌	2	布偶	人
一、師生問候歌（或暖身歌曲）	2	布偶	人
二、點名歌	3	布偶	人、肢、內
三、音樂溝通遊戲 　　引導幼兒兩個人一組，當聽到A段音樂時，則指導幼兒扮演農夫，做出插秧、施肥、除蟲等動作；聽到B段音樂時，指導兩位幼兒扮演稻子，能隨著音樂一起漸進長大。	8	音樂	邏、空、人
四、打擊樂器 　　指導幼兒跟著單元主題歌曲，與同儕一起進行敲擊曼波鼓的活動。	10	音樂、曼波鼓	音、人
五、即興表演 　　指導每位幼兒輪流擔任農夫的角色，當聽到A段音樂時，則做出插秧、施肥、除蟲等動作；聽到B段音樂時，其他幼兒扮演稻子，能隨著音樂一株、一株分別地長高。	5	音樂	肢、內
六、師生再見歌	2	布偶	人

二、偉大的爸媽

(一)單元主題之說白節奏譜

黃榮真 詞

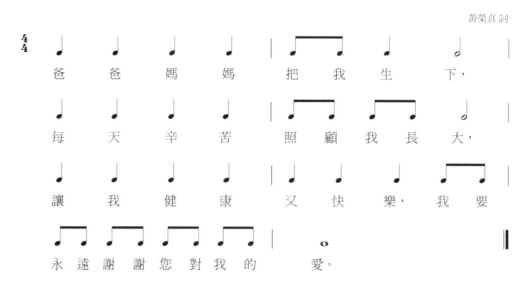

爸爸　媽媽　把我生下，
每天辛苦　照顧我長大，
讓我健康　又快樂，我要
永遠謝謝您對我的　愛。

教材說明

　　作者透過此首說白節奏，主要是希望能指導幼兒能一邊念，一邊體會父母生養、照顧子女的偉大，也因著父母全心全意之付出，子女才能漸漸長大。教材目的在於培養幼兒從小就能對於生養我們的父母，抱持著「謝謝父母對我們關愛與付出」之感念的情懷。

整體考量

　　本首說白節奏，乃是讓幼兒學習感念父母用愛來拉拔子女長大的辛勞，培養孝順父母之情。

特殊考量

1. 認知理解能力較弱的幼兒

　　本書所設計的音樂活動內容簡單，乃以編製適合特殊幼兒認知理解的教學內容為主，說白節奏簡短，並且採取基本型式之節奏型態。

2. 口語表達不佳的幼兒

　　針對口語表達不佳之幼兒，可以鼓勵其改用哼念ㄨ的聲音，主要是藉由音樂

活動之際，讓幼兒自然順勢地發出ㄨ的聲音，以增進幼兒表達更多字音之機會。

3. 動作發展落後的幼兒

面對動作發展落後的幼兒，說白節奏是以八拍為一個動作，規畫幼兒能仿做之簡易動作。由於該學期有一位肢體障礙的幼兒，所以，四個動作必須要簡單而不複雜，以易於仿做，亦即能以漸進式的方式，慢慢跟上作者所示範的動作模式。

4. 自閉症的幼兒

對於自閉症的幼兒而言，此一音樂活動可以運用固定順序之方式，以利於其依照既定的規則來進行此一活動，培養其對於父母或主要照顧者之辛勞，有基本的認識。

作者參與「偉大的爸媽」音樂教學活動情形

㈡單元主題之歌曲教唱譜

黃榮真 詞曲

爸　爸　媽　媽　把　我　生　　下，

每　天　辛　苦　照　顧　我　長　大，

讓　我　健　康　又　快　樂，我　要

永　遠　謝　謝　您　對　我　的　　愛。

教材說明

　　作者透過此首單元主題歌曲，主要是希望指導幼兒能一邊唱，一邊回想平日父母對自己的照顧、關懷，每天父母要上班賺錢養家，回家要處理家務；每次自己生病的時候，父母帶我們去看病，不眠不休地在旁邊守候著我們，讓我們從一出生就接受父母細心的照顧，才能健康快樂地成長，父母親真是偉大。故此，本教材之目的，在於培養幼兒學習感謝父母為我們所付出的一切愛。

整體考量

　　本首單元歌曲，主要是讓幼兒學習感念父母對於子女的用心，從小培養感恩之心。

特殊考量

1. 認知理解能力較弱的幼兒

　　本書所設計的音樂活動內容簡單，乃以擬定適合特殊幼兒認知理解的教學內容為主，單元歌曲簡短，並且採取基本型式之節奏型態。

2. 口語表達不佳的幼兒

　　針對口語表達不佳之幼兒，可以鼓勵其改用哼唱ㄨ的聲音，主要是藉由音樂活動之際，讓幼兒自然順勢地唱出ㄨ的聲音，以增進幼兒更多發音之機會。

3.動作發展落後的幼兒

　　面對動作發展落後的幼兒，說白節奏是以八拍為一個動作，規畫幼兒能仿做的簡易動作。由於該學期有一位肢體障礙的幼兒，所以，四個動作必須要簡單而不複雜，以易於仿做，亦即能以漸進的方式，慢慢跟上作者所示範的動作模式。

4.自閉症的幼兒

　　對於自閉症的幼兒來說，此一音樂活動採取固定順序之模式，有助於其依據既定的程序來進行這個活動，以培養其對父母表達感謝之行動。

作者參與「偉大的爸媽」音樂教學活動情形

㈢布偶音樂劇場

　　1.布偶對話：從對話中舉出照顧我們的父母或其他照顧者，都一樣很辛苦地教養我們長大。

　　2.延伸活動：一邊讓幼兒聆聽古典音樂，一邊讓幼兒輪流在康乃馨為主題的海報上，黏貼愛心貼紙，藉此讓幼兒表達對關心我們的長者，一種回應式的感謝。

教材說明

　　作者藉由兩個老鼠布偶說出有關照顧我們長大的長者故事，例如：爸爸、媽媽、爺爺、奶奶、外公、外婆、姑姑、阿姨……等；並在說故事的歷程中，播放適合劇情之背景音樂。透過兩個老鼠布偶的角色扮演，增進幼兒表達對關心我們的長者，回應式的感謝與行動。

整體考量

　　1.作者運用兩個布偶的對話活動，引發幼兒探知教學內容之動機及提升學習的參與度；也藉由小黑鼠與小灰鼠布偶之間的對話，幫助幼兒對於自己主要照顧

者之辛勞，有所體恤與感恩。

2.作者為了因應班上幼兒之家庭背景殊異，有部分幼兒來自單親家庭、寄養家庭；所以，作者在音樂活動設計上，將感恩的對象，由父母角色，進一步擴充至任何一位主要照顧幼兒的長者。

特殊考量

本書所編製的音樂活動內容簡單，乃以設計適合特殊幼兒認知理解的教學內容為主，特別是小黑鼠與小灰鼠的出現，引發特殊幼兒對於此一主題高度的學習興致。

㈣音樂律動

1.引導幼兒跟著單元主題歌曲，進行相關律動的動作。

2.聆聽律動音樂，進行掃地、拖地、擦窗、擦桌、倒垃圾的動作。

教材說明

作者依據偉大的爸媽單元歌曲內容，以及幫忙做家事之延伸活動，設計與詞意、情境相互對應的肢體動作，以加深幼兒對詞意之理解，並進而開展幼兒的身體動作，及訓練其身體具有協調性之發展。

整體考量

作者為了強化幼兒對偉大的爸媽教學單元之記憶，不僅運用說白節奏的活動設計，同時指導幼兒跟著主題相關之背景音樂，運用手勢、肢體動作，做出與說白節奏內容相互對應的動作。

特殊考量

作者在規畫音樂律動活動時，是以動作發展落後幼兒易於學習、模仿之動作為設計基礎，對於動作能力較佳的幼兒，可鼓勵其發展自創之動作。

㈤音樂故事聯想

1.指導幼兒聆聽一段古典音樂之際，輪流將手中的娃娃，輕輕地交給旁邊的幼兒；透過此一活動，讓幼兒體會照顧幼兒需要耐心、細心，非常地不容易，藉此讓幼兒感念父母從小把我們拉拔長大之辛勞與偉大。

2.引導幼兒運用幫忙打掃家務的方式，以行動實踐來傳達與回應長者的感謝；當聽到不同的音樂故事段落時，則做出該種打掃的動作。

教材說明

1. 作者指導幼兒從聆聽古典音樂之中，輪流將手中的娃娃，輕輕地交給旁邊的幼兒，透過此一活動，讓幼兒體會照顧幼兒需要耐心、細心之特質。

2. 引導幼兒運用幫忙打掃家務的方式，以行動實踐來傳達與回應對於長者的感謝；當聽到不同的音樂故事段落時，做出該種打掃之動作，以展現屬於自己風格的創意動作，進而增進幼兒創造力之發展。

整體考量

1. 作者運用「音樂故事聯想」的型式，串連「布偶音樂劇場」、「說白節奏」之內容核心，以另一個活動型態展現此一單元的教學內涵；讓幼兒從聆聽古典音樂之中，一邊引導幼兒跟著作者自編音樂故事，做出照顧娃娃輕拍其身體之溫柔、細心的動作，培養關懷他人或弱者之行動。

2. 讓幼兒學習在音樂故事中，進行幫忙打掃家務之情境模擬，以學習轉換至日常生活之中，學會分擔父母或主要照顧者的辛勞，同時讓幼兒體會音樂旋律所流露出之意境，以激發其想像力與聯想力。

特殊考量

作者在規畫音樂故事聯想活動時，乃以設計適合特殊幼兒認知理解的教學內容為基本活動，並且考量動作發展落後幼兒易於學習、模仿之動作，例如扮演照顧者的角色動作、協助主要照顧者進行簡易打掃之家事動作。

㈥手指音樂遊戲

引導幼兒跟著單元主題歌曲，同步配合歌曲做出手指遊戲，藉此讓幼兒運用手指動作，進行音樂遊戲的活動。

教材說明

作者依據偉大的爸媽主題，設計與詞意相互對應之手指動作遊戲，以另一種有趣且具創意的型式，增進幼兒對童謠意涵之認識。

整體考量

「手指音樂遊戲」乃結合單元主題中的音樂故事聯想活動，主要是以手指型態，引導幼兒跟著作者自編偉大的爸媽單元主題歌曲進行手指音樂遊戲，以完成主題歌曲意境中之手指動作。

特殊考量

　　作者在規畫手指音樂遊戲活動時，乃以設計適合特殊幼兒認知理解的教學內容為基本活動，並且考量動作發展落後幼兒之易於學習、模仿的手指動作。

㈦音樂溝通遊戲

　　1.指導幼兒在教師指令下，於圓圈座位中依兩段式音樂情境，分別做出母雞保護小雞、小雞躲老鷹、老鷹飛來等不同角色之動作。

　　2.兩位幼兒一組，以角色扮演的方式，模擬幫忙爸媽搥背的動作。

教材說明

　　作者依據偉大的爸媽主題，設計團體的音樂遊戲活動，以增進師生、同儕間的互動。

整體考量

　　1.「音樂溝通遊戲」係透過背景音樂、單元主題音樂、律動音樂，與同儕進行由單元主題所建構的溝通活動；指導幼兒於圓圈座位中，依情境做出母雞保護小雞、小雞躲老鷹、老鷹飛來等不同角色之音樂溝通遊戲。

　　2.指導兩位幼兒成為一組，以角色扮演的方式，模擬幫忙爸媽搥背之音樂遊戲活動。

特殊考量

　　作者在規畫音樂溝通遊戲活動時，乃以設計適合特殊幼兒認知理解的教學內容為基本活動，並且考量動作發展落後幼兒易於學習、模仿之動作，例如：扮演在母雞背後接受保護的小雞動作、幫忙搥背的動作。

㈧打擊樂器

　　指導幼兒跟著單元主題歌曲，與同儕一起進行響棒、鼓、沙鈴打擊樂器的音樂活動。

教材說明

　　作者設計與偉大的爸媽主題相關的打擊樂器活動，讓幼兒能學習敲打樂器之方法，且藉此抒發自己的情感。

整體考量

　　「打擊樂器」活動乃結合偉大的爸媽主題，設計使用響棒、鼓、沙鈴，進行

相關之節奏活動。

特殊考量

作者在規畫打擊樂器活動時，乃以考量動作發展落後幼兒手功能之現況，提供適合幼兒學習的簡易樂器——響棒、鼓、沙鈴。

㈨即興表演

引導幼兒一邊聆聽律動音樂，一邊由一位幼兒主導即興做出平日打掃工作，如擦桌子、掃地、拖地等動作，其他幼兒跟著主導的幼兒仿做；待一個音樂段落結束，再依序由不同幼兒輪流擔任主導的角色。

教材說明

作者引導幼兒結合動作、節拍，做出平日打掃工作，如擦桌子、掃地、拖地等即興表演之動作，讓幼兒創意性地表達自己打掃的風格與方式。

整體考量

運用打掃之音樂活動，引導幼兒進一步展現個人創意動作，同時分享自己參與打掃的想法。

特殊考量

作者在規畫即興表演活動時，乃以設計適合特殊幼兒認知理解的教學內容為基本活動，同時也考量動作發展落後幼兒易於學習、模仿之動作，作為基本的動作模式。

表 9-2 「偉大的爸媽」大單元簡案

主要教學流程摘要	時間(分)	教學資源	多元智能向度
一、師生問候歌（或暖身歌曲）	2	布偶	人
二、點名歌	3	布偶、鼓	人、肢、內
三、布偶音樂劇場	5	布偶、音樂	內、自
1.布偶對話：從對話中舉出照顧我們的父母或其他的照顧者，都一樣很辛苦地教養我們長大。			
2.延伸活動：一邊讓幼兒聆聽古典音樂，一邊讓幼兒輪流在康乃馨為主題的海報上，黏貼愛心貼紙；藉此讓幼兒表達對關心我們的長者，一種回應式的感謝。			
四、說白節奏 單元主題之說白節奏。	10	音樂、響棒	語
五、音樂律動	8	音樂	肢、音、自
1.引導幼兒跟著單元主題歌曲，進行相關律動的動作。			
2.聆聽律動音樂，進行掃地、拖地、擦窗、擦桌、倒垃圾的動作。			
六、師生再見歌	2	布偶	人
一、師生問候歌（或暖身歌曲）	2	布偶	人
二、點名歌	3	布偶	人、肢、內
三、音樂故事聯想	8	音樂	肢、音、人、自
1.指導幼兒一邊聆聽古典音樂，每當一個音樂段落結束之際，則輪流將手中的娃娃，輕輕地交給旁邊的幼兒；透過此一活動，讓幼兒體會照顧幼兒需要耐心、細心，非常地不容易，藉此讓幼兒感念父母從小把我們拉拔長大的辛勞與偉大。			
2.引導幼兒運用幫忙打掃家務的方式，以行動實踐來傳達與回應出對長者的感謝；當聽到不同音樂故事段落時，做出該種打掃的動作。			
四、手指音樂遊戲 指導幼兒跟著單元主題歌曲，同步配合歌曲做出手指遊戲，藉此讓幼兒運用手指動作，進行音樂遊戲的活動。	5	音樂	肢、人、自
五、歌曲教唱 單元主題之歌曲。	10	音樂	語、音、人
六、師生再見歌	2	布偶	人

續表 9-2

主要教學流程摘要	時間(分)	教學資源	多元智能向度
一、師生問候歌（或暖身歌曲）	2	布偶	人
二、點名歌	3	布偶	人、肢、內
三、音樂溝通遊戲	8	音樂	邏、空、人
1.指導幼兒在教師指令下，於圓圈座位中依情境做出母雞保護小雞、小雞躲老鷹、老鷹飛來等不同角色之動作。			
2.兩位幼兒一組，以角色扮演的方式，模擬幫忙爸媽搥背的動作。			
四、打擊樂器　　指導幼兒跟著單元主題歌曲，與同儕一起進行打擊樂器的活動。	10	音樂、響棒、鼓、沙鈴	音、人
五、即興表演　　引導幼兒一邊聆聽律動音樂，一邊由一位幼兒主導即興做出平日打掃工作，如擦桌子、掃地、拖地等動作，其他幼兒跟著主導的幼兒仿做；待一個音樂段落結束，再依序由不同幼兒輪流擔任主導的角色。	5	音樂	肢、內
六、師生再見歌	2	布偶	人

三、我愛我的家

(一)單元主題之說白節奏譜

黃榮真 詞

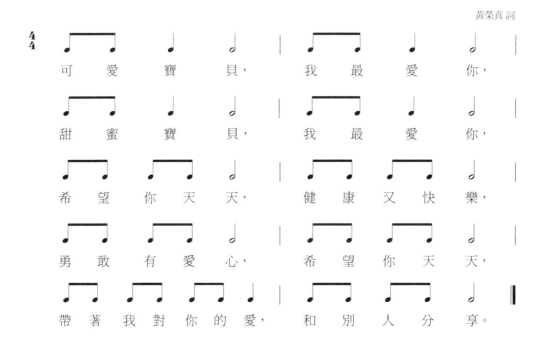

可愛寶貝，我最愛你，

甜蜜寶貝，我最愛你，

希望你天天，健康又快樂，

勇敢有愛心，希望你天天，

帶著我對你的愛，和別人分享。

教材說明

　　1. 作者透過此首說白節奏，主要是希望能指導幼兒能一邊念，一邊體會父母或主要照顧者對於幼兒關心、照顧之心情，也因著長者全心全意、愛的付出，幼兒才能健康地長大。從此一教材中，也流露出父母或主要照顧者對於幼兒的期待是「天天健康快樂、勇敢有愛心、將所得到的愛與人分享」，希望能培養幼兒具有正向的人格特質，從小就能學習關懷別人的需要，以及體會與人分享的快樂。

　　2. 另一方面，也希冀透過此首說白節奏，能讓幼兒了解父母或主要照顧者對幼兒那份關愛之情，也更深一層能回應我愛我的家及家人。

整體考量

　　本首說白節奏，主要是希望建立幼兒天天健康快樂、勇敢有愛心、將所得到的愛與人分享等正向的特質，並且也能以實踐關愛之行動，回應於自己的家及家人身上，多為自己的家盡些家務清潔之工作，多體諒與分擔父母或主要照顧者工作上的辛勞。

特殊考量

1. 認知理解能力較弱的幼兒

　　本書所設計的音樂活動內容簡單，乃以規畫適合特殊幼兒認知理解的教學內容為主，說白節奏簡短，並且採取基本型式之節奏型態。

2. 口語表達不佳的幼兒

　　針對口語表達不佳之幼兒，可以鼓勵其改用哼念ㄋㄧ的聲音，主要是藉由音樂活動之際，讓幼兒自然順勢地發出「你」的聲音，以激發幼兒更多發音之機會。

3. 動作發展落後的幼兒

　　面對動作發展落後的幼兒，規畫幼兒能仿做的簡易動作。由於該學期有一位肢體障礙的幼兒，所以，由說白節奏所延伸的六個動作，必須要簡單而不複雜，以易於其仿做；亦即能以漸進式的方式，引導其逐步能跟得上作者所示範的動作模式。

4. 自閉症的幼兒

　　對於自閉症的幼兒而言，此一音樂活動可以運用固定順序的方式，以利於其依照既定的流程來進行此一活動；培養其對於父母或主要照顧者的關愛與期許，有基本的認識。

作者參與「我愛我的家」音樂教學活動情形

㈡單元主題之歌曲教唱譜

黃榮真 詞曲

我 可愛寶貝喔， 我 心 永 遠 愛 你，

喔！ 我

甜 蜜 寶 貝 喔， 我 心 永 遠 愛 你，

喔！ 希 望

你 天 天 健 康 又 快 樂， 勇

敢 有 愛 心， 希 望

你 天 天 帶 著 我 對 你 的 愛， 和 周

圍 的 人 分 享。

教材說明

　　1. 作者透過說白節奏內容，加以延伸成為單元主題歌曲，主要是希望能指導幼兒一邊唱，一邊能學習體會父母或主要照顧者對於幼兒關照之情。從單元歌曲中，也流露出父母或主要照顧者對於幼兒的期待是「天天健康快樂、勇敢有愛心、將所得到的愛與人分享」；希望能培養幼兒具有正向之人格特質，從小就能學習關懷別人的需要，以及學會「與人分享是一件快樂的事」之觀念。

　　2. 另一方面，也希冀透過此首單元歌曲，能讓幼兒了解父母或主要照顧者對

幼兒那份親情之愛，也能藉由自我行動，實踐愛護珍惜自己的家及家人。

　　3.本教材係延續「偉大的爸媽」而來，在前一首「偉大的爸媽」乃是以幼兒感謝父母的角度來設計。而本首歌曲「我愛我的家」是以父母或長者的角色，運用歌曲之方式，來敘說對於子女關心的愛與期許，也希望子女能將父母給予的愛，散播給周圍需要關心的人；就好像在學前融合班的情境中，更有機會隨時關心需要幫忙的小朋友，鼓勵幼兒能從生活中，做個樂於與人分享之實踐家。

整體考量

　　本首單元歌曲，主要是透過歌曲培養幼兒天天健康快樂、勇敢有愛心、將所得到的愛與人分享等正向的特質，並且能在日常生活中，為自己的家盡些義務與責任，多體諒與分擔父母或主要照顧者工作上的辛勞。

特殊考量

1.認知理解能力較弱的幼兒

　　本書的音樂活動內容簡單，乃以設計適合特殊幼兒認知理解的教學內容為主，單元歌曲簡短，並且採取基本型式之節奏型態。

2.口語表達不佳的幼兒

　　針對口語表達不佳之幼兒，可以鼓勵其改用哼唱ㄋㄧ的聲音，主要是藉由音樂活動之際，讓幼兒自然順勢地唱出「你」的聲音，以增進幼兒更多發音之機會。

3.動作發展落後的幼兒

　　面對動作發展落後的幼兒，規畫幼兒能仿做簡易的動作。由於該學期有一位肢體障礙的幼兒，所以，根據單元歌曲所設計之六個動作必須簡單而不複雜，以易於仿做；也就是以漸進式的方式，指導幼兒能慢慢地跟得上作者所示範之動作模式。

4.自閉症的幼兒

　　對於自閉症的幼兒而言，此一音樂活動可以運用固定順序之方式，以利於其依照既定的流程來進行此一活動，培養其能夠了解父母或主要照顧者對於自己之全心關愛與期許。

㈢布偶音樂劇場

　　1.布偶對話：從對話中討論在家裡，喜歡與誰分享。

　　2.預先在幼兒自選的蘋果貼紙上，寫好幼兒常與家中哪一位成員分享；然後，再引導幼兒一邊聆聽我愛我的家之情境音樂，一邊輪流在我家的樹為主題之海報上，黏貼幼兒自選的蘋果貼紙，表達自己常喜歡與家中的某一成員分享自己心裡

的話。

教材說明

作者藉由兩個布偶說出在家裡，喜歡與誰分享故事，例如：爸爸、媽媽、爺爺、奶奶、外公、外婆、姑姑、阿姨、哥哥、姐姐、妹妹、弟弟……等；並在說故事的歷程中，播放適合劇情之背景音樂，透過兩個布偶的角色扮演，表達自己常喜歡與家中的某一成員分享之行為。

整體考量

作者運用兩個布偶的對話活動，引發幼兒探知教學內容之動機及提升學習的參與度；也藉由兩個布偶之間的對話，幫助幼兒能學習將心裡的話與家中的人分享。

特殊考量

本書的音樂活動內容簡單，乃以規畫適合特殊幼兒認知理解的教學內容為主，特別是兩個布偶的出現，引發特殊幼兒對於此一主題高昂的興趣。

㈣音樂律動

引導幼兒跟著單元主題歌曲，進行相關律動的動作。

教材說明

作者依據我愛我的家單元歌曲內容，設計與詞意相互對應的肢體動作，以加深幼兒對詞意之理解，並進而開展幼兒的身體動作，及訓練其身體協調能力之發展。

整體考量

作者為了強化幼兒對我愛我的家教學單元之記憶，不僅運用說白節奏的活動設計，同時指導幼兒跟著主題相關之背景音樂，運用手勢、肢體動作，做出與說白節奏內容相互對應的動作。

特殊考量

作者在規畫音樂律動活動時，是以動作發展落後幼兒易於學習、模仿的動作為設計基礎；對於動作能力較佳之幼兒，可鼓勵其發展自創的動作。

㈤音樂故事聯想

引導幼兒依音樂情境，做出與家人出遊的所有活動動作，例如一起與家人爬山、划船、看大象、聞花香等音樂故事聯想的遊戲。

教材說明

作者指導幼兒從聆聽律動音樂之中，做出與家人出遊的活動動作，例如一起與家人爬山、划船、看大象、聞花香等音樂故事聯想的遊戲；以展現屬於自己風格的創意動作與聯想力，進而增進幼兒創造力之發展。

整體考量

作者運用「音樂故事聯想」的型式，串連「布偶音樂劇場」、「說白節奏」之內容核心，以另一個活動型態展現此一單元之教學內涵；讓幼兒從聆聽律動音樂之中，一邊引導幼兒想像現在正在與家人共同進行出遊的行動，透過富有節奏性之音樂旋律，以激發其想像力與聯想力。

特殊考量

作者在規畫音樂故事聯想活動時，乃以設計適合特殊幼兒認知理解的教學內容為基本活動，並且考量動作發展落後幼兒易於學習、模仿之動作，例如扮演與家人爬山、划船、看大象、聞花香等動作。

㈥手指音樂遊戲

指導幼兒跟著單元主題歌曲，同步配合歌曲做出手指遊戲，藉此讓幼兒運用手指動作，進行音樂遊戲的活動。

教材說明

作者依據我愛我的家主題，設計與詞意相互對應的手指動作遊戲，以另一種有趣且具創意的型式，增進幼兒對童謠意涵之認識。

整體考量

「手指音樂遊戲」主要是以手指的型態，引導幼兒跟著作者自編我愛我的家單元主題歌曲進行手指音樂遊戲，以完成主題歌曲意境中之手指動作。

特殊考量

作者在規畫手指音樂遊戲活動時，乃以設計適合特殊幼兒認知理解的教學內容為基本活動，並且考量動作發展落後幼兒之易於學習、模仿之基本手指動作模式。

㈦音樂溝通遊戲

由一位手拿布偶的幼兒主導，帶領所有幼兒一邊唱單元主題歌曲，一邊做出相關律動的動作；待唱到「將愛與周圍的人分享」時，則將手中的布偶依序分享

給其他的同儕。

教材說明

作者依據我愛我的家主題，設計團體的音樂遊戲活動，以增進師生、同儕間的互動。

整體考量

「音樂溝通遊戲」係透過單元主題歌曲，與同儕進行由單元主題所建構的溝通活動，指導幼兒於圓圈座位中，一邊拿著布偶唱歌，一邊進行單元主題歌曲的遊戲。

特殊考量

作者在規畫音樂溝通遊戲活動時，乃以設計適合特殊幼兒認知理解的教學內容為基本活動，並且考量動作發展落後幼兒易於學習、模仿之動作。

(八)打擊樂器

指導幼兒跟著單元主題歌曲，與同儕一起進行響棒、鼓、沙鈴打擊樂器的音樂活動。

教材說明

作者設計與我愛我的家主題相關的打擊樂器活動，讓幼兒能學習敲打樂器之方法，且藉此抒發自己的情感。

整體考量

「打擊樂器」活動乃結合我愛我的家主題，設計使用響棒、鼓、沙鈴，進行相關之節奏活動。

特殊考量

作者在規畫打擊樂器活動時，乃以考量動作發展落後幼兒手功能之現況，提供適合幼兒學習的簡易樂器——響棒、鼓、沙鈴。

(九)即興表演

由一位幼兒主導，帶領所有幼兒一邊聆聽律動音樂，一邊跟著主導幼兒即興做出平日與家人出遊的情境動作，例如一起與家人照相、到公園坐翹翹板、看表演等；待一個音樂段落結束之後，再依序由不同幼兒輪流擔任主導的角色。

教材說明

作者引導幼兒結合動作、節拍，做出平日與家人出遊的情境動作，如一起與家人照相、到公園坐翹翹板、看表演等動作之即興表演；讓幼兒從自主發揮的即興表演活動，創意性地表達自己出遊的風格與方式。

整體考量

運用律動音樂，引導幼兒進一步展現個人創意動作，同時分享自己與家人出遊情境動作之想法。

特殊考量

作者在規畫即興表演活動時，乃以設計適合特殊幼兒認知理解的教學內容為基本活動，同時也考量動作發展落後幼兒易於學習、模仿之動作，作為基本的動作模式。

作者參與「我愛我的家」音樂教學活動情形

表 9-3 「我愛我的家」大單元簡案

主要教學流程摘要	時間 (分)	教學資源	多元智能向度
一、師生問候歌（或暖身歌曲）	2	布偶	人
二、點名歌	3	布偶、鼓	人、肢、內
三、布偶音樂劇場	5	布偶、音樂	內、自
1. 布偶對話：從對話中討論在家裡，喜歡與誰分享。			
2. 預先在幼兒自選的蘋果貼紙上，寫好幼兒在家中常與哪一成員分享的稱謂；然後，再引導幼兒一邊聆聽我愛我的家之情境音樂，一邊輪流在我家的樹為主題之海報上，黏貼幼兒自選的蘋果貼紙，表達自己常喜歡與家中某一成員分享自己心裡的話。			
四、說白節奏 單元主題之說白節奏。	10	音樂、響棒	語
五、音樂律動 引導幼兒跟著單元主題歌曲，做出相關的動作。	8	音樂	肢、音、自
六、師生再見歌	2	布偶	人
一、師生問候歌（或暖身歌曲）	2	布偶	人
二、點名歌	3	布偶	人、肢、內
三、音樂故事聯想 引導幼兒依照音樂情境，做出與家人出遊的所有活動動作，例如一起與家人爬山、划船、看大象、聞花香等音樂故事聯想的遊戲。	5	音樂	肢、音、人、自
四、手指音樂遊戲 指導幼兒一邊唱單元主題歌曲，一邊同步配合音樂做出手指遊戲；藉此讓幼兒運用手指動作，進行音樂遊戲之活動。	8	音樂	肢、人、自
五、歌曲教唱 單元主題之歌曲。	10	音樂	語、音、人
六、師生再見歌	2	布偶	人
一、師生問候歌（或暖身歌曲）	2	布偶	人
二、點名歌	3	布偶	人、肢、內
三、音樂溝通遊戲 引導幼兒輪流拿著布偶一邊唱歌，一邊進行單元主題歌曲的遊戲。	8	音樂、布偶	邏、空、人
四、打擊樂器 指導幼兒跟著單元主題歌曲，與同儕一起進行打擊樂器的活動。	10	音樂、響棒、鼓、沙鈴	音、人
五、即興表演 由一位幼兒主導，帶領所有幼兒一邊聆聽律動音樂，一邊即興做出平日與家人出遊的情境動作，例如一起與家人照相、到公園坐翹翹板、看表演等，其他幼兒跟著主導的幼兒仿做；待一個音樂段落結束，再依序由不同幼兒輪流擔任主導的角色。	5	音樂	肢、內
六、師生再見歌	2	布偶	人

四、夏天來了

㈠單元主題之說白節奏譜

黃榮真 詞

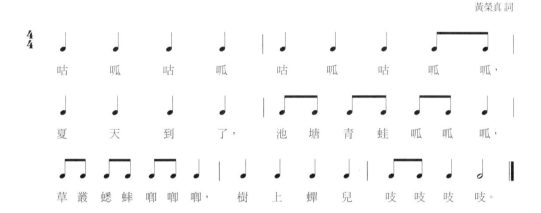

咕　呱　咕　呱　咕　呱　咕　呱　呱，

夏　天　到　了，　池　塘　青　蛙　呱　呱　呱，

草　叢　蟋　蟀　唧　唧　唧，　樹　上　蟬　兒　吱　吱　吱　吱。

教材說明

　　作者運用幼兒常見的夏天情景，構成簡單之節奏性語句，再讓幼兒配合作者所預先設計好的「夏天」情境圖，一邊聆聽夏天蟬蛙合鳴之音樂，一邊依序將夏天景物貼在海報紙上；同時藉由一邊念說白節奏，一邊進行手指遊戲、音樂律動等音樂活動型式，讓幼兒加深對「夏天」的認識。

整體考量

　　1. 本首說白節奏，以幼兒日常生活學習經驗為出發點，整個音樂實驗方案內容素材選自幼兒平日對於夏天來了的觀察與感受；然後，再透過音樂活動與幼兒的生活經驗結合。

　　2. 此首說白節奏之曲式結構化，歌詞簡單，融入幼兒日常生活中熟悉的聲音，例如青蛙、蟋蟀、蟬兒叫聲，讓整首說白節奏充滿趣味化之特質。

特殊考量

1. 認知理解能力較弱的幼兒

　　本書所設計的音樂活動內容簡單，適合特殊幼兒之認知理解能力，說白節奏簡短，並且採取基本型式之節奏型態。

2. 口語表達不佳的幼兒

　　針對口語表達不佳之幼兒，可以鼓勵其改用發出ㄍㄨㄚ的聲音，漸進提升其

發出聲音之能力，以建構出有意義的簡單語句表達，同時建立更多詞彙之理解力。

3. 動作發展落後的幼兒

　　面對動作發展落後的幼兒，說白節奏是以四拍為一個動作，規畫幼兒易於學習、模仿的動作為教學活動內容之基礎。

4. 自閉症的幼兒

　　對於自閉症的幼兒而言，此一音樂活動可以運用固定順序的輪流方式，以利於其依照既定之模式來進行該項活動，強化其對於夏天來了之所見與所聞的經驗。

作者參與「夏天來了」音樂教學活動情形

(二)單元主題之歌曲教唱譜

黃榮真 詞曲

咕 呱 咕 呱 咕 呱 咕 呱 呱，

夏 天 到 了， 池 塘 青 蛙 呱 呱 呱，

草 叢 蟋 蟀 唧 唧 唧， 樹 上 蟬 兒 吱 吱 吱 吱。

教材說明

　　1. 作者運用幼兒常見之夏天情景，構成簡單的節奏性語句，再進一步延伸成為單元歌曲；主要是希望藉由一邊唱出單元歌曲，一邊進行手指遊戲、音樂律動等型式的音樂活動，以加深幼兒對「夏天」之認識。

　　2. 單元歌曲在第一、第二小節中，以模擬青蛙叫聲作為開場白，以增添歌曲的樂趣與親和力；最後一小節蟬叫聲結束之後，作者在尾奏的部分，以音階由下至上滑奏的方式，模仿蟬叫的聲音，讓整首歌曲在音樂的高潮中，劃上休止符。

整體考量

　　1. 本首單元歌曲，係以幼兒日常生活學習經驗為出發點，整個音樂實驗方案內容素材，選自幼兒平日對於夏天來了的觀察；然後，再透過音樂活動與幼兒之日常生活經驗結合。

　　2. 此首說白節奏之曲式結構化，歌詞簡單，融入幼兒日常生活中熟悉的聲音，例如青蛙、蟋蟀、蟬兒叫聲，讓單元歌曲充滿趣味化的特質。

特殊考量

1. 認知理解能力較弱的幼兒

　　本書所設計的音樂活動內容簡單，乃以規畫適合特殊幼兒認知理解的教學內容為主，單元歌曲簡短，並且採取基本型式之節奏型態。

2. 口語表達不佳的幼兒

　　針對口語表達不佳之幼兒，可以鼓勵其改用唱出ㄍㄨㄚ的聲音，漸進提升其發出聲音之能力，建構出有意義的簡單語句表達，同時建立更多詞彙之理解力。

3. 動作發展落後的幼兒

　　面對動作發展落後的幼兒，單元歌曲是以四拍為一個動作，規畫幼兒易於學習、模仿的動作為基礎。

4. 自閉症的幼兒

　　對於自閉症的幼兒而言，此一音樂活動可以運用固定順序的輪流方式，以利於其依照既定之模式來進行該項活動，深化其對於夏天來了之所見與所聞的印象。

㈢布偶音樂劇場

　　1. 布偶對話：討論夏天來了，大自然的景物發生哪些變化。

　　2. 延伸活動：一邊讓幼兒聆聽夏天蟬蛙合鳴的音樂，一邊讓幼兒在作者所預先設計好的「夏天」情境圖上，依序將夏天情境常出現的青蛙、蟋蟀、蟬兒貼紙，黏貼在海報紙上，以加深幼兒對「夏天」之認識，並且藉由圖像來加深其對夏天景物的記憶。

教材說明

　　作者藉由兩個布偶說出夏天來了的故事，並在說故事之歷程中，播放夏天蟬蛙合鳴的音樂；透過兩個布偶之角色對話，增進幼兒對大自然的景物發生哪些變化的覺知能力。

整體考量

　　1. 作者運用兩個布偶的對話活動，引發幼兒探知教學內容之動機及提升學習參與感；也藉由兩個不同造型布偶之間的對話，幫助幼兒對於夏天來了之相關景物，有一初步的認識與統整。

　　2. 作者一邊讓幼兒聆聽夏天蟬蛙合鳴的音樂，一邊讓幼兒在作者預先設計好的「夏天」情境圖上，依序將夏天情境常出現之青蛙、蟋蟀、蟬兒貼紙，黏貼在海報紙上，由操作圖像對應情境事物之中，加深幼兒對「夏天」的認識。

特殊考量

　　本書之音樂活動內容簡單，乃以設計適合特殊幼兒認知理解的教學內容為主，特別是兩個不同造型布偶之出現，引發特殊幼兒學習之好奇心與高度的專注力。

㈣音樂律動

　　引導幼兒跟著單元主題之歌曲，做出相關的動作。

教材說明

　　作者依據夏天來了單元歌曲內容，設計與詞意相互對應的肢體動作，以加深幼兒對詞意之理解，並進而開展幼兒的肢體動作能力。

整體考量

　　作者為了強化幼兒對夏天來了教學單元之記憶，不僅運用說白節奏的活動設計，同時指導幼兒跟著主題相關之背景音樂，運用手勢、肢體動作，做出與說白節奏內容相互對應的動作。

特殊考量

　　作者在規畫音樂律動活動時，係以動作發展落後幼兒易於學習、模仿的動作為設計基礎，對於動作能力較佳的幼兒，可鼓勵其發展自創之動作。

㈤音樂故事聯想

　　1. 一邊讓幼兒聆聽夏天蟬蛙合鳴的音樂，一邊讓幼兒輪流拿著代表不同天氣、昆蟲角色的圖卡，從明快的音樂意境中，代表太陽出來了，是個晴朗的天氣；手拿太陽、青蛙、蟋蟀、蟬兒、蜻蜓圖卡的幼兒，紛紛隨著音樂情境出現。

　　2. 突然之間，烏雲、下雨、打雷、風吹的音樂意境出現，是個夏日午後雷陣雨的天氣，手拿烏雲、下雨、打雷、風吹圖卡的幼兒，分別隨著音樂情境陸陸續續現身；而手拿太陽、青蛙、蟋蟀、蟬兒、蜻蜓圖卡的幼兒，則趕快將原有的圖卡收起來；亦即四種動物遇到下雨、颳風的情境，做出趕快躲起來的動作。

　　3. 不一會兒，明快的音樂意境再度重現，代表太陽又要再次出來了，又是個晴朗的天氣；手拿太陽、青蛙、蟋蟀、蟬兒、蜻蜓圖卡的幼兒，又快樂地出來隨著輕快的音樂起舞歡慶。

教材說明

　　作者指導幼兒一邊聆聽夏天蟬蛙合鳴的音樂故事，一邊讓幼兒輪流拿著不同天氣、昆蟲角色的圖卡，分別當作是太陽、烏雲、下雨、打雷、風吹、青蛙、蟋蟀、蟬兒、蜻蜓等不同角色，以進行角色扮演的音樂遊戲活動。

整體考量

　　1. 讓幼兒從聆聽夏天蟬蛙合鳴的音樂故事之中，體會音樂旋律所流露出夏天是個晴朗又有午後雷陣雨的天氣感受；亦即以夏天來了的故事作為幼兒角色扮演之題材，以激發其發揮個人的想像力與聯想力。

2. 每次音樂故事進行時，幼兒須依序按照故事情節進行活動，當故事進行到某一情節時，則代表該項角色的幼兒要出來表演。

特殊考量

作者在規畫音樂故事聯想活動時，乃以設計適合特殊幼兒認知理解的教學內容為基本活動，並且考量動作發展落後幼兒易於學習、模仿之動作，以引導特殊幼兒對於大自然事物的變化，有更多敏銳之觀察能力。

㈥手指音樂遊戲

指導幼兒一邊唱單元主題歌曲，一邊同步配合音樂做出手指遊戲，藉此讓幼兒運用手指動作，進行音樂遊戲，以強化幼兒對夏天景物之印象。

教材說明

作者指導幼兒一邊唱著單元主題歌曲，一邊讓幼兒運用手指，分別扮演青蛙、蟋蟀、蟬兒等角色。

整體考量

讓幼兒從聆聽單元主題歌曲，體會音樂旋律所流露出夏天來了即將會有哪些景物發生變化的故事；幼兒則是一邊運用手指，一邊根據單元主題歌曲，依序扮演不同角色之出現。

特殊考量

作者在規畫手指音樂遊戲活動時，乃以設計適合特殊幼兒認知理解的教學內容為基本活動，並且考量動作發展落後幼兒易於學習、模仿之精細動作活動。

㈦音樂溝通遊戲

一邊讓幼兒聆聽夏天蟬蛙合鳴的音樂故事，一邊讓幼兒輪流拿著不同顏色的絲巾，分別代表不同天氣、昆蟲角色，讓幼兒從音樂明快與雷聲交加的意境中，按照故事情節，依序揮動手上代表不同角色的絲巾；並且從音樂活動中，增進與同儕之間正向的互動。

教材說明

作者指導幼兒一邊聆聽夏天蟬蛙合鳴的音樂故事，一邊讓幼兒輪流拿著不同顏色的絲巾，分別當作是太陽、烏雲、下雨、打雷、風吹、青蛙、蟋蟀、蟬兒、蜻蜓等角色，以進行扮演的音樂活動。

整體考量

1. 讓幼兒從聆聽夏天蟬蛙合鳴的音樂故事中，體會音樂旋律所流露出夏天來了，即將會有哪些景物發生變化的故事，幼兒則是輪流扮演不同角色；亦即以夏天來了的故事作為幼兒角色扮演之題材，以激發其想像力與聯想力。

2. 每次音樂故事進行時，幼兒須依序按照故事情節，表演出該項角色。

特殊考量

作者在規畫音樂溝通遊戲活動時，乃以設計適合特殊幼兒認知理解的教學內容為基本活動，並且考量動作發展落後幼兒易於學習、模仿之動作，例如：想像自己是太陽、烏雲、下雨、打雷、風吹、青蛙、蟋蟀、蟬兒、蜻蜓等某一角色；主要是希望特殊幼兒透過此一音樂活動，能運用軀幹與四肢的伸展，做出不同情境之肢體動作，以引導特殊幼兒對於大自然事物的變化，有更多敏銳之觀察能力。

㈧打擊樂器

指導幼兒在不同音樂段落呈現時，依序由不同樂器代表夏天景物中不同的角色：(1)手指鈸：咕呱（青蛙的叫聲）；(2)曼波鼓：夏天到了；(3)青蛙木魚：青蛙；(4)刮胡：蟋蟀；(5)辣齒：蟬兒；(6)振盪器：蟬兒最後一聲叫聲；(7)鐵琴：尾奏滑音之音效。

教材說明

作者設計和夏天來了主題相關的打擊樂器活動，主要是讓幼兒能學習敲打樂器的方法，學會聽辨各種不同樂器的聲音。

整體考量

指導幼兒在不同音樂段落呈現時，依序輪流使用不同樂器，以了解代表夏天景物中，各種角色所使用節奏樂器的聲音特質。

特殊考量

作者在規畫打擊樂器活動時，乃以考量動作發展落後幼兒手功能的現況，提供適合幼兒學習之簡易樂器——青蛙木魚、曼波鼓、刮胡。

㈨即興表演

引導幼兒模擬自己是一隻夏天的昆蟲，主動參與圓圈座位內夏天動物出來玩耍之即興表演活動。

教材說明

　　作者指導幼兒進行夏天昆蟲玩耍之即興表演，讓幼兒從自主發揮的即興表演活動，對於自己所創作人物角色的動作，表達其想法與構思。

整體考量

　　引導幼兒聆聽每個音樂段落，再模擬這些昆蟲角色之動作，如青蛙、蟋蟀、蟬兒、蜻蜓……等，並且創作各種具有變化性的動作，同時也請幼兒分享自己獨特動作所想要表達之內在想法。

特殊考量

　　作者在規畫即興表演活動時，乃以設計適合特殊幼兒認知理解的教學內容為基本活動，同時也考量動作發展落後幼兒易於學習、模仿昆蟲角色的動作。

作者參與「夏天來了」音樂教學活動情形

表 9-4　「夏天來了」大單元簡案

主要教學流程摘要	時間(分)	教學資源	多元智能向度
一、師生問候歌（或暖身歌曲）	2	布偶	人
二、點名歌	3	布偶、鼓	人、肢、內
三、布偶音樂劇場 　1.布偶對話：討論夏天來了，大自然的景物發生哪些變化。 　2.延伸活動：一邊讓幼兒聆聽夏天蟬蛙合鳴的音樂，一邊讓幼兒在作者預先設計好之「夏天」情境圖上，依序將夏天情境常出現的青蛙、蟋蟀、蟬兒貼紙，黏貼在海報紙上，以加深幼兒對「夏天」之認識，並且藉由圖像來加深其對夏天景物的記憶。	5	布偶、音樂、代表夏天的物件	內、自
四、說白節奏 　單元主題之說白節奏。	10	響棒	語
五、音樂律動 　引導幼兒跟著單元主題之歌曲，做出相關的動作。	8	音樂	肢、音、自
六、師生再見歌	2	布偶	人
一、師生問候歌（或暖身歌曲）	2	布偶	人
二、點名歌	3	布偶、鼓	人、肢、內
三、音樂故事聯想 　1.一邊讓幼兒聆聽夏天蟬蛙合鳴的音樂，一邊讓幼兒輪流拿著代表不同天氣、昆蟲角色之圖卡，從明快的音樂意境中，代表太陽出來了，是個晴朗之天氣，手拿太陽、青蛙、蟋蟀、蟬兒、蜻蜓圖卡的幼兒，紛紛隨著音樂情境出現。 　2.突然間，烏雲、下雨、打雷、風吹的音樂意境中呈現，是個夏日午後雷陣雨的天氣，手拿烏雲、下雨、打雷、風吹圖卡的幼兒，分別隨著音樂情境陸陸續續現身；而手拿太陽、青蛙、蟋蟀、蟬兒、蜻蜓圖卡幼兒，則趕快將原有的圖卡收起來，亦即四種動物遇到下雨、颱風之情境，趕快做出躲起來的動作。 　3.不一會兒，明快的音樂意境再度重現，代表太陽又要再次出來，又是個晴朗的天氣，手拿太陽、青蛙、蟋蟀、蟬兒、蜻蜓圖卡的幼兒，又快樂地隨著輕快的音樂起舞歡慶。	10	音樂、天氣、昆蟲角色的圖卡	肢、音、人、自
四、手指音樂遊戲 　指導幼兒一邊唱單元主題歌曲，一邊同步配合音樂做出手指遊戲，藉此讓幼兒運用手指動作，進行音樂遊戲；藉此讓幼兒由手指動作，來強化幼兒對夏天景物之印象。	5	音樂	肢、人、自
五、歌曲教唱 　單元主題之歌曲。	8	音樂	語、音、人
六、師生再見歌	2	布偶	人

續表 9-4

主要教學流程摘要	時間 (分)	教學資源	多元智能向度
一、師生問候歌（或暖身歌曲）	2	布偶	人
二、點名歌	3	布偶、鼓	人、肢、內
三、音樂溝通遊戲	5	音樂、絲巾	邏、空、人
一邊讓幼兒聆聽夏天蟬蛙合鳴的音樂故事，一邊讓幼兒輪流拿著不同顏色絲巾，分別代表不同天氣、昆蟲角色，讓幼兒從音樂明快與雷聲交加的意境中，按照故事情節，依序揮動代表不同角色的絲巾；並從音樂活動中，增進與同儕之間正向的互動。			
四、打擊樂器	10	手指鈸、曼波鼓、青蛙木魚、刮胡、辣齒、振盪器、鐵琴	音、人
指導幼兒在不同音樂段落呈現時，依序由不同樂器代表夏天景物中不同的角色：(1)手指鈸：咕呱（青蛙的叫聲）；(2)曼波鼓：夏天到了；(3)青蛙木魚：青蛙；(4)刮胡：蟋蟀；(5)辣齒：蟬兒；(6)振盪器：蟬兒最後一聲叫聲；(7)鐵琴：尾奏滑音之音效。			
五、即興表演	8	音樂	肢、內
引導幼兒模擬自己是一隻夏天的昆蟲，主動參與圓圈座位內夏天動物玩耍之即興表演活動。			
六、師生再見歌	2	布偶	人

作者參與「夏天來了」音樂教學活動情形

第**10**章

結　語

　　參與本書音樂教學活動之學前融合班研究小組教師認為：「運用多元智能融入音樂教學活動，來啟發兩類幼兒強項智能，是很好的教學構想，對於特殊幼兒與一般幼兒皆產生正向的影響」，茲說明如下：

▶ 壹、整體音樂教學活動設計方面

一、本書之學前融合班音樂教學活動內容，運用多元智能理論融入音樂教學活動之中，設計新穎而多元。運用多元智能融入音樂教學活動，可以啟發兩類幼兒強項智能，同時讓幼兒透過不同學習路徑與符號系統來學習音樂活動，也藉由多元化的音樂教學活動型態來開啟幼兒的學習潛能；一方面，讓幼兒可依據原有的強勢能力來學習音樂教學活動，另一方面，也可以開啟幼兒未被發掘之潛能。

二、本書學前融合班音樂教學活動，循序漸進，非常具有系統性，活動設計有創意而活潑，動靜活動交替得宜，所使用教材教具多元而豐富；創新的教學構思，幫助特殊幼兒跨越先天學習的限制。

三、運用規律性的音樂節奏，更有助於兩類幼兒記憶的保留；自編歌曲的歌詞與旋律簡單，適合兩類幼兒之學習。

四、學前融合班研究小組教師提議以布偶音樂劇場及故事的方式串連於音樂教學活動之中，能夠引發幼兒的學習動機。

五、結構性的點名歌活動、師生問候與再見歌，有助於特殊需求學生能依照既定的音樂活動順序來學習，有利於特殊幼兒的認知發展。

六、同一主題帶入多層次的教學活動，能夠整合幼兒的認知概念，以加深其學習印象，並且也能巧妙地將抽象的概念，融入音樂教學活動設計之中。

七、以動態、好玩的活動、操作型態、學生感興趣的主題為核心，幫助幼兒經驗的累積，讓他們從體驗、做中來學習。

八、多元智能融入音樂活動對他們的影響是潛移默化的，整個音樂實驗方案已將四種音樂教學法中適合兩類幼兒學習的活動特色，淋漓盡致地彰顯於每項音樂活動之中。幼兒對於音樂的節奏、旋律，均能很容易掌握住，以及對於相關智能之反應表現，比其他班上的幼兒來得快。

九、本書音樂教學活動內容帶給幼兒不同的生活體驗與音樂之樂趣，又能幫助他們從其中學習常規的建立，是值得推廣之教學活動。

▶ 貳、特殊幼兒學習情形方面

一、音樂教學活動有助於特殊幼兒情緒的正向發展。

二、特殊幼兒對於音樂活動的投入，比一般幼兒更直接而自然。

三、透過一般幼兒的示範，可以帶動特殊幼兒的學習。

四、特殊幼兒上音樂課時比其他課程還專注。

五、特殊幼兒會模仿老師上課所使用的素材，進行角色扮演。

六、特殊幼兒的攻擊行為消弱。

七、特殊幼兒對於每個大單元的學習參與度極高，在語言溝通、人際互動、肢體動作、認知概念理解等各方面之學習表現，皆有明顯的進步。

▶ 參、兩類幼兒學習情形方面

一、所有幼兒皆有正向的學習成效，其中，兩類幼兒皆學會輪流、等待、分享之社交技能。

二、每位學前融合班幼兒都非常期待上音樂課。

三、多元智能音樂活動能夠引發兩類幼兒的學習興趣。

四、兩類幼兒在進行各項音樂遊戲時，都玩得很開心，也學會在音樂遊戲規則中，盡興地參與活動。

五、兩類幼兒在語言溝通、人際互動、肢體動作、情緒發展等方面，都有很大的進步。

六、兩類幼兒上音樂課，總是很投入，也能發揮互相學習的作用。

七、兩類幼兒都愛唱音樂課所教朗朗上口的歌曲。

八、兩類幼兒之間，開始會主動玩遊戲。

九、兩類幼兒對於單元主題的認知理解與聯想力增加。

▶ 肆、學前融合班研究小組教師參與情形方面

一、兩位研究小組教師皆表示參與這個音樂研究，有利於自己在學前融合班教學

活動規畫的能力，同時也提升自我專業能力與省思能力。

二、從參與音樂研究中，體會教學觀摩中成長的喜悅。

三、覺得每次參與這個研究具有挑戰性，也覺得很有收穫。

綜上所述，作者在參與這幾個學期臨床教學期間，首先，非常感謝花蓮教育大學提供及鼓勵校內教師至國民學校進行臨床教學，讓作者的教學場域能從校內學術殿堂延伸至校外教學實務現場，不但由作者負責編製音樂教學活動方案，而且還親自擔任每節音樂教學活動方案的教學者。

基於此，作者歸納這幾個學期音樂教學活動方案臨床教學心得，更發現唯有日積月累地將教學理論予以實踐與分享，才能讓研究心得與教學實務之間有更緊密的連結與應用，並將研究成果更具體地落實於教學場域之中。

此外，藉由作者與研究小組教師之間經驗分享，更有利於研究小組教師對於音樂教學活動方案之參與，也透過特殊需求學生音樂教學活動方案之實踐，讓學術研究單位與現職教師有更多教學經驗的對話、交流與合作，實際將理論與實務加以密切地整合。

統整以上所述，作者在執行特殊需求學生音樂教學活動編製方面，主要是依據特殊需求學生之學習特質與個別差異情形，規畫其適合學習之音樂教學活動內容與變通性的教學活動方案；故此，學前融合班音樂教學活動方案研發，乃是運用多元智能融入音樂教學活動，來啟發兩類幼兒強項智能，主要是讓幼兒透過不同學習路徑與符號系統來學習音樂活動；一方面，可以激發幼兒依照原有的強勢能力來學習音樂教學活動，另一方面，藉由多元化的音樂教學活動型態，也可以開啟幼兒未被發掘之潛能，亦即此一音樂教學活動能發揮兩類幼兒的優勢能力與學習潛能。

除此之外，本書建構系列化之音樂教學活動方案，也運用「全方位的課程設計」之理念，作為音樂教學活動方案規畫之精神，讓安置於融合班級中的特殊幼兒，能夠應依照其個別差異，在整體音樂教學活動方案設計的目標上，具有適當之彈性與調整的空間，以激發特殊幼兒在融合教育環境中，有更大的參與度。

由此可見，透過多元智能融入音樂教學活動之教學後，作者發現更可驗證每個人原本的潛能，都有被啟發的可能性，以及進一步開展的空間；所以，作者認為更應該尊重每位學生的優勢智能與個別差異，為其擬定適當的調整方案，藉此讓特殊需求學生的音樂教學活動內涵，更適用於所有學前融合班幼兒，更能為每位特殊需求學生提供更佳的學習機會，開啟受教者生命之最大潛能，並且透過音樂教學活動方案的引導，將學生潛藏於內在之能力，充分地展現出來。

參考文獻

一、中文部分

王天苗（1999a）。融合教育的理念。載於中華民國特殊教育學會主編，**特殊教育年刊──迎千禧談特教**。

王天苗（1999b）。**發展遲緩幼兒融合式幼教模式之建立與實施成效研究（I）**。行政院國科會研究計畫成果報告（NSC87-2413-H-003-009）。

王天苗（2002）。發展遲緩幼兒在融合教育環境裡的學習。**特殊教育研究學刊，23**，1-23。

王天苗、許碧勳（1999）。**特殊幼兒教育研究與應用**。載於幼兒教育研究的昨日、今日與明日──開創幼教新紀元學術研討會。台北：台北市立師範學院。

王正珠（2001）。**幼稚園教師運用多元智能理論之歷程研究**。國立新竹師範學院幼兒教育研究所碩士論文，未出版，新竹。

王振德（1999）。**多元才能發展方案之規畫與實驗研究──中小學學生領導與道德智能之發掘與評量（I）**。行政院國科會研究計畫成果報告（NSC89-2514-S-003-007）。

王振德（2000）。**多元才能發展方案之規畫與實驗研究──中小學學生領導與道德智能之發掘與評量（II）**。行政院國科會研究計畫成果報告（NSC89-2514-S-003-009）。

王振德（2001）。**多元才能發展方案之規畫與實驗研究──中小學學生領導與道德智能之發掘與評量（III）**。行政院國科會研究計畫成果報告（NSC90-2514-S-003-007）。

王振德（2002）。**高中階段多元才能發展方案之整合、實驗與評鑑**。行政院國科會研究計畫成果報告（NSC91-2514-S-003-002）。

王淑霞（2001）。**國中教育人員對於實施融合教育態度之研究**。國立彰化師範大學特殊教育學系在職進修專班特殊教育行政碩士班論文，未出版，彰化。

王寶勛（2002）。**多元智能融入國小戶外教學課程的設計與實踐**。國立台灣師範大學地球科學系碩士論文，未出版，台北。

任恩儀（2004）。**參與「學前資優幼兒多元智能與問題解決方案」幼兒語文特質之研究**。國立台灣師範大學特殊教育學系碩士論文，未出版，台北。

朱淑芬（2003）。**多元智能融入國語科教學在資源班的行動研究**。國立台中師範學院特殊教育與輔助科技研究所碩士論文，未出版，台中。

朱瑛譯（2001）。**光譜計畫──幼小階段學習活動**。台北：心理。

江上秋（1990）。弱智兒童的音樂治療。**陽明園地，23**，46-47。

何東墀（1986）。智能不足者需要功能性的課程。**特教園丁，1**（2），13-14。

何惠君（2004）。**幼兒多元智能學習成果之實證研究──一個托兒所的個案分析**。朝陽科技大學幼兒保育系碩士班碩士論文，未出版，台中。

吳白琦（2000）。音樂教學之簡介。**特教園丁，15**（4），1-7。

吳昆壽（1991）。淺談特殊兒童的音樂教學。載於**中華民國特殊教育學會年刊**（頁103-108）。

吳武典（1999）。**多元才能發展方案之規畫與實驗研究總計畫**。行政院國科會研究計畫成果報告（NSC88-2520-S-133-001）。

吳武典（2000a）。**中小學學生人事智能之發掘與評量（I）**。行政院國科會研究計畫成果報告（NSC89-2514-S-003-005）。

吳武典（2000b）。**中小學學生人事智能之發掘與評量（II）**。行政院國科會研究計畫成果報告（NSC89-2514-S-003-008）。

吳武典（2001）。**中小學學生人事智能之發掘與評量（III）**。行政院國科會研究計畫成果報告（NSC90-2514-S-003-008）。

吳武典（2002）。**國中階段多元才能發展方案之整合、實驗與評鑑**。行政院國科會研究計畫成果報告（NSC91-2514-S-003-003）。

吳武典（2003a）。**多元智能理論在特殊教育上的應用**。教育部：教育論壇。

吳武典（2003b）。**多元智能（MI）高中的學校經營與教學──以國立玉里高中為例（I）**。行政院國科會研究計畫成果報告（NSC92-2413-H-003-025）。

吳武典（2003c）。多元智能與學校經營。**教育研究月刊，110**，20-40。

吳武典（2004）。**多元智能（MI）高中的學校經營與教學──以國立玉里高中為例（II）**。行政院國科會研究計畫成果報告（NSC93-2413-H-003-008）。

吳美玲（2002）。**兒歌在幼兒音樂課中的觀察與分析研究**。國立台灣師範大學音樂學系碩士論文，未出版，台北。

吳淑美（1992）。發展遲緩幼兒在回歸主流教育環境下社會互動、社會地位及發展能力之研究。**特殊教育學報，7**，45-83。

吳淑美（1995）。完全包含模式可行嗎？**特教新知通訊，3**（3），1-2。

吳淑美（1996）。**探討「竹師實小特教實驗班第二年實施中重度殘障學生完全包含課程模式成效」之實驗研究**。新竹：國立新竹師範學院特殊教育系。

吳淑美（1998）。**學前融合班教學理念篇**。台北：心理。

吳淑美（2000）。融合教育的實施與困境。**國教世紀，188**，6-11。

吳淑美（2001）。談融合教育之現況與未來。載於國立台北師範學院特殊教育學系、特殊教育中心主辦，**融合教育學術論文集**（頁1-10）。

吳淑美（2003）。融合班的實務與應用。**教師天地，125**，52-62。

吳舜文（2002）。**音樂教育論述集**。台北：師大書苑。

吳璇玉（2001）。**音樂活動對國小多重障礙兒童語文學習成效之研究**。國立嘉義大學國民教育研究所特教教學碩士論文，未出版，嘉義。

呂佳璇（2002）。**音樂治療教學對一般國小兒童自我概念與行為困擾之研究**。南華大學美學與藝術管理研究所碩士論文，未出版，嘉義。

呂昭瑩（2000）。**早期音樂教學對幼兒非音樂智能的影響**。行政院國科會研究計畫成果報告（NSC89-2411-H-143-002）。

李玲玉、詹乃穎、何函儒、鄭如晶、蘇秀娟（2005）。音樂治療對自閉症幼兒發展之成效探

討。**特殊教育學報，21**，1-21。

李惠蘭（2001）。**特教班教師支援融合班教師之行動研究——以台北市立師院實小附設幼稚園為例**。國立台北師範學院特殊教育研究所碩士論文，未出版，台北。

李麗娟（2001）。音樂科教學行動研究初探。**國教之友，52**（3），42-46。

林朱彥（1995）。談智障兒童的音樂教學。載於國立台南師範學院編，**啟智班音樂教材彙編**。

林秀芬（2001）。**多元智能應用於國小藝術教育課程之初探**。國立台灣師範大學美術學系碩士論文，未出版，台北。

林素秋（2002）。**音樂治療活動對國小四至六年級學童之攻擊與人際關係問題輔導研究**。屏東師範學院心理輔導教育研究所碩士論文，未出版，屏東。

林婉瑜（2005）。**兒歌結合字卡教學方案對國小二年級學習障礙兒童認字學習成效之研究**。台北市立教育大學身心障礙研究所碩士論文，未出版，台北。

林貴美（1988）。**音樂治療——音樂在殘障兒童教育與治療之應用**。台北：台北市立師範學院。

林貴美（1991）。**音樂活動介入對中重度智能不足兒童之學習不專注行為與語文學習成就的影響**。台北：台北市立師範學院。

林貴美（1992）。**音樂治療在特殊教育上之運用**。花蓮：國立花蓮師範學院。

林貴美（1993）。**音樂治療與教育手冊**。台北：心理。

林貴美（2001）。**融合教育政策與實際**。載於國立台北師範學院特殊教育學系、特殊教育中心主辦，**融合教育學術論文集**（頁11-36）。

林進材（1999）。多元智慧的教學評量。**國教之友，52**（1），6-15。

林雅萍（2004）。**國小音樂教學應用「多元智能」增進學童音樂能力之研究**。國立台灣師範大學音樂學系碩士論文，未出版，台北。

林寶貴（1998）。**八十六學年度學前特殊教育實驗班工作報告**。台北：國立台灣師範大學特殊教育中心。

林寶貴、盧台華、賴文鳳、謝藍芝（1996）。**學前合作學習實驗班八十四學年度工作報告**。台北：教育部國教司。

邱上真（1999a）。融合教育問與答。載於中華民國特殊教育學會主編，**特殊教育年刊——迎千禧談特教**。

邱上真（1999b）。**帶好每位學生：理論實務與調查研究——普通班教師對特殊需求學生之因應措施**。行政院國科會研究計畫成果報告（NSC89-2413-H-017- 004）。

邱上真（2001）。普通班教師對特殊需求學生之因應措施、所面臨之困境以及所需之支持系統。**特殊教育研究學刊，21**，1-26。

邱上真（2003）。從特定教育課程設計理念的演變——談如何幫助特殊需求學生在普通課程中進行有效學習。載於國立台灣師範大學特殊教育系主編，**2003特殊教育學術研討會會議手冊**（頁19-28）。

洪瑟勵（2000）。**音樂治療活動對國中階段中重度智障學生社會技能之影響**。國立台灣師範大學音樂學系碩士論文，未出版，台北。

胡仁惠（2005）。**智能障礙學童在融合音樂教育課程中之學習觀察與分析**。國立台北師範學院音樂研究所碩士論文，未出版，台北。

范靜蘭（1997）。**以創造性韻律活動的教學策略改善幼兒學習適應行為問題之研究**。國立台北
　　師範學院國民教育研究所碩士論文，未出版，台北。

展桂馨（1996）。**諾朵夫‧羅賓斯創造性音樂療法之探究**。國立台灣師範大學音樂學系碩士論
　　文，未出版，台北。

徐珮菡（1999）。**音樂治療理論基礎及其在台灣的研究與實踐**。國立藝術學院音樂學系碩士論
　　文，未出版，台北。

徐澄清、廖佳鶯、余秀麗（1982）。**幼兒發展測驗**。台北：杏文。

柴蘭英（2003）。**音樂治療教育方案對國小啟智班兒童口語表達之研究**。國立台中師範學院特
　　殊教育與輔助科技研究所碩士論文，未出版，台中。

秦禎（1998）。**幼兒音樂與律動**。台北：五南。

秦麗花、顏瑩玫（2004）。普教與特教老師以課程為核心的合作模式之行動研究。**特殊教育研
　　究學刊，27**，59-75。

高豫（1999）。**開發自閉症學生多元智慧建構工具研究**。行政院國科會研究計畫成果報告
　　（NSC87-2511-S-133-005）。

康恩昕（2004）。**團體音樂活動應用於注意力缺陷過動症幼兒注意力行為影響之研究**。國立屏
　　東科技大學幼兒保育系碩士論文，未出版，屏東。

康裕（1992）。唱歌能治病——淺談音樂治療。**父母親月刊，88**，30-33。

張心馨（2003）。**音樂治療的理論及其在國中階段的應用**。國立台灣師範大學音樂學系碩士班
　　音樂學組研究所碩士論文，未出版，台北。

張世忠（2000）。**多元智慧教與學在物理科教材教法之實行與研究**。行政院國科會研究計畫成
　　果報告（NSC89-2511-S-003-002）。

張玉珍（1987）。**音樂治療對低自我概念兒童自我知覺之影響**。國立台灣師範大學輔導研究所
　　碩士論文，未出版，台北。

張育婷（2001）。舞蹈與多元智慧教學之研究——以即興創作課程為例。**國立台灣體育學院學
　　報，9**，411-419。

張英鵬（1991）。**背景音樂對輕度、中度智能不足及普通學生在反覆性組合工作之影響**。國立
　　台灣師範大學特殊教育研究所碩士論文，未出版，台北。

張英鵬（2000）。**多元智慧教學方案在國小身心障礙資源班之實施模式與成效**。行政院國科會
　　研究計畫成果報告（NSC89-2413-H153-023）。

張英鵬（2001）。**原住民身心障礙學童多元智慧能力調查與多元智慧教學模式成效之實驗（I）**。
　　行政院國科會研究計畫成果報告（NSC90-2413-H153-014）。

張英鵬（2003a）。多元智慧教學方案在國小身心障礙資源班之實施模式與成效實驗。**屏東師院
　　學報，18**，121-154。

張英鵬（2003b）。國民中小學原住民與非原住民身心障礙學童多元智能與學習情形調查。**特
　　殊教育學報，17**，193-221。

張英鵬（2004）。行動取向的多元智能教學模式對原漢身心障礙學童教學實踐與反思。載於中
　　原大學主辦，**特殊教育學術研討會論文集**（頁151-178）。

張英鵬（2005）。**Gardner 的多元智能模式在身心障礙學童之教學研究**。台北：心理。

張純子（2003）。**圖畫書在幼兒多元智能發展之運用研究**。國立台南大學國民教育研究所碩士論文，未出版，台南。

張湘君、葛琦霞（2001）。**多元智能輕鬆教——九年一貫課程統整大放送**。台北：天衛文化。

莊素月、謝麗娟（2000）。富節奏的國語文課程——中重度智障兒童國語文教學。**國小特殊教育，28**，52-56。

莊雯心（2001）。**多元智能（MI）教學研究——光譜計畫在班級實施歷程分析**。台北市立師範學院國民教育研究所碩士論文，未出版，台北。

許月貴（1997）。**幼兒音樂與律動之相關研究**。行政院國科會研究計畫成果報告（NSC87-2413-H-020-001）。

許朝勝（2002）。**多元智慧英語教學：國二資源班特殊需求學生的個案研究**。國立台灣師範大學英語研究所碩士論文，未出版，台北。

許碧勳（2001）。幼稚園實施融合教育之研究。**台北市立師範學院學報，32**，451-484。

郭木山（2001）。多元智慧在音樂教學之行動研究。**台東師院學報，12**，180-207。

郭美女（1998）。音樂治療與傳達。**國教之聲，31**，26-31。

郭淑菁（2004）。**幼兒音樂多元智能教學之實驗研究**。國立屏東科技大學幼兒保育系碩士班碩士論文，未出版，屏東。

郭惠嫻（1986）。音樂的殿堂——奧福教學法簡介。**國教月刊，33**，57-60。

郭靜姿（2001）。**多元才能發展方案之規畫與實驗研究——藝術才能學生之發掘與培育研究**。行政院國科會研究計畫成果報告（NSC90-2511-S-003-055）。

郭靜姿（2002）。**藝術才能學生之發掘與培育研究——以烏來國小為例**。行政院國科會研究計畫成果報告（NSC91-2514-S-003-009）。

郭靜姿（2003）。**學前資優幼兒多元智能與問題解決能力之充實教育研究（I）**。行政院國科會研究計畫成果報告（NSC92-2511-S-003-051）。

郭靜姿（2004）。**學前資優幼兒多元智能與問題解決能力之充實教育研究（II）**。行政院國科會研究計畫成果報告（NSC93-2511--003-027）。

郭靜姿（2005）。**學前資優幼兒多元智能與問題解決能力之充實教育研究（III）**。行政院國科會研究計畫成果報告（NSC94-2511-S-003-003）。

陳依湘（2002）。**幼兒社會智能評量研究——光譜計畫之應用**。國立花蓮師範學院幼兒教育學系碩士論文，未出版，花蓮。

陳宣蓉（2003）。音樂治療活動應用於智能障礙兒童自我概念及人際關係之研究。國立屏東師範學院音樂教育學系碩士班碩士論文，未出版，屏東。

陳建安（2003）。國小低年級應用多元智能理論發展音樂教學策略之行動研究。國立台南師範學院教師在職進修音樂教學碩士學位班碩士論文，未出版，台南。

陳昭吟（2005）。多元智慧理論在音樂上的應用。**國民教育，46**（1），96-103。

陳英三（1995）。**特殊兒童教材教法**。台北：五南。

陳雪梅（2003）。多元智能教學對幼稚園幼兒人際關係影響之研究。國立中正大學教育研究所碩士論文，未出版，嘉義。

陳埩淑（2004）。多元智能理論融入幼兒品格教育課程與教學之研究。**花蓮師院學報，18**，

91-112。

陳惠齡（1989）。**成長中的小豆芽**。台北：奧福教學法研究推廣中心。

陳鈺玫（2005）。**音樂活動對國小自閉症兒童語言表達之研究**。國立台北市立教育大學音樂藝術研究所碩士論文，未出版，台北。

陳慶斌（2003）。**多元智能理論應用於啟聰學校數學科教學之研究**。國立高雄師範大學教育學系碩士論文，未出版，高雄。

章華（2000）。**音樂對於特殊需求兒童為何具有療效**。國立嘉義大學音樂治療研習資料。

鈕文英（2004）。融合情境中課程與教學調整的理念與作法。載於中華民國特殊教育學會主編，**中華民國特殊教育學會年刊：特殊教育的績效與評鑑**（頁277-310）。

鈕文英（2006）。**融合教育的理念與作法**。高雄：復文。

黃千芸（1999）。**溝通活動在音樂治療中的重複與變化：初步質性個案研究**。輔仁大學語言學研究所碩士論文，未出版，台北。

黃金玥（2002）。**美育取向音樂治療的理論基礎暨國中學生輔導之行動研究**。國立東華大學教育研究所碩士論文，未出版，花蓮。

黃娟娟（2003）。**幼兒多元智能課程發展之行動研究**。國立中正大學教育學研究所碩士論文，未出版，嘉義。

黃榮真（1994）。**國小啟智班學童音樂治療研究**。花蓮：國立花蓮師範學院。

黃榮真（1999）。**「發展遲緩幼兒課程」應用成效之研究**。國立台灣師範大學特殊教育研究所博士論文，未出版，台北。

黃榮真（2004a）。「自編音樂教學活動」對學前融合班發展遲緩幼兒學習成效之初探。載於國立嘉義大學特殊教育中心主辦，**九十三年度特殊教育學術研討會論文集**（頁47-74）。

黃榮真（2004b）。學前融合班音樂活動設計初探——多元智慧觀點。載於國立彰化師範大學主辦，**第九屆特殊教育課程與教學學術研討會論文集**（頁111-130）。

黃榮真（2005a）。多元音樂教學活動對於特殊幼兒學習行為之影響——以某一學前融合班學生為例。中華民國發展遲緩兒童早期療育協會主編，**第六屆全國早療相關服務論文發表大會暨國際研討會論文集**（頁142-146）。

黃榮真（2005b）。臨床教學分享——學前融合班音樂活動設計之探討。載於國立花蓮師範學院主辦，**2005東部教育論壇研討會論文集**（頁295-318）。

黃榮真（2005c）。開啟教學的另一扇窗——以多元智慧觀點融入學前融合班音樂活動設計。論文發表於靜宜大學師資培育中心主辦之「2005年台灣教育」學術研討會。

黃榮真（2006a）。自編「音樂教學活動方案」在國小特教班實施成效之探討。**東台灣特殊教育學報，8**，97-122。

黃榮真（2006b）。由多元智慧觀點探析學前融合班幼兒音樂教學活動之設計。**特殊教育研究學刊，30**，261-282。

黃榮真（2006c）。協同行動取向之國小特教班學生音樂教學活動方案實踐與反思。**花大學報，23**，209-236。

黃榮真、王識敦（2005）。**學前融合班音樂課程教學內涵之初探——以某一地區為例**。論文發表於國立花蓮教育大學特殊教育學系暨身心障礙與輔助科技研究所主辦之「2005年度師生

學術研討會」。

黃榮真、陳孟群（2005a）。國小特教班音樂教學活動之行動研究——以花蓮某一國小為例。載於國立台東大學主辦，「**2005 年行動研究**」研討會論文集（頁 28-66）。

黃榮真、陳孟群（2005b）。**國小特教班音樂教學活動實驗方案之行動研究——以花蓮某一國小為例**。論文發表於國立台灣師範大學特教系主辦之「2005 特殊教育」學術研討會。

黃榮真、陳美月、張雅麗（2004）。音樂教學活動對學前融合班特殊幼兒學習行為之影響。載於中華民國發展遲緩兒童早期療育協會主編，**第五屆全國早療相關服務論文發表大會暨國際研討會論文集**（頁 168-174）。

黃榮真、楊漢一（2005）。**國小特教班音樂課程教學內涵之初探——以某一地區為例**。論文發表於國立花蓮教育大學特殊教育學系暨身心障礙與輔助科技研究所主辦之「2005 年度師生學術研討會」。

黃榮真、盧台華（2003）。自編「發展遲緩幼兒課程」之實徵性研究。**東台灣特殊教育學報，5**，1-24。

黃麗卿（1996）。**創造性音樂遊戲與傳統性音樂教學活動中幼兒創造行為表現之差異比較**。國立台灣師範大學家政研究所碩士論文，未出版，台北。

黃麗卿（2001）。**創意的音樂律動遊戲**。台北：心理。

楚恆俐（2005）。**國民小學啟智班教師運用多元智能於生活教育領域教學現況與成效之研究**。國立台中教育大學特殊教育與輔助科技研究所碩士論文，未出版，台中。

楊世華（1993）。**奧福與高大宜教學法於音樂行為與創造行為比較之研究——兩個小團體之觀察**。國立台灣師範大學音樂學系碩士論文，未出版，台北。

楊甘旭（2003）。**音樂活動對身心障礙學生適應行為成效之研究**。國立台東大學教育研究所碩士班碩士論文，未出版，台東。

楊艾琳、黃玲玉、陳惠齡、劉英淑、林小玉（1999）。**藝術教育教師手冊——國小篇**。台北：國立台灣藝術教育館。

楊坤堂、王大延（1994）。**國小智障與情障學生音樂與律動學習行為關係之研究**。行政院國科會研究計畫成果報告（NSC83-0301-H-133- 001）。

葛守真（1993）。**特殊教育的音樂治療**。台中：書恒。

詹文娟（2001）。多元智能之教學原則與幼兒多元管道學習。**國教新知，48**（2），44-49。

鄒啟蓉（2004）。建構接納與支持的班級文化：學前融合班教師促進普通與發展遲緩幼兒互動及人際關係之研究。**特殊教育研究學刊，27**，19-38。

褚淑純（2004）。**幼兒學習檔案建構歷程分析——以一所多元智能幼稚園檔案評量為例**。台北市立師範學院兒童發展研究所碩士論文，未出版，台北。

劉秀枝（2003）。**單元主題中幼兒音樂欣賞教學之研究**。國立嘉義大學幼兒教育學系碩士班碩士論文，未出版，嘉義。

劉唯玉（2004）。**智能公平取向之多元智能評量活動——以阿美族學童為例**。台北：五南。

歐慧敏（2002）。**運用多元智慧理論在國小一年級生活課程之教學實驗研究**。國立政治大學教育研究所碩士論文，未出版，台北。

蔡淑玲（1997）。**一位自閉症幼兒在融合教育政策實施下的狀況**。國立台灣師範大學家政教育

研究所碩士論文，未出版，台北。

鄭方靖（1991）。**高大宜音樂教學於音樂治療上的運用**。國立台北師範學院音樂教育系碩士論文，未出版，台北。

鄭方靖（1995）。擴展智障特殊音樂教育的觀念。載於國立台南師範學院特教中心主編，**啟智班音樂教材彙編**（頁 36-41）。

鄭立群（2004）。**發展性音樂治療對國小 ADHD 兒童注意力教學成效之研究**。台北市立師範學院身心障礙教育研究所碩士論文，未出版，台北。

盧台華（1994）。教學篇第一、二節。載於國立台北師範學院特殊教育中心主編，**啟智教育教師工作手冊**（頁 5-4-5- 37）。

盧台華（1996）。**「修訂基礎數學編序教材」相關因素之探討及對身心障礙者應用成效之研究**。台北：心理。

盧台華（1998）。身心障礙學生課程教材之研究與應用。載於國立台灣師範大學特殊教育系主編，**身心障礙教育研討會記錄**（頁 185-190）。

盧台華（2003）。由全方位課程設計談普通教育課程在特殊教育上的應用——以九年一貫課程為例。載於國立台灣師範大學特殊教育系主編，**2003 特殊教育學術研討會會議手冊**（頁 29-36）。

蕭玉佳（2002）。**成長路上話成長——幼稚園多元智慧學習歷程檔案之行動省思**。國立台北師院學院課程與教學研究所碩士論文，未出版，台北。

賴坤弘（2002）。**多元智能融入模式教學對國語低成就學童學習方式、學習成就與學習成效之影響**。國立台南師範學院國民教育研究所碩士論文，未出版，台南。

賴美鈴（1996）。多元化音樂教學——音樂教學的新趨勢。載於黃政傑主編，**音樂科教學法㈠**。台北：師大書苑。

簡子欣（2005）。**音樂治療活動對聽覺障礙兒童國語聲調清晰度成效之研究**。台北市立師範學院身心障礙教育研究所碩士論文，未出版，台北。

雙溪啟智文教基金會（1987）。**Portage 早期教育指導手冊**。台北：財團法人雙溪啟智文教基金會編印。

羅雅綺（1993）。**幼兒遊戲中音樂經驗之觀察與分析研究**。國立台灣師範大學音樂學系碩士論文，未出版，台北。

蘇文利、盧台華（2006）。利用自然支援進行融合式班級合作諮詢模式之行動研究。**特殊教育研究學刊，30**，53-73。

蘇燕華（2000）。**融合教育的理想與挑戰——國小普通班教師的經驗**。國立台灣師範大學特殊教育研究所碩士論文，未出版，台北。

蘇燕華，王天苗（2003）。融合教育的理想與挑戰——國小普通班教師的經驗。**特殊教育研究學刊，24**，39-62。

鐘梅菁（2001）。學前教師融合教育專業知能之研究。**特殊教育學報，15**，309-335。

二、英文部分

Allen, K. E. (1992). *The exceptional child: Mainstreaming in early childhood education*(2nd ed.). New York: Delmar.

Alley, J. M. (1977). Education for the severely handicapped: The role of music therapy. *Journal of Music Therapy, 14,* 50-59.

Anshel, A., & Kipper, D. A. (1988). The influence of group singing on trust and cooperation. *Journal of Music Therapy, 25,* 145-155.

Armstrong, T. (2000). *Multiple intelligences in the classroom* (2nd ed.). VA: Association for Supervision and Curriculum Development.

Barksdale, A. L. (2003). *Music therapy and leisure for persons with disabilities.* Champaign, IL: Sagamore.

Barnett, W. S., & Escobar, C. M. (1987). The economics of early educational intervention: A review. *Review of Educational Research, 57*(4), 387-414.

Belcher, R. N. (1995). *Opinions of inclusive education: A survey of New Mexico teacher and administrators.* (Eric Document Reproduction service No. ED381321).

Blythe, T., & Gardner, H. (1990). A school for all intelligences. *Educational Leadership, 47*(7), 33-37.

Bowe, F. G. (1995). *Birth to five early childhood special education.* N.Y.: Thomson Publishing Company.

Boxhill, E. H. (1985). *Music therapy for the developmentally disabled.* Rockville, MD: Aspen Systems Corp.

Braithwaite, M., & Sigafoos, J. (1998). Effects of social versus musical antecedents on communication responsiveness in five children with developmental disabilities. *Journal of Music Therapy, 35*(2), 88-104.

Broadman, E., & Andress, B. (1981). *The music book: Teacher's reference book.* New York: Holt, Rinehart & Winston.

Bunker, L. (1991). The role of play and motor skills development in building children's self-condence and self-esteem. *Elementary School Journal, 91*(5), 467-471.

Campbell, L., Cambell, B., & Dickinson, D. (1996). *Teaching and learning through multiple intelligence.* Boston: Allyn & Bacon.

Campbell, L., Cambell, B., & Dickinson, D. (2004). *Teaching and learning through multiple intelligence* (3rd ed.). Boston: Allyn & Bacon.

Campbell, P. S., & Scott-Kassner, C. (1994). *Music in childhood: From preschool through the elementary grades.* New York: Shirmer books.

Cartwright, J., & Huckaby, G. (1972). Intensive preschool language program. *Journal of Music Therapy, 9,* 137-146.

Cassidy, J. W. (1992). Communication Disorders: Effect on children's ability to label music characteristics. *Journal of Music Therapy, 29,* 113-124.

CEC (1998). *IDEA 1997 let's make it work.* The council for exceptional children.

Checkley, K. (1997). The first seven and eighth: A conversation with Howard Gardner. *Education Leadership, 55*(1), 10.

Cheminais, R. (2001). *Developing inclusive school practice — A practical guide.* London: David Fulton Publishers.

Choksy, L., Abramson, R. M., Gillespie, A., & Wood, D. (1986). *Teaching music in the twentieth century.* New Jersey: Prentice-Hall.

Coates, P. (1987). "Is it functional?" A question for music therapists who work with the institutionalized mentally retarded. *Journal of Music Therapy, 24,* 170-175.

Cohen, N. S. (1992). The effect of singing instruction on the speech production of neurologically impaired persons. *Journal of Music Therapy, 29,* 87-102.

Colwell, C. (1991). Effect of contingent music on the behaviors of an autistic child. *Quodlibet,* 5-11.

Curry, C. (2003). Universal design accessibility for all learners. *Educational Leadership, 61,* 55-57.

Davis, W. B., Gfeller, K. E., & Thaut, M. H. (1992). *An introduction to music therapy theory and practice.* Wm. C. Brown Publishers.

Darrow, A. A., Gibbons, C. A., & Heller, N. G. (1985). Music therapy past, present and future. *The American Music Therapy, 35*(3), 18-19.

DeBedout, J. K., & Worden, M. C. (2006). Motivators for children with severe intellectual disabilities in the self-contained classroom: A movement analysis. *Journal of Music Therapy, XLIII,* 123-135.

Dymond, S. K. (2001). A participatory action research approach to evaluating inclusive school programs. *Focus on Autism and Other Developmental Disabilities, 16*(1), 54-63.

Gardner, H. (1983). *Frames of mind: The theory of multiple intelligences.* NY: Basic Books.

Gardner, H. (1999). *Intelligence reframed: Multiple intelligences for the 21st centry.* NY: Basic Books.

Gfeller, K. (1987). Music therapy theory and practice as reflected in research literature. *Journal of Music Therapy, 24,* 178-194.

Gfeller, K. (1988). Assessment procedures for music therapy with hearing impaired children: Language Development. *Journal of Music Therapy, 25,* 192-205.

Giacobbe, G., Graham, R. S., & Patrick, F. (1984). Music therapy: Implication for counseling. In J. Gumor (Ed.), *Counseling and therapy for children.* New York: Macmillian.

Goldstein, A. (1980). Thrills in response to music and other stimuli. *Physiological Psychology, 8,* 126-129.

Graham, R. M., & Beer, A. S. (1980). *Teaching music to the exceptional child.* Englewood Cliffs, NJ: Prentice-Hall.

Greer, R. D., Randall, A., & Timberlake, C. (1971). The discriminate use of music listening as a contingency for improvement in vocal pitch acuity and attending behavior. *Councial for Research in Music Education, 26,* 10-18.

Gregory, D. (2002). Music listening for maintaining attention of older adults with cognitive impairments. *Journal of Music Therapy, XXXIX*(4), 244-264.

Gunsberg, A. (1988). Improvised musical play: A strategy for fostering social play between developmen-

tally delayed and nondelayed preschool children. *Journal of Music Therapy, 24,* 178-191.

Hairston, M. J. P. (1990). Analyses of responses of mentally retarded autistic and mentally retarded no autistic children to art therapy and music therapy. *Journal of Music Therapy, 27*(3), 137-150.

Hanser, S. B. (1974). Group contingent music listening with emotionally disturbed boys. *Journal of Music Therapy, 11,* 220-225.

Hanser, S. B. (1987). *Music therapist's handbook.* St. Louis, Mo: Warren H. Green, Inc.

Harding, C., & Ballard, K. D. (1982). The effectiveness of music as a stimulus and as a contingent reward in promoting the spontaneous speech of three physically handicapped preschoolers. *Journal of Music Therapy, 19,* 86-101.

Hargreaves, D. J. (1986). *The development psychology of music.* New York: The Press Syndicate of the University of Cambridge.

Holloway, M. S. (1980). A comparison of passive and active music reinforcement to increase preacademic and motor skills in severely retarded children and adolescents. *Journal of Music Therapy, 17,* 58-69.

Hoskins, C. (1988). Use of music to increase verbal response and improve expressive language abilities of preschool language delayed children. *Journal of Music Therapy, 25,* 73-84.

Howery, B. I. (1968). Music therapy for the severely retarded. In E. T. Goston (Ed.), *Music in therapy.* New York: MacMillan.

Hughes, J. E., Robbins, B. J., & King, R. J. (1988). A survey of perception and attitudes of exceptional student educatiors toward music therapy services in a county-wide school district. *Journal of Music Therapy, 25,* 216-222.

Humpal, M. (1990). Early intervention: The implications for music therapy. *Music Therapy Perspectives, 8,* 30-35.

Idol, L. (2006). Toward inclusive of special education students in general education. *Remedial and Special Education, 27*(2). 77-94.

Jacob, A. (1987). Report on a project with autistic Children at Indiana University . In R. R. Pratt (Ed.), *The fourth international symposiumon music* (pp.157-164). University Press of America.

James, M. R., Warver, A. I., Clemens, P. D., & Plaster, G. A. (1985). Influence of pared auditory and vestibular stimulation on levels of motor skill development in a mentally retard population. *Journal of Music Therapy, 22,* 22-34.

Jellison, J. A. (1977). Music instructional programes for the severely handicapped. In E. Sontag (Ed.), *Educational programming for the severely/profoundly handicapped.* University of Minnesota.

Johnson, E. R. (1981). The role of objective and concrete feedback in self-concept treatment of juvenile delinquents in music therapy. *Journal of Music Therapy, 18,* 137-147.

Johnson, G. M. (1999). Inclusive education: Fundamental instructional stratesgies and consideration. *Preventing School Failure, 43*(2) 72-78.

Johnson, K. E., & Kaiser, K. A. (2000). The effect of an interactive experience on music majors' perceptions of music for deaf students. *Journal of Music Therapy, 37*(3), 222-234.

Kern, P., & Wolery, M. (2001). Participation of a preschooler with visual impairments on the playground:

Effects of music adaptations and staff development. *Journal of Music Therapy, 38*(2), 149-164.

Kim, Y. (2004). The early beginnings of Nordoff-Robbins Music Therapy. *Joural of Music Therapy, XLI* (4), 321-339.

Kirk, S. A., Gallagher, J. J., & Anastasiow, N. J. (2003). *Educating exceptional children* (10th ed.). Boston, MA: Houghton Mifflin Company.

Kivland, J. J. (1986). The use of music to increase self-esteem in a conduct disordered adolescenrt. *Journal of Music Therapy, 23,* 25-29.

Lathom, W., & Eagle, C. T. (1982). Music for the severely handicapped. *Music Educator's Journal, 68*(8), 30-31.

Lazear, D. (1999). *Eight ways of teaching* (3rd ed.). Springfield, IL: Charles C. Thomas.

Loven, M. A. (1987). *Value of music therapy for mentally retarded children.* St. Louis, Mo: Warren H. Green, Inc.

Mary. M. (1992). *Creative activies for young children* (2nd ed.). New York: Delmar Publishers Inc.

Mastropieri, M. A., White, K. R., & Fecteau, F. (1986). Introduction to special education textbooks: What they say about the efficacy of early intervention. *Journal of the Division for Early Childhood, 11*(1), 59-66.

McCloskey, L. J. (1985). Music and the frail elderly activities. *Adaptation and Aging, 7,* 73-75.

McDonald, D. T. (1979). *Music in our lives: The early years.* The University of Iowa.

McDonald, D., & Simons. G. (1989). *Musical growth and development: Birth through six.* New York: Schirmer Books.

Michel, D. E. (1979). *Music therapy: An introduction to therapy and special education through music* (2d ed.). Springfield, IL: Charles C. Thomas.

Nordoff, P., & Robbins, C. (1971). *Music therapy in special education.* New York: John Day.

Orff, G. (1984). *Key concept in the Orff music therapy.* London: Schott.

Palmer, M. (1977). Music therapy in a comprehensive program of treatment and rehabilitation for the geriatric resident. *Journal of Music Therapy, 14,* 190-197.

Putnam, J. W., Spiegel, A. N., & Bruininks, R. H. (1995). Future directions in education and inclusion of students with disabilities: A Delphi investigation. *Exception Children, 61*(6), 553-576.

Register, D. (2001). The effects of an early intervention music curriculum on pre-reading/writing. *Journal of Music Therapy, 38*(3), 239-248.

Reid, D. H., Hill, B. K., Rawers, R. J., & Montegars, C. A. (1975). The use of contingent music in teaching social skills to a nonverbal, hyperactive boy. *Journal of Music Therapy, 12,* 2-18.

Ross, F. C., & Wax, I. (1993). *Inclusionary programs for children with language and/or learning disabilities: Issues in teacher readiness.* (Eric Document Reproduction service No. ED 369251).

Rudenberg, M. R. (1982). *Music therapy for handicapped children: Orthopedically handicapped.* Washington, DC: National Association for Music Therapy, Inc.

Saperston, B. M., Chan, R., Morphew, C., & Carsrud, K. B. (1980). Music listening versus juice as a reinforcement for learning in profoundly mentally retarded individuals. *Journal of Music Therapy, 17,*

174-183.

Schulberg, C. H. (1981). *The music therapy sourcebook.* Human Sciences Press, Inc.

Serafine, M. L. (1980). Piagetian research in music. *Council for Research in Music Education, 62,* 1-21.

Seybold, C. D. (1971). The value and use of music activities in the treatment of speech delayed children. *Journal of Music Therapy, 8,* 102-110.

Shehan, P. K. (1981). A comparison of mediation strategies in paired-as-sociate learning for children with learning disabilities. *Journal of Music Therapy, 18,* 120-127.

Smith, T. E. C., Polloway, E. A., Patten. J. R., & Dowdy, C. A. (1998). *Teaching students with special needs in inclusive settings.* Boston: Allyn and Bacon.

Spencer, S. L. (1988). The efficiency of instrumental and movement activities in developing mentally retarded adolescents' ability to follow directions. *Journal of Music Therapy, 25,* 44-50.

Staub, D., & Peck, C. A. (1994). What are the outcomes for nondisabled students? *Educational Leadership, 52* (4), 36-40.

Steele, A. L., & Jorgenson, H. A. (1971). Music therapy: An effective solution to problems in related disciplines. *Journal of Music Therapy, 8,* 131-145.

Storr, A. (1992). *Music and the mind.* New York: The Free Press.

Webber, J. (1997). Responsible inclusion: Key components for success. In P. Zionts (Ed.), *Inclusion strateies for students with lrarning and behavior problems: Perspectives, experiences, and best practices* (pp.27-55). Austin, TX: PROED.

Wehman, P., Renzaglia, A., & Bates, P. (1985). *Functional living skills for moderately and severely handicapped individuals.* Austin, TX: Pro—Ed.

Wigram, T., Pedersen, I. N., & Bonde, L. O. (2002). *A comprehensive guide to music therapy.* London: Jessica Kingsley Publishers Ltd.

Wolfe, D. E., & Hom, C. (1993). Use of melodies as structural prompts for learning and retention of sequential verbal information by preschool students. *Journal of Music Therapy, 30,* 100-118.

Ysseldyke, J. E., Algozzine, B., & Thurlow, M. L. (1992). *Critical issues in special education.* Boston, MA: Houghton Mifflin company.

Ysseldyke, J. E., Algozzine, B., & Thurlow, M. L. (1995). *Critical issues in special education* (3rd. ed). Boston, MA: Houghton Mifflin company.

國家圖書館出版品預行編目資料

特殊需求學生音樂教學活動：系列教材(I)
／黃榮真著. -- 初版. -- 臺北市：心理, 2008.06
　面；　　公分. --（障礙教育；77）
參考書目：面
ISBN 978-986-191-147-2（平裝）

1. 特殊教育　2. 音樂教育　3. 學前教育　4. 融合教育

529.6　　　　　　　　　　　　　　97008279

障礙教育 77　**特殊需求學生音樂教學活動　系列教材(I)**

作　　者：黃榮真
執行編輯：李　晶
總　編　輯：林敬堯
發　行　人：洪有義
出　版　者：心理出版社股份有限公司
社　　址：台北市和平東路一段 180 號 7 樓
總　　機：(02) 23671490　　傳　　真：(02) 23671457
郵　　撥：19293172　心理出版社股份有限公司
電子信箱：psychoco@ms15.hinet.net
網　　址：www.psy.com.tw
駐美代表：Lisa Wu　Tel：973 546-5845　Fax：973 546-7651
登　記　證：局版北市業字第 1372 號
電腦排版：臻圓打字印刷有限公司
印　刷　者：東縉彩色印刷有限公司
初版一刷：2008 年 6 月

定價：新台幣 380 元　■ 有著作權 · 侵害必究 ■
ISBN 978-986-191-147-2

讀者意見回函卡

No. _____ 　　　　　　　　　　　　填寫日期：　年　月　日

感謝您購買本公司出版品。為提升我們的服務品質，請惠填以下資料寄回本社【或傳真(02)2367-1457】提供我們出書、修訂及辦活動之參考。您將不定期收到本公司最新出版及活動訊息。謝謝您！

姓名：_____　　性別：1□男　2□女

職業：1□教師 2□學生 3□上班族 4□家庭主婦 5□自由業 6□其他____

學歷：1□博士 2□碩士 3□大學 4□專科 5□高中 6□國中 7□國中以下

服務單位：_____　部門：_____　職稱：_____

服務地址：_____　電話：_____　傳真：_____

住家地址：_____　電話：_____　傳真：_____

電子郵件地址：_____

書名：_____

一、您認為本書的優點：（可複選）

　❶□內容 ❷□文筆 ❸□校對 ❹□編排 ❺□封面 ❻□其他____

二、您認為本書需再加強的地方：（可複選）

　❶□內容 ❷□文筆 ❸□校對 ❹□編排 ❺□封面 ❻□其他____

三、您購買本書的消息來源：（請單選）

　❶□本公司 ❷□逛書局⇨_____書局 ❸□老師或親友介紹

　❹□書展⇨____書展 ❺□心理心雜誌 ❻□書評 ❼其他_____

四、您希望我們舉辦何種活動：（可複選）

　❶□作者演講 ❷□研習會 ❸□研討會 ❹□書展 ❺□其他____

五、您購買本書的原因：（可複選）

　❶□對主題感興趣 ❷□上課教材⇨課程名稱_____

　❸□舉辦活動 ❹□其他_____　　　　（請翻頁繼續）

廣 告 回 信
台 北 郵 局 登 記 證
台 北 廣 字 第 940 號
（免貼郵票）

 心理出版社 股份有限公司

台北市 106 和平東路一段 180 號 7 樓

TEL: (02) 2367-1490
FAX: (02) 2367-1457
EMAIL:psychoco@ms15.hinet.net

沿線對折訂好後寄回

六、您希望我們多出版何種類型的書籍

❶□心理 ❷□輔導 ❸□教育 ❹□社工 ❺□測驗 ❻□其他

七、如果您是老師，是否有撰寫教科書的計劃：□有□無

　　書名／課程：＿＿＿＿＿＿＿＿＿＿＿＿＿＿＿＿＿＿＿

八、您教授／修習的課程：

上學期：＿＿＿＿＿＿＿＿＿＿＿＿＿＿＿＿＿＿＿＿＿＿＿

下學期：＿＿＿＿＿＿＿＿＿＿＿＿＿＿＿＿＿＿＿＿＿＿＿

進修班：＿＿＿＿＿＿＿＿＿＿＿＿＿＿＿＿＿＿＿＿＿＿＿

暑　假：＿＿＿＿＿＿＿＿＿＿＿＿＿＿＿＿＿＿＿＿＿＿＿

寒　假：＿＿＿＿＿＿＿＿＿＿＿＿＿＿＿＿＿＿＿＿＿＿＿

學分班：＿＿＿＿＿＿＿＿＿＿＿＿＿＿＿＿＿＿＿＿＿＿＿

九、您的其他意見

謝謝您的指教！　　　　　　　　　　　　　　　63077